JN123673

文化・芸術の精神分析

The Culture and Art by Psychoanalysis

祖父江典人・細澤　仁 編
Sobue Norihito & Hosozawa Jin

遠見書房

はじめに

　精神分析の始祖フロイトは，非常に刺激的な文化芸術論をいくつかの論文で展開しています。そのほとんどは緻密さに欠けるものであり，また，柄谷行人が『マルクス　その可能性の中心』（講談社学術文庫）のなかで言うように，「書物はそれが表示する世界や知識が古びたということに応じて古びている」ので，現代の文化芸術論において，フロイトの文化芸術論が顧みられることはほとんどありません。しかし，柄谷の言う「その可能性の中心」において読めば，たとえば，フロイトの『モーゼと一神教』（ちくま学芸文庫）は私にとって読むたびにこころが喚起される力を秘めた著作です。

　欧米においては，精神分析の著者による文化芸術論は多数存在しており，その多くは文化芸術に対する精神分析理論の押し付けの観があり，それほど刺激的ではないとは言え，それなりの文化的意義はあるのだろうと思わせる状況があります。翻って，日本の精神分析サークルを眺めると，文化芸術に対する論考は，一部の例外的な精神分析臨床家を除いて，ほとんど認められません。その意味合いについては触れないでおきましょう。

　私と共同編者の祖父江には，精神分析は単なる臨床理論ではなく，人間理解の基礎となる理論であるという認識があります。人間の最も人間らしい活動が文化芸術であることに疑問の余地はないでしょう。また，文化芸術的素養がない臨床家が，人の役に立つ臨床ができるとは思えません。私と祖父江は，臨床上，そして，人生において大切であるにもかかわらず，主流派から無視されている題材を取り上げてゆこうとする姿勢を共有しています。そのひとつの成果が，『日常臨床に活かす精神分析─現場に生きる臨床家のために』（誠信書房）です。本書はある意味，その続編となるものです。

　今回，人間を人間たらしめる文化芸術に精神分析の立場から迫る書物を企画しました。これは毎度のことのように，私と祖父江の個人的友情から発した企画です。その個人的友情から発した企画が，本書に触れる多数の人々のこころを喚起し，文化芸術に想いをめぐらせる機会を提供できたとしたら，本書の目的は達成されたことになります。さらに願わくば，読者のこころに生じたもの想いを私や祖父江に伝えていただければ，編者冥利につきます。

細澤　仁

目　次

　はじめに　3

第1部　「文化」をめぐって

第1章　日本のリズム ··· 9
北山　修

　Ⅰ　直線的時間と円環的時間　9／Ⅱ　日本人の周期　10／Ⅲ　表打ちと裏打ち　13／Ⅳ　和太鼓奏者・林英哲との対話　18／Ⅴ　さいごに　20

第2章　将　　棋 ··· 22
上田勝久

　Ⅰ　包まれること　22／Ⅱ　沈黙の生産性　24／Ⅲ　各々の指し手を考えること　26／Ⅳ　修復作業としての将棋と心理療法　29／Ⅴ　おわりに　31

ミニコラム文化編

　書道から眺めた臨床（平林桃子）　32

　人生は仮面舞踏会──臨床とアイドルと宝塚（近藤麻衣）　34

第2部　「観ること」をめぐって

第3章　物語としての映画，詩としての映画 ················· 39
細澤　仁

　Ⅰ　はじめに　39／Ⅱ　石井岳龍監督作品『生きてるものはいないのか』(2012)　41／Ⅲ　青山真治監督作品『エリ・エリ・レマ・サバクタニ』(2006)　44／Ⅳ　映画の詩的作用　47／Ⅴ　映画と精神分析　49

第4章　西洋絵画と精神分析 ································· 52
増尾徳行

　Ⅰ　下絵　52／Ⅱ　ルネサンスを系譜に抱く芸術　54／Ⅲ　模倣を超えて　56／Ⅳ　芸術と精神分析の重なり　57／Ⅴ　鏡としての芸術表現　60／Ⅵ　セラピーという技芸　61／Ⅶ　素描　63／

第5章　古　美　術 ··· 64
池田暁史

　Ⅰ　はじめに　64／Ⅱ　収集家としてのフロイト　65／Ⅲ　古美術の種類　69／Ⅳ　こころの考古学としての精神分析　71／Ⅴ　体験し味わうものとしての精神分析　73／Ⅵ　おわりに　75

第6章　版　　　画 ……………………………………………… 76

　　　　　　　　　　　　　　　　　　　　　三脇康生

　Ⅰ　はじめに 76／Ⅱ　アヴァンギャルドを巡って 78／Ⅲ　アヴァンギャルド以降 83／Ⅳ　現代版画，木村秀樹の作品について 86／Ⅴ　結　　論 90

ミニコラム観る編

　にほんごであそぼ（細澤梨澄）92

　朝ドラ（西岡慶樹）94

　現代アート（ジェームズ・タレル）（岡田康志）96

　草間彌生（岸本和子）　98

第3部　「聴くこと」をめぐって

第7章　精神分析とジャズ──宿命の芸 ………………………… 103

　　　　　　　　　　　　　　　　　　　　　祖父江典人

　Ⅰ　はじめに 103／Ⅱ　精神分析とジャズの基本──"ダークサイド"を行く芸 104／Ⅲ　精神分析とジャズの出自──それは"宿命"から始まった 105／Ⅳ　プレ・モダンの時代──欲望の統治としてのエディプス秩序 106／Ⅴ　モダン（ビ・バップ）の誕生──恐るべき子どもたちによるポスト・エディプス 107／Ⅵ　モダンの頂点としての記号化──ビオン前期とトレーン前期 109／Ⅶ　ポスト・モダンの始まりとしてのモード──型破りのウィニコットと形無しのデヴィス 114／Ⅷ　ポスト・モダンの終焉としてのフリーの世界──ビオン後期とトレーン後期 116／Ⅸ　終わりに代えて──精神分析とジャズの未来に向けて 119

第8章　モーツァルト ……………………………………………… 121

　　　　　　　　　　　　　　　　　　　　　館　直彦

　Ⅰ　はじめに 121／Ⅱ　モーツァルトの音楽 122／Ⅲ　モーツァルトのオペラ 125／Ⅳ　モーツァルトとフロイト 128／Ⅴ　精神分析的な経験としてのモーツァルトの音楽 130

第9章　ロ　ッ　ク ………………………………………………… 132

　　　　　　　　　　　　　　　　　　　　　江崎幸生

　Ⅰ　はじめに 132／Ⅱ　ロックの歴史 132／Ⅲ　ロックの魅力 133／Ⅳ　ロックの歌詞 137／Ⅴ　終わりに 142／

ミニコラム聴く編

　ポップ・ミュージックの極北としての「相対性理論」（細澤　仁）143

　シューベルト（川合耕一郎）145

第4部　「読むこと」をめぐって

第10章　精神分析的に小説を読むこと──『海辺のカフカ』を素材として……149

木部則雄

　Ⅰ　はじめに　149／Ⅱ　『海辺のカフカ』のエディプス・コンプレックス　151／Ⅲ　まとめ　159

第11章　カズオ・イシグロ………………………………………………………161

木村宏之

　Ⅰ　はじめに　161／Ⅱ　生い立ち　161／Ⅲ　作品群　165／Ⅳ　おわりに　171

ミニコラム読む編

森見登美彦『太陽の塔』と精神分析（坂東和晃）　173

推理小説（上田勝久）　175

ドストエフスキーと精神分析（祖父江典人）　177

マンガ（北川清一郎）　179

第5部　「動くこと」をめぐって

第12章　フロイトと自転車をめぐる小旅行…………………………………183

平野直己

　Ⅰ　旅のはじまり──フロイトによる自転車の無関心について　183／Ⅱ　ちょっと寄り道──自転車という発明　185／Ⅲ　中継地点── 19世紀末のヨーロッパと自転車　187／Ⅳ　目的地へ── 19世紀末ウィーンでのサイクリングの受容　188／Ⅴ　旅のおわり　191

第13章　バレーボール……………………………………………………………193

浜内彩乃

　Ⅰ　はじめに　193／Ⅱ　バレーボールとの出会いと姉妹葛藤　194／Ⅲ　母親との対決　197／Ⅳ　バレーボールと精神分析　200／Ⅴ　おわりに　202

ミニコラム動く編

"わたし"とゴルフと精神分析（松平有加）　204

荒川修作と建築──身体性をめぐって（筒井亮太）　206

クラシックギターと心理臨床の接点──聴くこと（中村公樹）　208

一人旅（原田宗忠）　210

バイク（髙木友徳）　212

あとがき　214

第1部

「文化」をめぐって

第 1 章

日本のリズム

北山　修

I　直線的時間と円環的時間

　ここで私は，時間のイメージについて書き，それを総合するところにあるリズム感覚を論じます。前段は，人間が体験する代表的な時間，直線的時間と円環的時間について語って始めますが，その思索の起源としては，私の古い拙論（北山，1979a, b）が幾つかあります。

　直線的時間とは，まっすぐ線のように流れている時間です。「光陰矢の如し」と言うのがそれで，立ち止まるなら年月は矢のように飛んでいくのです。そして，この直進する時間に乗っかると，周りの景色は後ろへ後ろへと取り返しのつかない時間として流れてゆきます。この直線的時間に従うなら，「今」は二度と戻ってこないのです。多くの人間にとって時間の直線は誕生から死に向かって描かれることになり，老いた私にとっては，その直進は死の淵を意識させるのです。直線的時間の果てではこの世との切断や別離は避けられないものであり，この時間意識には喪失の悲しみと痛み，そして恐怖や不安が伴います。またこの時間感覚だけに支配され，早くて止められないものとなるなら，未来は得体の知れないものとなり，「一寸先は闇」なのです。

　他方で，円環的時間の方に目を向けるなら，そこには繰り返される歴史があり，円を描いて反復されていることに気づきます。それは，年月の循環として意識されやすく，桜とともに去り行く春は桜とともにまた巡り来るのであり，「まわるまわるよ，時代はまわる」「めぐりめぐる人生」と歌われる通り，「今」はまたここに戻って来るようです。とくに春夏秋冬の四季はイチ，ニィ，サン，シと繰り返され，自然現象や生命現象と共にその周期性が発見され，その円環はまたスタート地点に戻るという錯覚を生み出しやすいのです。そしてこのサイクルを経験する人は，その繰り返しに強く安心し，またこの回転や円環に依存して生きること

もできそうです。例えば正月が毎年きちんと繰り返されるなら，その無事な反復は私や家族が健康であることや，この世が平和であることの掛け替えのない象徴なのです。さらに，この円環的な繰り返しは，私たちの深く原初的で身体的な体験と共鳴して，それこそが安心感の拠り所になると言われます。

　以上のように時間が2種類あるとして，私たちは，直線的時間に不安を感じ，リズミカルな反復，つまり円環的時間の繰り返しに安心することが観察できました。そして私たちは直線的時間と円環的時間の組み合わせの中で刻まれるリズム，つまりアクセントのある周期的な反復と進行が大好きなのですが，このリズム体験になぜ魅せられるのか考えてみたいと思います。それに身をまかせる例としては，前に進む電車に乗って，コトンコトン，カタンカタンとレールの音が繰り返しこの身に響いてくると，やがて眠くなるという体験も一般的です。当然の如く，この進行と反復に惹かれるのは母親との依存関係の再現があるからという解釈が述べられそうですが，それにはまだ深入りしないでおきましょう。まずは以上を総論とし，これから，日本人に独特だと言われる「表打ち」のリズム感や，西洋人のバックビートを材料にし，リズムを好む深層心理を考えてみます。

　ただ人間，とくに日本人は規則正しいことが好きであり，その例を挙げておきます。2年ほど前，日本の鉄道会社が，定刻よりも20秒早く発車したことで謝罪したことが，国の内外で話題になりました。リズムが狂い，予定通りでないことはそれほど不安を引き起こすのです。やはり，直進しながらの円環的反復である規則的なリズム（ドンドン，トントン，コンコン，コツコツ，コトンコトン）では，すべてが順調で予測可能なら安心の進行という錯覚が生まれます。すべての経過が規則正しくて，想定内となったという確信を得て安心するのは，実際の世界や人生では，想定外のことがこの世に多すぎるからなのでしょう。

Ⅱ　日本人の周期

1. 人生は「想定外」のことに満ちている

　私たちが共有する「治療構造論」という重要な臨床感覚では，心理学的な治療というのは構造化されていて，動かしがたいものに満ちていることが強調されます。それは，患者の不安やトラウマを考慮するなら，当然の対応であり心がけと考えられます。そして精神療法のセッティングの中でも，円環的時間の周期性や規則性の維持が殊に重要なのです。水曜日の3時に会うことになるなら，それは規則的に繰り返されて，それは軽々しく変更されないのです。しかしながら，治療セッションのマネージメントを重要にさせる不規則要因としては，とくに都会

では交通機関の運行停止や道路の渋滞などが，よくある異常事態として思いつきます。さらに，命に関わる病気や個人的な事故の可能性もあり，最近よく話題になるのに，自然災害や異常気象という現象があります。例えば台風や大雨の日，規則的な面接をキャンセルするかどうか，その連絡をどのように取るかが重要な意味をなします。

　開業する臨床家なら，予報を確認しながら患者のことを「何かあったのでは」と心配することは稀ではありません。異常気象の際に相互に経験される不安はたいてい思いがけないもので，不吉な空想が突然現れることもあります。震災の日にどのようなやりとりになったのかは，セラピストも患者もその光景と共にずっと覚えています。大嵐で連絡の取りようのないままセラピストは待っていて，半日をかけ電車を乗り継いでようやくたどり着いた男性患者の表情は，私ははっきり覚えています。あれは互いに，回数の少ない面接だからこそ貴重になる一回性や規則性を守ろうとする心理が働いたのです。

　困難の中で出会えない時の失望や落胆もまた，治療関係に意外な展開を生み出します。よくある結果として，災害は私たちの万能感を打ち砕いて，人間を素直に，そして大人しくすることもまれではありません（北山，2018）。淡々と繰り返される私と患者との関係に，事故や事件，そして自然の猛威が入り込み事態を劇的に揺り動かし，共有された突発の不安を体験しながら面接室の中で対話することもあります。災害の際は，愛すべき自然が急に襲いかかり，愛した人たちが突然不在となるという可能性を実感しながら，自然の二面性や予測不能性，そして大自然を前にした時の存在の「はかなさ」を体験します。

　そして，よく「天災は忘れた頃やってくる」と言われ，私はこの忘れやすく予想し難い危険を，次の如く「見るなの禁止」を引用して話してきました。

▌2.「見るなの禁止」

　国生みの物語であるイザナキイザナミ神話におけるこの禁止は「時間がくれば破られるタブー」であり，母神は私たちの母や母なる自然の表象であり，その傷つきや死は象徴的に「自然破壊」を表わしていると言えます。同時に，私たちを生んで死んだ母親とは，医療や医学的知識の乏しかった時代に実際に多くの産婦たちが亡くなったことを起源としているのだと思います。そして古くからこれらの悲劇は，母親的な対象に依存し，これと一体化しながらも，母親には任せきれない「子」の不安を描いてきたのだと私は理解しています。

　このタブーについて学ぶために，戯曲『夕鶴』（Twilight of Crane と訳されることがある）や昔話「鶴の恩返し」として知られる異類婚姻説話の大筋を，以下の

ようにまとめました。

　まず，人間男性のところに動物女性が正体を隠して訪れ，2人は結婚し，美しい女房が布を織り，それを与えられる男は裕福になるのです。しかし，女性が布をおりあげるところを「見るな」と禁じ，男が禁を犯して覗くと，鶴である女性が自分の羽を抜いて布を織って傷ついているところを見ます。そして，正体を見られた鶴が恥じて去っていき，男性は女房を失うという別離で終わるのです。

　これに加えて他の昔話である，月に帰る「かぐや姫」，雪に消える「雪おんな」と，みんな「アル→ナイ」の繰り返しで，現れた女性たちは終わりにはいなくなってしまいます。日本の昔話や悲劇は，ヒロインが現れるが，直線的時間の最後はいなくなってしまうという「アル→ナイ」の「別れ話」を繰り返し描くようになっているのです。

▌3．そして，頭に戻る

　しかしながら，異類婚姻説話の歴史では興味深いことが起こっています。この別れ話の冒頭に，傷ついた鶴を男が救助し，その恩返しとして鶴が男のもとにやってくるという救助のエピソードが付け加えられたのです。これは，女を傷つけて傷ついたものを見捨てた男の「すまなさ」，あるいはそれに同一化する読者の罪悪感が，その償いとして善行と報恩の話を冒頭に付け加えさせたのが，その深層心理ではないかと思われます。この報恩譚への加工は，イザナミに夥しい数の子供を生ませて，最後に大量出血で殺してしまったイザナキの罪意識（ケガレ）とミソギ（水に流すこと）に相当するのです。つまり，喪失や罪悪感の痛みに耐えかねて，「ナイ」が頭に戻って「アル」となるのですが，またその最後は「ナイ」のだということになります。そして，これを何度も繰り返すなら，やがては喪失の痛みにも「慣れて」ゆくことがあるのでしょう。

　というのは，物語は頭に戻るのだけれど，完全な繰り返しではなくて，失ったものはそのままの形で戻ってはこないはずです。直線的時間経過のために，完全に元に戻る「回復」はないのです。桜は散るけどまた咲くと言うのは厳密には嘘であり，現実の自然では同じ桜は咲かないのです。こう現実的に考えると，それに伴う無常感とか，諦観，そして「はかなさ」が，直線的時間と円環的時間を総合する，時間感覚の美学であると納得され，その甘美な感覚は悲嘆反応の癒しとして重要であることがわかります。そして臨床家としても個人としても，直線的時間の「取り返しのつかなさ」と，その「元に戻る」という円環的時間との組み合わせは，事態を総合的に把握する際の落ち着きを生み出し，成熟した人生観になるのだと体験的に理解されます。

Ⅲ　表打ちと裏打ち

1.「アル→ナイ」と「ナイ→アル」

　ところが,ヨーロッパの代表的な異類婚姻説話である『蛙の王様』や『美女と野獣』では,動物である愛情対象は最後に人間になるのです。つまり,喪失で終わるという悲劇ではなく,失われた王子が愛で回復し,物語は「ナイ→アル」が強調されハッピーエンドで終わります。対比的に言うなら日本の悲劇の多くは「アル→ナイ」で,アンハッピーエンドで終わります。現実的には,イザナミのように人間は生きて死ぬというのが真実であり,その終わり方は現実的で悲劇的です。鶴女房は傷ついて去っていくし,日本神話の母神イザナミは多産でしたが,最後は死んで隔離されるので,基本は「アル→ナイ」なのです。

　もちろん津波,台風,地震などがもたらす,取り返しのつかない大自然の壊滅でも,その自然経過は「アル→ナイ」の悲劇をもたらすのです。実際の人生でも,人間関係の急激な幻滅でも,愛する人たちや愛するものは急に消え,取り返しがつかないものなのです。愛する人を失うこと,それが人生の最大の悲劇ですし,私は精神分析家として,心の健康の専門家である私たちは「想定外の喪失」に対処する方法を模索してきました。

　この点で私は,日本の浮世絵のなかに現われる母子像の研究を通し,この2人が共有する対象に浮かんで消えるものが多いことを指摘し,これを「はかない対象」と名づけました。同時に,この「はかなさ」に美的な感動を体験することが日本人に多いようですが,ここに悲劇を美しい体験に変える,学ぶべきヒントがあると思われます。

　日本文化の中で「はかなさ」の美を体得させる,母子間の遊びを描く浮世絵を何枚か掲げましょう。それは,水面に映った顔(図1),花火(図2),蛍(図3),桜(図4),シャボン玉,などですが,それらに伴う対象の明滅はリズミカルであり,「あったものが消える」ことが繰り返されているのです。つまり,これらの鑑賞体験では「アル→ナイ」が繰り返されていて,私たちの悲劇である喪失の練習をしているのではないかと思うくらいなのです。その上,痛ましい「アル→ナイ」の終わらない繰り返しが,平和に続くのであれば,実に美しく,癒され,落ち着くとすら感じられるのです。

図1　喜多川歌麿『水面に映った顔』

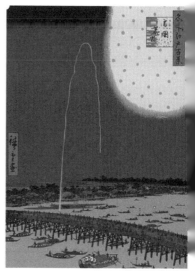

図2　歌川広重『花火』

図3　栄松斎長喜『蛍』

図4　葛飾北斎『桜』

2.「はかなさの美 Ephemeral Beauty」

　実は精神分析の創始者であるジークムント・フロイト Freud, S. は「はかなさ」のネガティヴな感想を批判し，美しいものは，はかないからこそ美しいのであり，それらには積極的な価値がある，と証言するのです。第一次大戦の影響下のペシミスティックな雰囲気のなかで，「無常ということ」（Freud, 1916）というエッセイで彼はこう言います。

> 「美しいものが，はかないがゆえにその価値を減ずる，という詩人のペシミスティックな意見に私は反駁した。逆に，価値は上がるのだと」

　フロイトは美しいものは失くなるが，それだからこそ価値がアルと言っているわけです。感謝を示すために，「あるのが難しい」という文字通りの意味の「ありがたい」と言う日本人もまた，この価値観には賛成でしょう。
　しかしこの問題を，別の観点，とくに「あきらめ」という観点から眺めるなら，東西の違いが出ます。フロイトのナイからこそ価値がアルという主張は，「ナイ→アル」で「あきらめない」ものであり，対照的に「アル→ナイ」を反復する私たちの「はかなさ」には「あきらめる」が伴うのです。西洋人たちが「ナイ→アル」を強調する「最後まであきらめるな（never give up）」の意識と，日本人のアル→ナイを強調する「もののあはれ」の意識とは，方向づけと強調点が異なるように思われますが，共通するのは喪失，あるいは死ぬという事実への直面です。そして日本人の美意識である「もののあはれ」とは，短命であるものや「はかないもの」を美しいと感動する「短命の美」を指し，アルよりもナイを強調しています。

3.バックビートと表打ち

　いよいよ，ここからリズムについて大胆な考えを述べます。
　ここで日本の国歌「君が代」を聴いてみましょう。4拍子で数えるなら1拍目と3拍目に強調点があります。そこで単純化するなら，私たち日本人のリズム感は，1拍目でアッタものが2拍目でナイとなり，3拍目でアッタものが4拍目でナイとなり，これをひたすら繰り返すなら，私たち日本人のリズム感で反復されるのはやはり「アル→ナイ」なのです。
　しかし，西洋から入ってきたジャズやポップスのバックビートは4分の4拍子の曲で使われるスタイルであり，1拍目に対する「コントラ（対）」である2拍目を打っていって「ナイ→アル」なのです。つまりは，2拍目，4拍目に強調点

があるのです。バックビートとは，ポピュラー音楽の大半の曲で使われ，オフビート，アフタービート，あるいは「裏打ち」とも言われるのです。これに対して，日本の音楽では1拍目を強調する場合，これを「表打ち」と呼んでおきましょう。

　諦めないで，たとえ死んでも，希望を失わないなら，それは「ナイ→アル」のバックビートでありましょう。子どもとの遊びでいうなら，バックビートは「イナイ→バァ」だということになり，「ナイ→アル」のリズム，つまりアフタービートにはそういう希望が込められていると思います。指を鳴らして，アフタービートを打ってみてください。確かに，もう1人の誰かが私のあとについてきてくれているというイメージが生まれます。

　対して，日本的リズムが「バァ→イナイ」，あるいは「アル→ナイ」だということになると，そこでは失うことが強調されていると言えましょう。つまり私たちの表打ちのリズム感では，1拍目に強いアクセントを置き，その2拍目はナイのであり，「アル→ナイ」の反復です。また「一本締め」という日本の手打ちの様式で感じられる，1拍目のあとの空白，そして沈黙と余韻は，実に「アル→ナイ」を体験させて，喪失を皆で噛みしめる瞬間として意味が深いのです。

　これはミュージシャンとしては，物凄い発見なのです。ここで，何でもいいのですが，例えば歌謡曲「津軽海峡・冬景色」を聴きながら考えてみましょう。この曲は，日本の典型的な歌謡曲であり，主に表打ちです。

　実は日本が戦争で負けて，西洋音楽が日本を占領した時，私たちは日本の表打ちがいけないことのように感じられたことがありました。でも，私たちはこの表打ちにこそ日本人であることを感じることができるのです。では，この日本の表打ちは，どこから来たのでしょう？　よく言われるのが，古くから続く稲作の作業から生まれたという説です。

　ここで2017年に出た樋口桂子の論考『日本人とリズム感』がよくまとまっていて，ここから引用しておきましょう。

　　「日本の自然環境は農耕には厳しい条件であった。狭い傾斜の水田の中でバランスを取って歩くには，自然と骨盤を落として腰をかがめて足元を踏みしめて行わなければならない。しかも同じ作業をする他の人と呼吸を合わせて揃えて歩くことが必須とされた。こうした前提のもとで，腰を落として身を安定させて，拍の頭を狙って拍子を合わせながら，皆で同じように動作を合わせる動作が定着していった」

　ここでも私はやはり，表打ちの繰り返しは，母なる大地との関係の中で安心，安定，そしてそこへ向かう祈りを感じるところです。

▎4．しかし，どっちもある

　こうして，アフタービートか表打ちか，と対比的に考えてきました。確かにこれはミュージシャンとしては重大です。しかしながら，ここで日本の観客の多くが思うことでしょう。ここでの重要な体験は「あれかこれか」ではなく，その両方のリズムを楽しめることこそが貴重なのではないでしょうか。つまり，どっちでもいいし，どっちもあるのです。

　つまり，時間が流れてアルものはナクナルけれど，時間がめぐりナクナッテもまたアル，つまりどっちもあり，という２つの時間が協力してたどり着く全円（フル・サークル）の境地が生まれるのです。イナイイナイにはバァが続き，バァの後にはイナイイナイがまた続いて，振り出しに戻る。喪失に続いて再生，あるいは復興が起こり，また喪失となるはずです。

　桜は散るけど来年もまた咲き，そして散る。散るけれどまた咲く。こうして，希望と絶望の両方があって「アル⇄ナイ」とリズミカルに往復する時間感覚とは，もっとも信頼できる，視野の広い時間感覚だと言えましょう。だから，荒れ果てた災害の爪痕に，春が来て一輪の花が咲くなら，つまりアルものがなくなり，またそのナイがアルとなるなら，人は癒されます。しかしその再生は，また来る喪失を孕んでいるというわけです。

　だから両方あるのです。そして私たち多くの日本人は西洋音楽のコンサートで，アフタービートに合わせていても，やがて間違いや勘違いで，逆の打ち方になるのです。それが，リズム感が悪くて，西洋音楽がわかってないと言われるところですが，それは不当な言われ方です。ふつうの観客として，こう考えて視野を広げていくなら，ナイと言ってもまたアルじゃないか。アルかナイか，「どちらか」と問うてもどっちでもよくなるのです。また，どっちでもいいし，どっちもある。これは悟ったような状態ではなく，緩んだ，笑いのある境地です。

　ミュージシャンとして私がステージの上でよく経験する，演奏中に生じる観客の手拍子なのですが，その劇場における手拍子の在り方では必ずと言っていいほど，「どっちでもいい」の現象が起こります。良い加減・大衆がバックビートで始めた手拍子のリズムに，やがて表打ちが入り混じり，結局最後は４拍子の全部を打つというリズムで演奏が終わってゆくことです。

　表打ちかバックビートかという問いでは，二分法の「あれかこれか」となってしまうのですが，実は私たちの多くはどちらか１つは選べないし，そもそも２つに分けられないのです。つまりどちらが相応しいか分からないのは，現実に正解は二者択一で考えられないからですが，そこではいい加減だけど正直な考え方が

際立ちます。これが私たちの「良い加減」（きたやま・前田，2018）な考え方です。ロックもジャズも好きだけど，日本の歌謡曲も好きです。そしてリズムで言うなら，どちらが好きか厳密には決められないのです。

　それで，私が若い時に作詞した『あの素晴らしい愛をもう一度』（加藤和彦作曲）を考えますと，このリズムは4拍子の全部を打っています。どっちでもいいのです。日本人のリズム感はどっちでもよく，表打ちかバックビートかと問われて，どっちでもいいという「鷹揚」があるのです。

　キリスト教か反キリスト教かと問われても，多くがどっちでもいい。多くが結婚式は神式でやり，葬式は仏教で行い，クリスマスでキリストの誕生日も祝って，正月は神社に行く。この多神教の「どっちでもいい」という考え方の「いい加減」こそが日本人の生き方や考え方の自己紹介に付け加えられるべきでしょう。イエスかノーかはっきりしない曖昧は，日本人の特徴と言われますが，そこには，二枚舌とかダブルスタンダードとか言われて否定されるべきではなく，また未熟とも成熟したとも言い切れない，「鷹揚」という特徴があるのです。

Ⅳ　和太鼓奏者・林英哲との対話

　最後に，もう少し具体的に考えて，日本人のリズム楽器である和太鼓のサウンドは，何が魅力的なのでしょう？　和太鼓の感動について語るとき，それが，これを演奏する側が男性的であることも忘れてはなりません。叩く側は男性的であり，叩かれた側の発する音は女性的でもある。そこが交わってつくる世界がセクシーであるという点が重要でしょう。そしてこれが営まれている限り，世界は平和だ。太鼓が祭りや祈りの意味を持つというのも当然です。

　日本を代表する和太鼓プレイヤーである林英哲自身は，その著『あしたの太鼓打ちへ』（2017）の中で次のように書いています。YouTube で見つけることのできる WOMB SOUNDS FOR BABIES と共に聴きながら，次の引用をお読みください。

　　「太鼓の音を，多くの人がなつかしがって聞きますが，実際に聞いた祭りの音というより，もっともっと遠い記憶の音をたどっているような気がします。
　　少なくとも，僕にとっては太鼓の音はそんな気がする音です。
　　演奏会場に連れて来られた子供が，太鼓の音でぐっすり眠ってしまうことが度々ありました。
　　むずかる子供は，母親に抱かれて心音を聞くと，おとなしくなる，という話も聞いたことがあります。

心音を拡大した音を聞くと，実際に太鼓のような低域の音なのです。そういう音で，子供は安らかになる。

　記憶の彼方で聞いた音は，胎内で聞いた母親の心音，『太鼓』の音だったのではないか，ある日，突然のようにそう思いました」

　太鼓に関するこの打楽器奏者の発言は，深層心理学の世界でリズムについてよく言われることなのです。つまり，和太鼓の魅力はやはり低域の雑音の反復にあるようです。その，リズミカルな濃淡のある低音の反復は，胎児が母親の胎内で体験していると思われる「胎内音 Womb Sounds」を再現して，何と万人の胎内回帰願望を実現しているのです。

　文学的には胎内体験はよく海の中にいる体験と比せられますが，濃淡の反復は確かに海の波の音の繰り返しに似ているようであり，それを大太鼓は再現して深い感動を生み出すのです。さらにホールにおけるライブの和太鼓の魅力は，その低音が生の振動とともに聞けるというところです。これが家のオーディオではなかなか体験できません。

　この体験で得られる結論は，胎内音はバックビートでも表打ちでも，どちらでもいいのです。ただそこにあるのは，機械的ではない，人間的で未分化な低音の「アルーアルーアル……」の連続です。

　加えて，ここに林英哲が私に口頭で述べた見解を引用します。

　「僕はオーケストラとの共演も多くて，もう40年以上もいくつもの太鼓協奏曲を演奏してきたのですが，未だに指揮者のタイミングに合わせるのに，苦労します。

　和太鼓の感覚では，指揮棒が振り下ろされた瞬間に，ドン，と音を出したくなるのです。ですが，西洋楽器のオーケストラは（外国オーケストラだけではなく，日本もふくめ，西洋音楽を演奏するオーケストラは，という意味合いです）指揮棒が振り下ろされたあと，指揮棒が振り上がるタイミングで1拍目の音を出すのです。つまり，僕はオーケストラより先に，音を出していることになります。

　今はもう指揮に慣れて，オーケストラのタイミングに合わせていますが，生理的には，振り下ろされた瞬間に音を出す，という感覚がずっとあります。

　指揮棒が下りた瞬間（ダウンビート）を逃さず，気合いを込めてドンと打ちたい僕の感覚と，ダウンビートを確認したあとに，バックビート（アップビート）的なタイミングで音を出すオーケストラ。この東洋と西洋の感覚の違いは，舞踊表現などでも感じます。

　日本の伝統芸能には『へんばい』と呼ばれる，腰を低くして悪霊を踏み鎮める振りがあります。先ほどの，山がちな日本の田で農業をする時の姿勢に通じるものだと思いますが，力を込めて踏んで，ドン，と大地や床を鳴らします。その瞬間に低

い姿勢でポーズを決めて，大きな見せ場にします。相撲の土俵入りや，歌舞伎の所事の見栄なども，同じ意味合いです。

　ところがバレエなどの西洋舞踊は，踏み切った後の，高く飛び上がったところが最高の見せ場になります。踏むことは重要ではなく，その後のジャンプの高さや姿勢が見せ場です。それは，バックビート（アップビート）的な表現に感じられます。

　僕の太鼓の動きやリズム感覚は，きわめて日本的なダウンビートの『へんばい』感覚です。指揮棒が振り上がるバックビート的なタイミングを1拍目，と感じるオーケストラと共演していると，『へんばい』的な自分の感覚との違いを実感します。それでも，共演は可能で，海外の聴衆も大興奮して，コンサートは盛り上がります。

　少し強引な結論になりますが，それは，日本人や日本文化の持つ，まさに，北山さんのおっしゃる『どっちでもいい』感覚，を体現していることになるのかもしれません」

V　さいごに

　さらに林に教えてもらった，ミュージシャンならではのジョークで，日本人のリズム論のエンディングとしましょう。日本語で太鼓の音は，擬音語でドンドンと書きますが，これをローマ字で DON DON DON DON DON と表記してみます。ところが，これは書き方，読み方次第で，ドンドンドンドンがウンドウンドウンドウンドになり，それがまた逆転します。

```
DON DON DON DON DON  ←→  NDO NDO NDO NDO NDO
NDO NDO NDO NDO NDO  ←→  DON DON DON DON DON
```

　表打ちがバックビートになり，バックビートが表打ちになる。表打ちがバックビートと入れ替わるのです。私は，ミュージシャンとしてこれをお客さんと何度も経験してきました。多くの一般聴衆は専門家として「あれかこれか」を問うのではなく，むしろ「あれとこれと」のどっちもありであり，それはどっちでもいいのです。どちらかが良いわけではない。音楽を楽しむには，それで困らないのです。

　ここで笑えるなら，1つのリズムに執着しない心境が手に入っていることでしょう。表打ちだ，裏打ちだという分類に意味がなくなり，どちらでもよくなるのです。そして，裏も表もなく，淡々と繰り返される。

DON DON DON DON DON　　←→　　NDO NDO NDO NDO NDO
NDO NDO NDO NDO NDO　　←→　　DON DON DON DON DON

最後に，日本も西洋も区別しない楽観的でいい加減な境地，これこそが「日本」
の希望だと言っておきたいと思います。

謝辞：本稿は，第 3 回アジア太平洋カンファレンス 3rd IPA Asia Pacific Conference の開催
を記念し，2018 年 5 月 6 日，東京で開催された「日本のリズム JAPANESE RHYTHM」と
いうコンサートで報告した原稿を元にして，修正加筆し完成させたものです。当日，手に
汗握る演奏を披露していただいた林英哲氏とそのお仲間の皆様に心から感謝します。

文　献

Freud, S. (1916) Vergänglichkeit.（高橋義孝訳（1969）無常ということ．In：高橋義考ら訳：
　　フロイト著作集Ⅲ．人文書院，pp.314-317.
林英哲（2017）あしたの太鼓打ちへ．羽島書店.
樋口桂子（2017）日本人とリズム感．青土社.
北山修（1979a）精神療法と時間的要因 その 1 期間の限定された治療の経験．精神分析研究，
　　23(2); 71-77.
北山修（1979b）精神療法と時間的要因 その 2 治療者の問題．精神分析研究，23(2); 78-84.
北山修（2018）マネージメントと内なる「壁」．精神分析研究，62(3); 394-401.
きたやまおさむ・前田重治(2018)良い加減に生きる―歌いながら考える深層心理．講談社新書.

第2章

将　棋

上田勝久

I　包まれること

　私が将棋に興味をもちはじめたのは高校生のころでした。部活の仲間に教えて
もらったことがきっかけでした。大学進学後は近所の将棋道場に通いだし，戦法
を紹介した棋士の本を買い漁り，日曜朝の NHK 将棋講座と NHK 杯を欠かさずチ
ェックするようになりました。さらには，学生の身でありながら，当時将棋チャ
ンネルで放送されていたタイトル戦を見るためにケーブルテレビを契約するにま
で至りました。タイトル戦の一種である竜王戦や名人戦は各持ち時間が8時間，
9時間あります。ゆえに，いくら VTR による短縮放送であったとしても，テレビ
画面はほぼ静止画像となります。それでも私は固唾を呑んでその中継を見守り続
けました。

　心理職として働きはじめてからも，将棋は常に生活の手元にありました。休日
に会える友人もいなかったので，日曜の午前は NHK 将棋講座を見て，午後からは
当時流行りはじめていたネット将棋をひたすら指していました。一般的な20代
と比べるとあまり健全な過ごし方とはいえないのかもしれません。20代の私は間
違いなく孤独でした。でも，それが私の青春でした。

　当時の私は日々の臨床活動にふりまわされていました。患者が被ってきたさま
ざまな苦難に圧倒されながら，一心不乱に臨床活動に取り組んでいました。しか
し，多くの支援がうまくいきませんでした。患者からは頻繁に「わかっていない」
と批難され，ときに罵倒され，ときに激しい行動化を招き，その対応に追われる
日々でした。遂には中断へと至り，無力感に沈みこむ毎日でした。いまから思え
ば，心理療法のスキルやその姿勢と共に，そもそもの心理療法を行うための適切
な環境を準備するところに，すなわちマネジメントのやり方に問題があったのは
明らかなのですが，そのころの私はただただ途方に暮れるばかりでした。

　休日の将棋に没頭する時間はそうした日々の喧騒とはいかにも対蹠的でした。何よりもその時間は静謐でした。とにかく眼前にある盤面の動向だけを考えることのできる時間でした。将棋は基本的に駒を使った戦いですので，それぞれの指し手の内側では相手を凌ごうとする激しい対立が起こっています。しかし，その激しさとは裏腹に，目に見える対局状況はどこまでいっても静かなものです。野球やサッカーとは違って，場内は静けさに満ち，剣道や空手のような気合の雄叫びも表出されません。この静けさは将棋がつくりあげてきた文化や，作法や，歴史によって，その内側の熾烈な対立がマネジメントされているゆえのものです。棋士は当然一局一局に己の生活を賭けています。勝負師としてのプライドを賭けています。人生を賭けています。対局室にはとてつもなく大きなものがもちこまれています。しかし，それらは盤上と対局室の静けさのなかに収納されています。

　そして，精神分析的な営みもまた本質的にはそのような営みだと感じます。途方もなく大きな何かを，患者と治療者それぞれのこころを，その人生を，カウチの周辺に，あるいは面接室のなかに，あるいはふたりの関係のなかに収納しながら事に取りかかる営みです。どちらの営みにもある種の間接性が存在しています。とても大きな何かを直接的にやりとりするのではなく，将棋ならば盤上を，分析ならば連想と解釈による交流を媒体としながら事に臨んでいきます。それはこれらの営みが醸成してきた文化によって包みこまれている結果です。

　当時の私が出会ってきた患者のこころは激しい行動化の形をとって面接室から溢れ出していました。無論，そのことは患者の苦痛の大きさを物語っていたのでしょうし，私のスキルの未熟さも影響していたのでしょう。しかし，それ以上に大きな要因は，私の方がこの面接室のなかで——かくいう私と患者のふたりのあいだで——事に取り組んでいく覚悟を十分にもちえてなかったことにあったような気がします。患者だけでなく，私のこころも面接室のなかに置かれていませんでした。私は患者と出会っていながら，本当のところは出会えていませんでした。おそらくは棋士が対局に賭けるほどには心理療法という営みに自らを賭けることができてはいませんでした。振り返ると，患者がたえず私に投げかけていたのは「あなたは本当に私と出会おうとしているのか」という問いだったように思います。しかし，私は何も考えられず，ただ右往左往するばかりでした。私はまだ心理療法という文化のなかに包みこまれていなかったのです。

　元々私はじっくりと何かを論理的に考えるのを好む人間でした。心理職としての私は何も考えられずにいましたが，将棋盤と向き合っているときには，この資質が息を吹き返すような感覚を覚えました。当時の私は将棋に随分と救われていたのだと思います。臨床的な営為のなかで失われていた私のパーソナルなこころ

は，将棋を指すことで部分的に取り戻されていきました。けれども，当時の私に
〔　　〕得ていた益を臨床活動に還元するまでには至りませんでした。仕事におけ
る苦難の感覚と将棋を指すときに感じられるアライブネスな感覚は，あくまで平
行線上に置かれたままでした。

　最近の私はめっきり将棋を指さなくなりました。将棋は長い時間を要する競技
です。一手30秒将棋にしても，棋力が拮抗した相手ならば，一局指すのに1時
間はかかります。その1時間を現在の私は確保しえなくなりました。時間があれ
ば，こうして原稿に取りかかるか，日々の残務処理に追われる身となったからで
す。

　ただ，実をいうと，現在の方が将棋によって培われた感覚がより身近にあるよ
うな気がしています。というのも，私の将棋魂は私が供給する心理療法のなかに，
とりわけ精神分析的な心理療法のなかに息づいていると感じられるからです。フ
ロイト Freud（1913）が精神分析プロセスをチェスに喩えて説明したくなった事
情がいまの私には何となくわかる気がします。精神分析的な作業と将棋を指すこ
とのあいだには何か本質的なつながりがありそうです。

　本稿はこの感覚を手づるにして書き進めていくつもりです。将棋を指すという
営みについて考えることで，改めて心理療法もしくは精神分析的な心理療法につ
いて見直してみることが本稿の主な目的です。私の数少ない趣味のひとつである
将棋が，私の仕事について教えてくれるところを模索してみたいと思います。

II　　沈黙の生産性

　将棋を指すことと精神分析的な営みとを並べてみると，いくつかの類似点が浮
かび上がってきます。まず思いつくのは，その独特の間合いとリズムです。私は
かねてから将棋のもつ間合いやリズムと分析的なセラピーのもつ間合いやリズム
はとてもよく似ていると感じてきました。

　一口に「将棋を指す」といっても，実際に「指す」という動作が行われるのは
対局のなかのごく一部にすぎません。むしろこの営みの大半は，対局者が各々に
黙考する時間に占められています。将棋は盤上で繰り広げられる戦いですが，そ
の戦いは厳密には二分節されています。駒を動かすことで盤上に展開される戦い
とその指し手を脳内で思考していく戦いとの二分節です。前者は目に見える交戦
であり，後者はその交戦に至るまでの戦局の読みと指し手の選択のために捧げら
れる時間です。空手や剣道とは異なり，将棋においてはこの後者の時間が圧倒的
に長く，戦いのほとんどは各々の対局者の脳内で展開されることになります。こ

の黙考の時間こそが，将棋の中心的な構成要素となっています。

　指すという一瞬の動きと読みに費やされる長い沈黙の時間。ここには静と動が織りなす独特の間合いとリズムがあります。動は静のなかから，その沈黙のなかから醸成されてきます。この沈黙の時間こそが盤上を動かす決定的な指し手を生みだします。その意味で，将棋は沈黙のなかから創造される営みとなっています。

　そして，精神分析的なセラピーもまた同様の性質をそなえています。患者が何かを語り，もの想いと熟考のための沈黙が訪れ，治療者が何かを語り，場はふたたび沈黙へと帰っていく。安定したプロセスを辿っている分析状況にも，こうした静と動が織りなす独特のリズムがあります。将棋と同様に，分析状況にも互いがそれぞれにひとりになって思考する時間が十分に確保されており，結果として場は沈黙がちとなります。カウチを用いた場合には，特にこの種の感覚が――互いが孤立的に何かを体験しながら黙考している時間こそが主であるという感覚が――増していきます。それは対面設定時のセラピーのような，互いが互いの発言にたえず反応し合い，そのふたりの絶え間ないやりとりによって事が進んでいく状況とは質を違えています。

　相手の様相を目の当たりにする対面設定においては，相手の発言の意図やニュアンスをその様子から察しやすくなり，否応なしに社交的な要素が滑りこんできます。そのため，どうしても実際的な交流こそが主となり，互いの沈黙は大抵気まずい空気を生みだしがちです。私たちが応答に窮して黙りこんだとき，患者から心配そうに様子を窺われたり，怪訝そうに顔を覗かれたりすることは多くの治療者が経験するところでしょう。対して私たちの方も密かな焦燥感のなかで場に相応しい理解や言葉を見つけだそうと必死になります。対面設定においては対話によるやりとりこそが自然なリズムであり，実際的な交流によって場のインタラクションが成立している感覚になりやすいので，一見すると交流の遮断が生じているようにみえる沈黙の時間は，そのリズムやインタラクションを崩しかねない不穏なサインとして感知されやすくなるのかもしれません。しばしば「沈黙をもちこたえる」ということがいわれますが，「もちこたえねばならない沈黙」をより多く経験するのは対面設定によるセラピー時だと思います。カウチ設定と比べると，具体的な交流から距離をおき，孤立的に物を考えるための黙考の時間がどうしても確保されにくい状況があります。

　私は分析的なセラピーが内包する価値のひとつに，「誰かといながらひとりでいられる」体験があると考えています。これは小児科医であり，精神分析家であるウィニコット Winnicott（1958）の発言ですが，ここには人が他の誰かと深く情緒的にふれあっているときにも，常にプライバシーの感覚を必要としていること

が示されています。精神分析は目に見える形としては患者の自由連想と治療者の解釈によって交流し合う営みとなっていますが、この自由連想と解釈はそれぞれのもの想いから派生したものです。患者はそのもの想いをすべて話すように求められ、治療者はそのもの想いを何らかのまとまった理解へと変形することを要請されており、それぞれの役割にもとづく表現型の違いはありますが、いずれにせよ、これらの交流様式はそれぞれのパーソナルなもの想いを母体にしています。この営みは重なり合うもの想いのなかから生成される体験に依拠するゆえに、必然的にもの想いに十分に浸れる時間を、つまりはプライバシーの感覚に根差した「ひとりでいる」ことのできる沈黙の時間帯を要することになります。

　分析状況がこうした「ひとりでいる」ことのできる沈黙の時間をごく自然なものにしえるのは、その独特の設定ゆえです。カウチに横臥し、その姿勢で話すことに馴染んでくると、次第に患者は治療者の表情やしぐさを気にかけなくなっていきます。同時に治療者の方も患者の視線から自由になります。また、交流様式を自由連想と解釈によるやりとりに特化することで、とりわけ治療者の方が反射的にその場に応じた何かを話すのではなく、練り上げられた理解を供給しようとする姿勢を維持しやすくなります。このことは事態を黙考する時間帯をより自然なものにしていきます。

　同じことは棋士の対局を見ていても感じられることです。対局中の棋士はほとんど相手に目をやることはありません。視線は盤上か宙に向けられています。ウィニコットは客観的な知覚対象に反応する必要のない、外部からのアクセスを一時棚上げした心的状態に創造性の起源をみましたが、人が真に物事を熟考し、何らかの生産的な理解を導きだしていくには、やはり外部との交流がある程度遮断された隔離的なこころの場を必要とするのでしょう。

　そして、将棋や精神分析は交流しないことの自由を明瞭に保証することで、こうした人の創造的な思考を達成する条件をあらかじめその設定のなかに準備しているのだと思われます。

Ⅲ　各々の指し手を考えること

　では、その沈黙の時のなかで棋士は何を考えているのでしょうか。彼らの思考の内実からも私たちは実にさまざまなことを学ぶことができます。

　棋士が持ち時間のなかで考えていることは、当然ながら相手の出方です。対戦相手の思考の流れを、その感情やこころの機微を、読み解こうと努めています。話が少し逸れますが、これは現代的な風潮を鑑みると、とても意義深い姿勢であ

ると感じます。

　というのも，テレビやSNS内でのさまざまな議論を眺めていても，またときには臨床現場においても感じることですが，私たちは一度相手と対立したならば，途端にその相手のことを理解しようとしなくなる傾向があるように思えるからです（あるいは対立が無理解を生みだすのではなく，無理解や無思考こそが対立を生みだしているのかもしれませんが）。対立が無思考を生む風潮のなかで，対戦相手のことを終始考え続ける棋士たちの姿から学ぶことはとても多いのではないでしょうか。

　話を戻しましょう。棋士は持ち時間のなかで相手の思考と指し手を読むことに尽力しています。ただ，より厳密にいえば，その思考の矛先は相手の指し手のみならず，「相手の指し手」と「自分の指し手」の相互作用に向けられています。棋士は「相手がこう指したら，自分はこう指す」，「自分がこう指したら，相手はこう指すだろう」というように，相手と自分の動きをセットにしてその局面を捉えていきます。このような姿勢は対戦相手のあるすべての競技において共通することですが，将棋においては特にこの種の相互作用を丁寧に読みこもうとします。

　このことは分析的なセラピーにおいても同様です。現代の精神分析はもはや「患者側の無意識的なこころについて，治療者がその専門的知識を駆使して解読する」といった一方向モデルでは説明されません。患者の無意識は患者と治療者の関係性のなかに立ち現れると考えられ，それゆえに現代の分析的セラピストの多くは患者と自身の関係性の動きに注目していきます。棋士が相手の指し手を自身の指し手とセットで捉えるように，相手のこころを自身のこころの動きとの連関のなかで考えようとします。

　私が分析的な方法論を学びはじめたときにもっとも感銘を受けたのは，その患者と共にいるときに感じられる「自分自身のこころについて考える」という視座でした。面接室内にいるのは患者と私のふたりだけなのですから，自分が患者に及ぼす影響を考慮するのは当然のことです。そのために私たちが自分自身のありように着目すべきであるのも当然の理屈です。しかし，それまでの私は不思議なほどに目前の事態を自らのこころの状態と関連づけて考えようとはしてきませんでした。

　もちろん，私のありかたが患者に影響を及ぼすことはわかっていましたし，そうでなければ私たちのいる意味はなくなってしまいます。しかし，精神分析の知に出会う以前の私はいかに患者が語るところを正確に受けとるか，もしくはいかに患者のニーズを満たす介入を正しく供給できるかということにのみ腐心していました。自分が患者に及ぼす作用は「それが正しいか否か」に限られ，患者に失

望や怒りを味わわせたならば，その介入や応答は間違っており，ただちに自身の支援者としての未熟さに帰結させていました。すると，次第に患者の言葉をなぞる応答が多くなっていきました。そうすることが患者になるべく正確に応じることになると思ったからです（結果，ケース記録の取り方にしても，自身の心情や介入についてはほとんど記さず，ひたすら患者の言動のみを記すスタイルになりました）。あるいは多くの知識を身につけ，とにかく患者の現状に応じた知恵を供給する方向に傾いた時期もありました。心理療法を「正答当てモデル」で捉えれば，自ずとそうなるように思います。ですが，これでは「一手先」を読んでいるにすぎませんし，その結果（患者の反応）を自身のスキルの未熟さに還元するだけでは思考はそこでストップしてしまいます。

　大切なことは，治療者がもたらした作用とそれに対する患者の反応とが意味するところを，より広がりのある展望をもって吟味していくことです。しばしば分析的なセラピーを語るときに「関係性を読み解く」といった言葉遣いがなされますが，それは将棋でいえば，「私がこう打ったところを相手はこう打ち，対して私がこう打ったならば，相手はこう打つだろう……」と互いの手を複数手読みこむなかで，次第に相手と自分の置かれている全体的な状況が見えてくることと類似しているように思います。将棋の世界では，それを大局観と呼んでいます。

　たとえば，私の言葉に対して患者が怒りや失望を抱いたとき，それは確かに私がそう感じさせたのであり，患者にとってその発言は治療者の失敗やあやまちとして受けとられることになるでしょう。このとき，まず私たちは患者の傷つきと，そのように仕向けてしまった自身のありかたとを引き受けなければなりません。

　しかし，同時に私たちは，なぜその手があやまちとなったのかを，そのことがいかなる意味をもつのかを，患者の怒りと失望が意味するところは何なのかを，考えていかなければなりません。その後に考えるべき事柄は無数にあります。その局面は本当に詰んでしまっているのでしょうか。これを治療者のスキルの未熟さと結論づけてしまうならば，その瞬間に患者との出会いは終わってしまいます。将棋でいえば投了です。おそらく初期の私が中断ケースにまみれていたのは，私こそがここでいう「出会い」を，その局面に向き合うことを，その時点で終わらせてしまっていたからです。事態の読みとりはどこまでも続きます。棋士の対局をみていると，自分は彼らほどに思考の粘り強さを発揮しているだろうかといつも反省させられます。

Ⅳ　修復作業としての将棋と心理療法

　ところで，この治療者のあやまちというテーマと関連して，羽生善治さんがとても興味深い内容を語ってくれています。

　羽生さんによると，棋士は年間 50 ～ 60 程度の対局に取り組むそうですが，そのなかでほぼ思い通りに進めることができたと感じる対局は年に一度あるかないかだそうです。ほとんどの対局で大小さまざまなミスを犯し，棋士が対局中に行うシミュレーションのほとんどが自分にとって不利な，望ましくない場面の想定となるそうです。浦野真彦さんなどは「将棋は良い手を指して勝つというよりも，悪い手を指して負けるゲーム」と称しています。

　私たちもまた思いもかけぬところで患者を理解し損ね，誤解し，ときに傷つけたりします。特に分析的なセラピーにおいては，保証したり，励ましたり，既存のデータを駆使した効果的な知識を与えたりするのではなく，介入を解釈のみに制限しており，その前提からして，この営みがミスやあやまちをうまく避けるようにはできていないことは明らかです。棋士と同様，私たちの仕事もまた，そのほとんどが患者に対するさまざまなあやまちに気づき，それをどのように修復していくかが肝となります。というよりも，この営みほどに人の対人的事態に必然的に生じる齟齬や誤解やすれ違いをダイレクトに引き受けようとする療法は他にないような気がします。

　ただし，分析的セラピストは単に対人関係を丸く収めるために，この手の修復作業に尽力するわけではありません。そうではなく，この失敗状況のなかにこそ，何らかの患者の本質的なテーマがはらまれている可能性をたえず考えようとします。ウィニコット（1954）の「凍結されていた患者の過去の外傷体験が，治療者の失敗のなかに形をとる」という理解はその一例です。フロイト（1905）がドラに対する分析の失敗から転移という本質的な理解をつかんできたこともその一例ですし，ケースメント Casement（2002）の「あやまちから学ぶ」はこの視座を実践活用するためのモデルです。

　このようなことを書くと「結局のところ精神分析は治療者の失敗も患者のこころの問題に帰着させようとしている」という批難が飛んできそうです。しかし，事はそれほど単純な話ではないと思います。また，不幸な境遇を生きてきた患者に対して，治療者はあやまちに気づき，それを修復することで良い体験を与える必要があるといった話でもないと思います。紙幅の都合上，詳細にはふれられませんが，ここには人の「万能感」と「ナルシシズム」，「外部性」および「他者性」

とのコンタクト，そして，「経験から学ぶこと」といった大きなテーマがはらまれているように私には思えます。

　さて，こうしたミスやあやまちへの取り組み方について，羽生さんは次のようなことを語っています。

　棋士は対局中に一度ミスを犯すと，次の一手もあやまった手を選択してしまいやすくなるそうです。というのも，棋士は相当緻密に構想を練って事を進めていきますので，一度ミスをするとそのすべてが瓦解してしまったと感じられるからです。ゆえに，ここまで蓄積してきた構想にしがみつきたくなるわけですが，そのうえで局面の立て直しを図ろうとすると大抵うまくいかなくなるそうです。

　そこで羽生さんが提案するのは，次の一手をこれまでやってきたことの延長線上にみるのではなく，いまある状況をまったく真新しい状況と捉え，「この状況からはじまったならば，どのような手を指すか」と思考の道筋をフレッシュなものにすることです。

　私はこの言葉を「先入観から脱し，いまある事実を見据えること」だと理解しました。私たちが行う解釈とは，これまでの状況について読みとったものを，次なる状況に向けて発信するものです。それは受けとった過去を次の未来へと紡いでいく作業です。ゆえに，解釈にはこれまで連綿と読み続けてきた「筋」もしくは「プロット」がふくみこまれています。そして，あやまちによって醸成された困難な局面とは，この筋が崩れてしまった状況といえそうです。けれども，私たちは羽生さんがいうほどにその局面を新鮮なまなざしでもって受け入れることはできません。分析的セラピストの思考はこれまでの経緯を抜きにして事を考えるようにはできていないからです。では，私たちはどうすればよいのでしょうか？

　ここで私がヒントになりそうだと思うのが，作家フォースター Forster, E. M.（1927）が記す，「プロット」と「ストーリー」の差異に関する言説です。

　彼は『小説の諸相』（Forster, 1927）のなかで，ストーリーを「時間の進行に従って事件や出来事を語ったもの」と定義づけ，プロットとはそこに因果関係をみることだと述べました。たとえば，「王様が死に，それから王妃が死んだ」といえばストーリーですが，「王様が死に，その悲しみのあまりに王妃が死んだ」といえばプロットになります。プロットとは因果の束であり，それは本来的には無数の可能性を秘めたものです。棋士が指し手を間違えること，治療者が失敗状況をつくりだしてしまうことは，このひとつの筋が行き詰まったことを意味しています。ですが，その状況は新たなプロットを見いだすための契機にもなるものです。私たちは現状の外側へと開かれていく必要があります。このとき私が重要だと考えるのは，フォースターのいう「ストーリー」の方にもう一度立ち戻ること

です。「理解」を排して事象をそのままみてみることです。因果の鎖から自らを解き放ち，「出来事」そのものを改めて見直してみることです。このことが羽生さんのいう「この状況からはじまったならば，どのような手を指すか」という言葉につながるのではないかと考えています。こうすることで，私たちは先入観を脇に置き，改めて患者と出会い直していくことができるのではないでしょうか。

V　おわりに

　そろそろ紙幅が尽きてきました。他にも棋士の成長過程や棋士の訓練形態，あるいは棋士の感想戦についてなど，論じてみたいトピックはたくさんあるのですが，それはまたの機会にしたいと思います。

　将棋はゲーム理論によると「二人零和有限確定完全情報ゲーム」に分類されるそうです。チェッカーやオセロなどもここに該当しており，対局者が互いに最善手を打った場合，チェッカーでは必ず引き分けとなり，6×6盤のオセロでは後手必勝であることがすでに判明していますが，将棋はまだわかっていないようです。将棋が現在のルールになって400年が経とうとし，これだけの頭脳集団が数多の棋譜を残してきたにもかかわらず，この競技は人間にとってまだまだ未知の大陸なのです。

　そして，このことは人のこころにおいても，その優れたリサーチ方法となっている精神分析においても同じことがいえるのでしょう。これらの可能性に満ちた営みは人の文化的な宝であると私は思います。

　文　　献

アライコウ（2019）将棋番組が10倍楽しくなる本．ビジネス教育出版社．
Casement, P. (2002) Learning from Our Mistakes: Beyond Dogma in Psychoanalysis and Psychotherapy. London, Routledge.（松木邦裕監訳（2004）あやまちから学ぶ―精神分析と心理療法での教義を超えて．岩崎学術出版社．）
Forster, E. M. (1927) Aspects of the Novel. Harcourt Brace And Company.（中野康司訳（1994）小説の諸相．みすず書房．）
Freud, S. (1905) Fragment of An Analysis of A Case of Hysteria. Standard Edition 9.
Freud, S. (1913) On Beginning the Treatment, Standard Edition 12.
羽生善治（2012）直感力．PHP研究所．
Winnicott, D. W. (1954) Metapsychological and clinical aspects of regression within the psycho-analytical set-Up. In: Winnicott, D. W. (1958) Collected Papers: Through Paediatrics to Psycho-Analysis. London, Tavistock Publication.
Winnicott, D. W. (1958) The capacity to be alone. In: Winnicott. D. W. (1965) The Maturational Processes and the Facilitating Environment: Studies in the Theory of Emotional Development. London, Hogarth Press.

ミニコラム文化編

書道から眺めた臨床

平林桃子

　「書道」と耳にすると，どのようなことが浮かぶでしょうか。墨の匂い，硯や文鎮の重み，墨を磨る音，半紙の感触……凛とした佇まいや落ち着く感じ等があるかもしれません。書道は古くから親しまれ，受け継がれてきた日本文化のひとつであり，人のこころを動かす芸術のひとつでもあります。

　書道の歴史を辿ってみると，古代中国に及びます。日本では，仏教の伝来がきっかけとなり，奈良時代から書道が盛んになったといわれ，今日まで長い歴史を歩んできました。伝統的でとても奥の深い世界について語るには，到底及ばない立場で大変恐縮ではありますが，細々と書道を続けてきた中で私が感じたこと，書道から日々の臨床を眺め，考えたことを綴っていきたいと思います。

　私が書道を始めたのは小学生の頃で，お手本通りに書く『書写』から始まり，そこでさまざまな書体を学びました。高校生以降，次第に公募展に出品するようになり，技術的なことはもちろんのこと，新たに「作品として表現する難しさ」にもがき，苦しむようになりました。『作品』となると，文字の形の美しさだけでなく，題材とした文字や言葉や詩などの意味，作者がそれに込めた想い，その情景など作品の奥に見えるものを自分なりに表現し，作品に奥行きをもたせていかなければなりません。それらを筆ひとつで，筆運びに緩急をつけたり，墨のにじみとかすれをうまく使ったりして表現していくことになります。そうなると，これまでお手本に忠実に書いていた受動的な姿勢から，自分なりに表現するという能動的な姿勢が必要となっていきました。

　それは，とても「こころ」をつかう作業でした。自分がこの言葉をどう表現したいのだろう，何を感じ取っているのだろうと自分と向き合う必要があったのです。「こう表現したい！」と思っても，うまく表現しきれない悔しさも味わいました。恥ずかしながら，その時に改めて書道とは芸術なのだと思い知らされました。ご存じの通り，書道では墨汁を使い，書き直しができないため一発勝負なところがあります。一本の線が命とりになることもあります。なにも考えていなければ単調になるし，上手く書こうと意気込んでもその欲深さが出てくどくなってしまう等，そのまま作品に表れてしまいます。また，私の場合は，ただひたすらに自分の作品に向き合い切れない時もあり，周囲の作品や自分の作品の評価が気になるなど自分の弱さ

と思い知らされることも多くありました。

　これまで書道と臨床を並べて考えたことはありませんでしたが，改めて考えてみました。はじめに浮かぶのは「観察する」という点です。書道は，書の偉人たちや師匠のお手本を通して書法を学びます。お手本の隅々まで観察し，忠実に再現しようとします。形の美しさはもちろんのこと，筆づかい，行間の取り方，筆勢，余白などからその人の息づかいを学ぶことができます。これは臨床においても，クライエントの外見や雰囲気を感じ取ったり，話のテンポ，行間を読んだりなど非言語的な部分から読み取るアセスメントに通ずるところだと思います。

　もうひとつ，表現することを通して学んだことを振り返ると，ある教えが浮かびました。私の師匠は作品づくりにあたって技術的なことはもちろんのこと，作品の世界観や表現についても多くのことを指導してくれます。その中で私の心に残っている教えのひとつに次のような言葉があります。

　「こころは熱く，頭は冷静に」

　"文字やことばに対する思いや気持ちを体現することにエネルギーを注ぐ一方で，全体を概観しながら文字の配置，線の運びなど緻密に計算する。このどちらか一方ではなく両方が必要である"ということを意味しています。つい今書いている一字，あるいは線ばかりに目が向いてしまい，作品全体が見えていないことがしばしばあります。一字一字に情熱を込めていても，技術に走って線ばかり凝っていても良い作品にはなりません。そういった作品は，一貫性や連続性がなく，断片的になってしまいます。

　臨床の場でも同じようなことが言えるのではないでしょうか。すなわち，セラピスト自身のこころを使ってクライエントに向き合うこと，「今ここ」で起こっていることに目を向けて全体を概観することの両方の視点が必要となります。クライエントの話に温かく耳を傾け，自分のこころを使って追体験をしながら，冷静に全体を把握していく姿勢は言うまでもなく大切なことです。書道はこういったこころのつかい方を養ってくれていた部分もあったように思います。

　これまで綴ってきたことは，至極当然のことです。言葉にして改めて書道の奥深さ，自分の未熟さを痛感しています。これからも書道でのこころの動きを通して精進を重ね，日々の臨床に深みや奥行きを増していけたらと思う次第です。

　　文　　献
相川政行監修（2002）書法の美．二玄社．
江守賢治（1967）字と書の歴史．日本習字普及協会．

人生は仮面舞踏会——臨床とアイドルと宝塚

近藤麻衣

「迷い込んだ幻想（イリュージョン）　時を止めた楽園」（仮面舞踏会／少年隊）。わたしにとってそれは，コンサート会場であり，舞台であり，面接の場面。もちろん，現実に時は刻んでいるけど，一瞬時が止まったような，どこか懐かしいような，変な場所。でも，振り返ると確かにそこには，わたしもアイドルもタカラジェンヌもクライエントも，みんなちゃんとそこにいた。

　小さい時から，日常生活の一部としてアイドルコンサートに行くことが多かった。今，アイドルのコンサートに行く機会はないが，宝塚歌劇団などの舞台を観劇することが多くなった。そんなわたしの大好きなアイドルと宝塚での体験は，どうやら精神分析でのかかわりと似ているところがあるらしい。一度振り返ってみたい。

　初めて行ったコンサートは，SMAP '00"Smap Tour" で，当時小学生低学年だった。日頃たくさん聞かされていた SMAP の曲だったが，いつも聞いている曲とは違う景色がコンサート会場では見えた。大人たちもみんな楽しそうな顔を見せていた。コンサート中に香取慎吾がゴンドラで座席近くに登場し，靴を落としていった記憶が鮮明に残っている。その後，SMAP 解散まで定期的に SMAP のコンサートへ足を運んでいた。中学生になり，自分名義で KAT-TUN，関ジャニ∞のコンサートにも行くようになった。でも，変わらず会場にいながらも，テレビでみているような感覚もあり，アイドルたちと自分の間にどこか一線があるように感じながらその場にいた。

　高校生になり，関ジャニ∞のバックについている，自分と同年代の関西ジャニーズ Jr. の一人のファンになった。高校生だったわたしと同世代の子たちが多く在籍していた。ジャニーズ Jr. は，CD デビューを目指して，日々同年代のジュニアたちと切磋琢磨していた。高校生のわたしも日々いろいろあって苦しいけど，自分と同世代の子が目標を持って一生懸命頑張っている姿をみて励まされていた。同世代の子が多いこともあってファンも同世代の子が多く，ファン同士もどこか友達だったり，先輩・後輩だったり，きょうだいだったり，そんな関係のように思えるときが多かった。

　この頃になると，わたしは彼らと一線を感じることは少なく，すでに彼らの世界に入り込んだような感覚だった。確かに，同じ時代を生きていて，同じ時間を共有しているけど，それはアイドルとファンの関係であり，本当の関わりをしているわけじゃない。でも，同士であり，似ているところもあるのかなと思っていた。

　大学生時代のわたしの誕生日の日，事前にわたしが出していたハガキの返事として，ラジオで応援していたジュニアから「まいならできるよ」というメッセージをもらった。この一言でどれだけ苦難を乗り越えることができたか！　苦しい時には何度も思い出して自分を励ました。不安な時に「これで大丈夫だよね？」と録音した音源を何度も聞くと，背中を押してくれた気がする。当時，わたしが彼を追いかけ出して5年目になり，彼とは5年の付き合いだったし，そこにはお互いの信頼関係でもあるかのような不思議な感覚だった。アイドルとの関わりが本当のようで嘘，虚のようで本当の世界だけど，リアルな生々しさを感じた。

　大学院への進学も決まり，アイドルファン心理に関する卒論を書き終えたころ，私は，初めて宝塚の観劇にいった。素晴らしい世界だった。ジャニーズのコンサートとは違い，劇場でお芝居と歌とダンスのショーがあった。初めて観劇した宝塚に「これだ……」と思った。キラキラとしたミラーボール，その劇場の匂い，音，自分の激しく動いた気持ちをわたしは今でもリアルに覚えている。私のお気に入りの演目は，上田久美子先生演出の作品。なぜ好きかというと，それぞれの役の人柄，人生がよくわかる作品が多いから。だから，役がわざわざセリフとして言葉にしていなくても，様子をみているだけで，「こう感じているかもしれない，本当はこう思っているのに，言葉ではこう言うしかないんだな，この人（役）はこういう生き方の人だから」というものがよくわかる。それがわかると一見不可解な行動でも，その人の生き方や生き様として考えたら，その様子や行動・表情は悲しく，時には切なく感じる。このように，宝塚を観劇しているわたしは，入り込んでいるようで入り込んでいないけど，人（役）の心の動きを追いながら見ているところがある。

　以上がわたしとアイドル，宝塚との関わり。

　舞台は生もの，臨床も生もの，その時のクライエントと自分とのライブ感が大好き。その場の空気，匂い，感覚は，その時，その場でしか味わえない。もう一度同じ体験はできない。クライエントの話を聞いて情景が浮かんだときの感動がある。心と言葉と身体を使って話を聞いて，それを聞いたわたしの心と身体が何を体験するか，何を思い浮かべるか，リアルな感覚が戻ってくる。そして言葉が出てくる。生身のわたしでありながら，心理士（師）の仮面をつけている。仮面舞踏会でありながら，自分でもある。臨床もアイドルも宝塚も仮面舞踏会だけど，そこにはリアルさがある。

　さて，アイドルのコンサートも宝塚も臨床場面も開演時間があれば，終演時間がある。この原稿にもはじまりがあれば，終わりの文字数がくる。そろそろ次の仮面舞踏会に行かなくては。

第2部

「観ること」をめぐって

第3章
物語としての映画，詩としての映画

細澤　仁

I　はじめに

　世の中には映画をめぐる言説が溢れ返っています。その対象は不特定多数であるのが常ではありますが，パーソナルな対話を希求していると思われるものもそう多くはないとはいえ，存在するようです。この論考も，そのような欲望に突き動かされたものですが，結局のところ，その欲望は対象に出会うことができないというありふれた不幸に行き当たるだけかもしれません。

　映画をめぐる言説のなかに，「ねたばれ」という言葉を見出すことがあります。「ねたばれ」とは，小学館の『デジタル大辞泉』によれば，「仕掛け（ねた）が事前にわかって（ばれて）しまうこと。主に映画・演劇・小説・漫画などの作品の内容や結末が露見すること」となっています。ここでは無論，映画についてのみ言及するのですが，個々の映画作品について論じるとき，「ねたばれ」は避けるべきものであり，避けられないときは，「ねたばれ注意」と注意を喚起する必要があるというのが常識，ないし，暗黙のルールとなっています。このことは映画が物語として消費されているという事態を指し示していると思われます。しかし，私たちの映画体験は，物語を体験することにその本質があるのでしょうか？

　映画は，何よりもまず動く映像です。たとえば，リュミエール兄弟の名高い『ラ・シオタ駅への列車の到着』（1896）を観ればそのことは明らかでしょう。このフィルムは，蒸気機関車に引かれた列車がラ・シオタ駅に到着する様子を表しています。もちろん，そこには音はありません。そして，この日常を映したフィルムには特別な物語も存在していません。このフィルムは世界各国で上演され，人々に受け入れられました。このフィルムには映像としての力があり，今なお観る人の心を喚起します。映画の原型とも言えるこの作品は，映画の本質のひとつを教えてくれます。現代における通常の映画であれば，そこには音や音楽も付き

物ですが，今でも音や音楽がない映画作品もあります。物語に関しては，音や音
楽以上に作品における必要性は低いと考えてよいでしょう。たとえば，フェルナ
ン・レジェの『バレエ・メカニック』（1924）では，音楽が重要な役割を果して
いますが，物語は存在しません。それでも私は観る度に心が喚起されます。それ
にもかかわらず，映画は物語という観点から語られてしまう傾向があります。そ
して，物語が明瞭ではない映画は，よくて「難解な」映画として遠ざけられるか，
不幸にも「わけのわからない」映画として侮蔑されることさえあります。

　映画が物語としてわかりやすさのなかで消費される一方，映画のテーマという
抽象的な何かが消費されるという文脈もあります。物語とテーマは不即不離のも
のであり，物語を通してテーマ（メッセージと呼んでもよいかもしれない）が伝
達されると観客は思いこんでいる場合が多いようです。

　映画を構成する物語と映画が伝達する作品のテーマ。多くの映画をめぐる言説
がこの2つを核として展開していく様は，紙媒体やネット上ではありふれた光景
です。物語とテーマは抽象です。抽象的なものを体験し，理解するためには，制
度に基づくコードを観る人が持っている必要があります。要するに，観る人はす
でに自分のなかに持っているものしか観ることができないのです。これは言うま
でもなく，当たり前すぎる事実です。しかし，私たちの映画体験のなかには，そ
こに収まり切れない生々しい体験（具体物＝表層の体験）があるのです。より正
確に言うと，そのような生々しい体験を提供してくれる映像作品があるのです。
その体験は，不可視で言語化不能なものです。それを読み解くコードは存在しな
い（というか，コードが存在する時点でその生々しさは失われる）ので，私たち
はその周辺に生じた派生物について想いをめぐらせることができるだけです。

　物語とそれが伝達するテーマを味合うことが映画体験の本質なのでしょうか？
映画が何よりも動く映像であるという点から，このことを肯定することはできま
せん。それはむしろ芸術分野における映画の独自性を味合うことの拒絶です。映
画を体験することは，物語を追い，テーマを理解することではありません。物語
やテーマはある種普遍的なものです。観客が共通して体験し，理解するものです。
しかし，作品としての映画の本来的な力は，その喚起する力に拠るのです。喚起
されるのは，個々の観客のパーソナルなこころです。映画体験とは本来的に極め
てパーソナルな体験であるはずです。これはあらゆる芸術体験に共通する事柄で
もあります。私たちは，映画が普遍的な何かを表現しているがゆえに喚起される
のではなく，私たちの極めてパーソナルな部分が刺激されるがゆえに喚起される
のです。すなわち，私たちは客観的な存在としての映画作品について語ることも
できるのですが，それは制度（あるいはコード）に従順に従うことによってのみ

可能なのであり，そこに真実があるわけではなく，生々しさが排除されているがゆえに安全無害な物語の再生産があるだけです。映画における映像は物語やテーマに従属するものではなく，映像こそが映画体験の本質であるとするならば，その映像体験は極めてパーソナルなものとなるはずです。ある映像を，物語やテーマの観点からではなく，それ自体として体験するならば，その体験はパーソナルなものとならざるを得ないでしょう。たとえば，バルト Barthes, R.（1980）は映画ではなく，写真について語っているとはいえ，示唆的なことを書いています。

　　「この荒涼たる砂漠のなかで，とつぜん，ある写真が私のもとにやって来る。その写真は私を活気づけ，私はそれを活気づける。それゆえ，写真を存在せしめる魅力は，活気づけと呼ぶことにしなければならない。写真そのものが活気をおびている，ということでは決してない（私は《生き生きとした》写真の存在を信じない）が，それは私を活気づける」

　映画に備わる物語やテーマをいくら語ったところで，他者とのパーソナルな交流を持つことはできません。私はパーソナルな対話を希求していると冒頭に書きました。それゆえ，私がここで述べることは，私のパーソナルな映画体験についてです。そして，私が聴きたいのも，他者のパーソナルな映画体験です。

　映画は個々の観客のパーソナルなこころを喚起すると先ほど述べました。映画が有するこのような喚起作用を私は詩的なものと呼びたいと思います。この意味するところは後に説明したいと思います。映画が人のこころを喚起するのは，映画に付随する物語やテーマではなく，その詩的作用であるというのが私の主張です。

　この論考では，まず 2 つの映画作品を取り上げ，物語としての映画と詩としての映画ということについて論じるつもりです。その後，映画体験と精神分析体験という事柄についての私のもの想いを書き連ねたいと思います。

II　石井岳龍監督作品『生きてるものはいないのか』（2012）

　この作品を撮る以前，石井岳龍は 10 年間ほど長編映画を撮っていませんでした。石井岳龍は完全にというわけではありませんが，沈黙していました。私はこの沈黙に入る前の 2 作品『五条霊戦記　GOJOE』（2000）と『ELECTRIC DRAGON 80000V』（2001）を映画館で観ていた（私の記憶では）こともあり，この沈黙に戸惑っていました。私の性質は何かを待ち望むということとは相当縁遠いので，

ただ，戸惑いの中にいたという感じです。そこにこの新作の公開のニュースを聞き，とりもなおさず必ず見なくてはと思い，映画館に足を運んだのでした。そして，私はこの映画に心を奪われました。それはこの作品が石井岳龍の最もすぐれた作品であるからではありません。私の極めてパーソナルな何かが刺激されたのでした。

　石井岳龍の原点にして頂点は，やはり『狂い咲きサンダーロード』（1980）でしょう。この作品を撮ったとき，石井岳龍はまだ 20 代前半でした。この作品には，粗削りながらも，その後開花する可能性の種子がすべて認められます。また，この作品には人の人生を狂わせる力があるようです。私はこのところ 1 年に 1 回くらいこの作品を観ていますが，その都度人生が狂ってゆきます。そして，石井岳龍の監督作品の中で私が一番好きなのは，『生きてるものはいないのか』の翌年に公開された『シャニダールの花』（2013）です。この作品は途轍もなく美しい作品です。この作品を観れば，ほとんど誰もがボリス・ヴィアン Vian, B. P. の『うたかたの日々』（1947）を想起するでしょう。これは，影響とか，源とか，引用とか，と考えるべきではなく，ひとつの自由連想として想起されるべきです。ちなみにこの作品の主演男優は綾野剛であり，主演女優は黒木華です。このコンビは，偶然にも（偶然ではないのかもしれません），近年の日本映画の最高の作品のひとつと言ってもよい岩井俊二監督作品の『リップヴァンウィンクルの花嫁』（2016）でも主演としてコンビを組んでいます。

　ここで話を『生きてるものはいないのか』に戻すことにします。この作品には原作があります。前田司郎の同名の戯曲です。この戯曲は第 52 回岸田國士戯曲賞を受賞しています。この映画の原作はそもそも演劇として作品化されていたわけです。原作の戯曲を読むと，この映画がかなり原作に忠実であることがわかります。この映画の脚本家が前田司郎であることを考えるとこれは当然のことと言えます。無論のこと，映画と演劇はまったく異なるものです。その違いを詩的表現で説明しているのがブレッソン Bresson, R. ですが，彼の『シネマトグラフ覚書』（1975）は彼の映画作品と同じくらい私の心を震わせます。それはさておき，この映画作品の設定や物語（ストーリー）を知るためには，この戯曲を読めば事足ります。映画をストーリーとして消費する消費者ならば，映画を観る必要はなく，この戯曲を読めばよいでしょう。この映画の命は，ストーリーにあるのではありません。ちなみに本作品の脚本家である前田司郎は本田隆一監督作品『大木家の楽しい旅行　新婚地獄篇』（2011）でも原作と脚本を担当しています。この 2 作品を見比べれば，映画の力は物語にあるのではないことがより一層明らかになるでしょう。

『生きてるものはいないのか』のテーマは無論のこと死です。映画の前半では，さまざまな人間模様が展開してゆきます。それぞれが意味ありげなのですが，途中から，感染症らしきものが原因で，登場人物はばたばたと死んでゆきます。ホラー映画やSF映画のように，その原因を突き止めようとしたり，それを解決しようとしたりはせず，登場人物はただ死んでゆきます。この映像作品のテーマは，個別に意味ありげな人間模様が，無意味で均一化された死に収束していくということであるとも言えるでしょう。それは人間の普遍的真実でもあります。生はもちろんのこと，死によって規定されるものなので，死に意味がなければ，生にも意味はなくなります。それはあまりにも根源的なテーマであり過ぎ，そこには虚無しか残りません。この壮大な無意味さという点では，パゾリーニ Pasolini, P. P. の『ソドムの市』（1975）を私は想起します。パゾリーニが映画監督であると共に詩人であり，「ポエジーとしての映画」という刺激的な映画論を書いていることにも一応触れておきます。

　ただ，この作品には，そのテーマから逸脱する登場人物が2人存在しています。1人は，登場人物達が次々と突然死んでいく展開が始まる前から，死に行く病に冒されているという設定の少女であり，もう1人は，映画の前半に展開していたさまざまな人間模様に参加していなかった傍観者としてのカフェの店員です。この2人の存在が極めて重要であることは，映画の冒頭のシーンがその少女の後ろ姿であることと，そのカフェの店員が映画の最後まで生き残っていることからも明らかです。この映画における少女の特異性は，他の登場人物がただ死んでゆくのに対して，この少女は2人の人間を殺害する点にあります。そもそもまもなく死ぬ運命であった少女だけが他者の生命を奪うということ。その少女も結局は自らの病気というよりは，謎の感染症（？）で死んでゆきます。そして，それを見届けるカフェの店員。受動的に死ぬ運命の少女が能動的に人を殺すのだが，やはり死んでいくということ。ここには物語や希望が生まれそうになる瞬間にそれを踏みにじる暴力性があります。

　しかし，そのような作品のテーマにあまりにも比重を置きすぎることは問題です。先ほども述べましたが，映画の冒頭はその少女の後ろ姿です。そのシーンは白で満たされています。白と白のコントラストのあまりの美しさに私はこころ打たれました。テーマを逸脱した映像の美しさ。これはコントラストだけではなく，構図の美しさでもあります（構図の美しさという点では，私はラドリー・メッガー Metzger, R. の名作『テレーズとイザベル』（1967）を想起します。このような表面上の類似からの連想のつらなりが映画体験を豊穣にしてくれると私は考えます。たとえば，同じラドリー・メッガーの『夜行性情欲魔』（1970）を観ると，

私はパゾリーニの私的最高傑作『テオレマ』（1968）を想起し，そこから，京都の百万遍周辺にまつわるさまざまな記憶が呼び起こされることになります）。後半の5～6人の登場人物が次々に死んで行く場面。そこでの死体の配置で示される構図の幾何学的美しさ。さらに，最後の野外のシーンでの，死体が累々と転がっている風景の美しさ。これらの美しさは，ストーリーやテーマからの要請によって出現したものではありません。むしろ，そこからの逸脱として過剰なもの（＝美）が現前するのです。それを私は，映像作品の持つ詩的作用と呼びたいと思います。物語やテーマのような深層ではなく，映像の表層にある美しさが詩的作用を及ぼし，私のこころを喚起するのです。

　この作品は，生と死の無意味さとそれにも関わらず世界が美しいという事実を表現している稀有な作品と言えそうです。

Ⅲ　青山真治監督作品『エリ・エリ・レマ・サバクタニ』（2006）

　この作品は私の中では青山真治の最高の作品です。この映画も，『生きてるものはいないのか』同様に，テーマは死です。しかし，この作品には一貫したストーリーが存在します。以下，簡単に説明することにします。

　映画の中では，レミング病という感染症が存在しており，人はレミング病を発病すると自殺してしまうという設定になっています。レミング病により，全世界で相当数の人が自殺しているという現状が描かれています。筒井康隆演じる富豪のミヤギはレミング病で息子夫婦を失い，唯一の跡取りである孫娘のハナ（宮崎あおい）もレミング病に感染しています。ミヤギは探偵のナツイシを雇い，治療法を探し求めます。そのレミング病の発症をミズイ（浅野忠信）とアスハラ（中原昌也）の奏でる音楽が止めることができるらしいということを突き止めたミヤギはナツイシと共にハナを連れて，2人がよく来るペンションに出向き，2人に演奏を依頼します。ここに細かい設定も加わっています。ハナの両親はハナの目の前で，ミズイの恋人もミズイの目の前で自殺しています。ミズイとアスハラの2人は演奏を断るのですが，レミング病に感染していたアスハラが自殺してしまいます。その後，ミズイは演奏を承諾します。そして，野外での演奏後，ハナはどうやら生きていく気になったようです。

　ここまでの物語の骨子は，絶望的状況において希望を見出だすというものであり，設定こそ独自性を持っていますが，テーマとしてはあまりにも凡庸です。しかし，この映画の価値はその凡庸な物語にあるのではありません。むしろ，物語

を徹底的に凡庸にすることで，過剰なものが現出しやすい状況を造っているのではないかと深読みをしたくなります。このことがあながち深読みとも限らないことを暗示する事柄について記したいと思います。「エリ・エリ・レマ・サバクタニ」とは周知のように，「マタイの福音書 第 27 章」にある，十字架に架けられたイエスが叫んだ言葉です。意味は「わが神，わが神。どうしてわたしをお見捨てになったのですか」です。この宗教的タイトルは，まさに映画のストーリーやテーマと合致しているように見え，そこには何の齟齬もないように思われます。しかし，この映画は，あからさまにも見える聖書への言及だけではなく，森敦の恐るべき小説『意味の変容』（1984）の中の一篇をも示唆しているのです。このテーマを論じてしまうと紙幅が尽きてしまうので，ここでは指摘するに留めておきます。

　この映画の最大に過剰な部分は，ミズイとアスハラが奏でる音楽がノイズ・ミュージックであるということです。ノイズ・ミュージックは，音楽業界では industrial music と呼ばれています。まったくの私の実感に過ぎず何のエビデンスもない数字ですが，日本において industrial music を好んで聴いている人は 100 人くらいではないでしょうか。これは言い過ぎかもしれません。さすがにもう少しいるかもしれません。しかし，日本精神分析学会の会員数よりは少数であることは確実です。CD が登場する前のアナログ音源時代には，世界的に有名な industrial music の音楽家の作品でもリリース数は通常 1,000 枚，多くて 5,000 枚の世界でした。数百枚しかリリースされないものも多数存在しました。要するに，大多数というよりもほとんどすべての人が知らないノイズ・ミュージックを物語上重要な設定としているのです。しかも，ノイズ・ミュージックはそのものずばり雑音なので，そこに意味を見出すことが困難な音楽です。というよりも，音楽と認識すること自体が困難な音楽です。無意味なものが治療的な意義を持つという設定が，物語の関節をやや脱臼させています。

　そして，アスハラ演じる中原昌也は，多くの人にとっては三島賞を受賞した小説家であり，あるいは，映画好きにとっては映画批評家なのですが，私のようなノイズ・ミュージック愛好家からすると，日本の最重要ノイズ・ミュージシャンの一人です。私が中原昌也の存在を知ったのは 90 年代前半でした。その当時，彼は暴力温泉芸者を名乗っていました。調べてみると，1988 年頃から活動していたようです。私は彼の独自の世界に魅せられました。一口にノイズと言っても多様であり，たとえば Whitehouse と M. B. という私の中のノイズの二大巨頭の音源を聴き比べてみても同じジャンルとは思えないほどの違いがあります。日本には日本的なノイズ・ミュージックの流れがあるのですが（その代表は今やアイド

ルとコラボしてしまう非常階段でしょう。私がノイズのライブに出入りしていた頃，後にアイドルとノイズがコラボする時代が来るとは想像もしていませんでした。もはやジャンルということ自体にあまり意味がない時代なのでしょう。もう
ひとつ代表を挙げるとすれば世界的には最も有名な日本のノイズ・ミュージシャンである秋田昌美の Merzbow となりますでしょうか），その中でも，暴力温泉芸者は異彩を放っていました。その後，90 年代後半には，Hair Stylistics と名称を変えています。2009 年頃から，膨大な量の音源を CD-R としてリリースするというプロジェクトが進行しており，現在までに 200 タイトル以上が存在しています。200 タイトル以上も無意味なノイズを聴く奇特な人はさすがに日本に 10 人もいないでしょう。そもそも通常の CD ショップでは発売されていないので，入手するのも一苦労です。東京のような広大なサブカル市場があるところでしか，あり得ない存在様式です（メジャーデビュー前の大森靖子が，「ねえ知ってた？　アンダーグラウンドは東京にしかないんだよ」と歌っていますが，それは正しいのかもしれません）。もし関心がある方がいたら（いないと推定していますが），最近この 200 以上のタイトルから精選されたベスト盤がリリースされたので，それを入手することをお勧めします。

　何が言いたいのかと言うと，この映画で演奏されているのはまさに本物のノイズ・ミュージックであるということです。その本物性が映画の中では過剰となっているのです。映画の中で架空のミュージシャンの役を現実のミュージシャンが演じ，演奏するということはよくあることです。そこには物語的必然性が存在しています。しかし，この作品を観るほとんどの人が聴いたことがないであろうノイズ・ミュージックを本物のノイズ・ミュージックとして登場されることにいかなる物語的必然性があるのでしょうか。無意味なものが希望となる設定は単なる逆説というものではありません。そして，この作品が単なる希望の映画になってしまわないように，希望が生まれたその横で，重要な登場人物である探偵のナツイシが，ミヤギと車で帰る途中で，突然車を止めて自殺します。ナツイシもミズイが演奏するノイズ・ミュージックを聴いていたはずなのですが。聴くという行為が受動的であると効果がないということなのかもしれません。このあたりの物語は緻密さを欠いていますが，この緻密さの欠如も物語を脱臼させる仕掛けなのかもしれません。

　物語自体は凡庸過ぎるほど凡庸であり，少々のほころびも見えるというところに，おそらくこの映像作品が物語を指向していないことが示されていると思われます。

　ここまでの話では，この映画を過剰にさせているのは音楽であるということに

まります。しかし, そもそも音楽は映画にとって必須のものではありません。音楽なしでも映画として成立します。この映画の最も過剰なところ, そして, この映画を最も美しいものとさせているのはこの映像作品が表現している風景です。風景は背景でもなく, 自然でもありません。風景は自然として前景化しない限り, 見過ごされることが多いものです。たとえば, レオナルド・ダ・ヴィンチ Leonardo da Vinci の「モナリザ」を観る多くの人は, それを肖像画として観るでしょう。しかし, 数時間その絵の前に佇むと（実際に私はルーブル美術館でこの絵画の前に5時間佇みました）, その背景に描かれた風景にも注意が行くようになります。そのとき, 「モナリザ」は風景画となります。それだけの力を持った風景が「モナリザ」では表現されているのです。この映画も同様です。背景に収まりきらず, 物語の要請を外れるほどの過剰なまでの風景の美しさがこの映画に生命を与えているのです。ある種の風景論としての映画。そのようなものとしては, 園子温の『ひそひそ星』や黒沢清の『カリスマ』も私は挙げたいと思います。今, 思いつくままに2つの作品を挙げましたが, この2作品には共通点があります。『ひそひそ星』は 1990 年にすでに脚本と絵コンテが存在しており, 映画が封切られたのは 2015 年です。一方の『カリスマ』に関しては, その脚本が「サンダンス・インスティチュート」のスカラシップを獲得したのは 1992 年であり, 初めて上映されたのは 1999 年のカンヌ国際映画祭でした。共に脚本の完成から実際の映像作品ができ上がるまでの期間が長く, 監督のパーソナルな想いが色濃く反映されていると感じられる作品です。

　物語やテーマではなく, 死とノイズと風景がこの映像作品を特異的なものとしています。ここには詩的な美しさがあり, 観るもののこころを喚起するのです。

IV　映画の詩的作用

　ここまで実際の映画作品を取り上げて, 私のパーソナルな体験の派生物を記述してきました。ここで, 再度, 映画の詩的作用について検討したいと思います。
　先ほども少し触れたパゾリーニ（1965）は, 「ポエジーとしての映画」の中で, 「イメージ記号の言語学的原型は, 記憶ならびに夢のもたらすイメージであり, 換言すれば, 自分自身についてなにごとか伝えるイメージなのだ……。それゆえ, かかる原型はすぐさまイメージ記号に"主観性"という基底を付与するのだが, これこそ詩的なるものへの全面的帰属のしるしなのである。だから映画言語は, はっきりと主観的かつ叙情的な性格なものであるべきなのだ」と語っています。イメージは「つねに具体的・具象的なもの」です。そこから, 彼は, 「映画の根底を

なすものは本質的に形式主義である」と結論付けています。

　そして，長澤均（2016）は，『ポルノ・ムービーの映像美学―エディソンから
アンドリュー・ブレイクまで　視線と扇情の文化史』の中で，「映画の見方をすご
く大雑把に分ければ，物語で観る人，あるいは映像（カメラ・編集・照明など）
で観る人とに分類できる」と述べ，自分が後者であるとし，「映像的な快楽（＝
スペクタクル）があれば，たとえまったく言葉のわからない映画でも通して観る
ことができる。結局，記憶に残るのはいくつかの映像的断片（＝光の陰影）なの
だから」と言っています。さらに，映画体験のパーソナルな側面について，「わ
れわれは「その映画」そのものを観ているだけでなく，その映画から「連想され
る映画」を，映像から「喚起される映像」を観ているのだ。そういう意味では映
画を体験することはきわめて個人的な，観る人が歩んだ映画史の反映を体験する
ことであり，それまで観てきた映像の記憶の断片が「その映画」のなかで喚起さ
れ，つなぎ合わされ，そこに映画を観る快楽が生まれる。駄作だろうが，くだら
ない映画だろうが，こうした喚起の作用があれば，それは観る人の個人的な映画
史からいえば，「『良い作品』なのだ」と語っています。

　柳下毅一郎（2018）は，労作『興行師たちの映画史―エクスプロイテーショ
ン・フィルム全史』のなかで，映画の見世物としての出自を論じています。リュ
ミエールとメリエスの時代，「映画の製作者と興行者，作る人間と見せる人間はひ
とつであり不可分であった」のですが，「初期の映画人は…（中略）…つねに客
を目の前に見ながら，客の喜ぶものを作ろうとつとめた」のです。このように映
画の出自を考えるならば，エクスプロイテーション映画はリュミエールとメリエ
スの正統な後継者となります。そして，柳下は，「見せることこそがエクスプロ
イテーションの目的である。そこには抑制の美学はない。エクスプロイテーショ
ン映画の美学は過剰さにある」と語っています。また，エクスプロイテーション
映画は，「観客の好奇心をそそり，騙し，誘惑して劇場に連れ込む」作品群です。
つまり，見世物そのものなのですが，そこには製作者と観客の直接的交流があり
ます。柳下は「観客と自分とを，現実と映画とを混同して大いなる見世物を作り
あげるのだ」と言っています。観客の欲望を内面化できる製作者のみが良いエク
スプロイテーション映画を製作することができるのです。これらの言説は無論の
こと，エクスプロイテーション映画についてのものですが，映画の出自を考え合
わせると，映画の本質論と考えることもできます。エクスプロイテーション映画
は，ある意味即物的で表面的な映画であり，物語は単純至極で，テーマはあって
も申し訳程度で，ないと言ってもよいくらいです。しかし，それにもかかわらず，
人のこころを喚起する力を有するエクスプロイテーション映画が少なからずあり

す。たとえば，ラス・メイヤー Meyer, R. の傑作『ファスター・プッシーキャット　キル！　キル！』(1965) 等が挙げられます。表面にある過剰さが人のこころに直接的に働きかけるのです。これはエクスプロイテーション映画に限らず映画に備わる喚起する力です。

　さらに映像作家である松本俊夫（2013）は『逸脱の映像』の中で，「意味に還元できない，映像の名状しがたい作用を，とりあえず私は〈詩的機能〉と呼ぶことにします。…（中略）…散文的というのはいわゆる描写的，指示的，叙述的，伝達的な表現のあり方を意味しています。…（中略）…映像の散文的機能が，映像の記録的再現的性格に依拠したものであることは言うまでもありません。その機能的な特性は，記録された再現像をとおして，私たちの意識をその向こうの事象に導く点にあります。それに対して映像の詩的機能は，それ自体としては効用的に機能するものではありません。つまり，映像をそのように道具や手段にするのではなく，あくまで映像自体のあらわれ方，構図や画調や動き，あるいはショットのつながり具合や構成などに，人の関心をひきつけます。そこでの情報は映像のあり方です。しかも力点は形式の方に向いています」と述べています。さらに，「イメージをいちいち意味的に辿ろうとし，見慣れた物語の形に還元してしか受け容れようとしないなら，結局映画は映画でなくなることでしょう」と言い，「映画を見るということは，〈いま・ここ〉の映像と音声が，刻々過ぎ去ってゆく映像と音声の記憶と，意味的にもイメージ的にもこだまし合うプロセスとして体験を構成してゆくことなのです」と結論付けています。

　私の考えでは形式やイメージは表層にある事実であり，物語やテーマは深層にあると仮定される虚構です。詩として映画を体験することは，深層に到達したいという欲望を控え，その表層に留まることによって，ある事件と遭遇することです。事件は映画作品と私の間に創造されるものです。

V　映画と精神分析

　私にとって個人的な意義のある 2 作品を取り上げました。ここで述べたことは，映画の客観的なありように対する批評ではありません。私は，映画を観るという極めてパーソナルな体験について語ったに過ぎません。私ではない他の人がこれらの映画を観たならば，異なる体験が生起することでしょう。映画に限らず，芸術（あるいは今日的な言葉を使えば「表現」）はパーソナルな体験を与える何かです。観る人全員に何かを喚起できる表現は存在しません。つまり，あらゆる表現はパーソナルな体験を与えるだけであり，そこに普遍的な何かを想定することは

ある種の現実否認でしょう。私たちにできることは，ただ自分のパーソナルな体験を語ることだけです。幸運であれば，それが他の人のこころを喚起することもできます。しかし，実際には，そのようなことが起こることは稀です。

　ここで精神分析について考えてみたいと思います。精神分析は，2人の人間の間に生じるパーソナルな（無意識的）交流を基礎としています。その本質はリアルな体験にあり，その体験は物語という抽象的なものに回収しつくされるものではありません。しかし，多くの精神分析の論文や本に表現されているのはある種の物語です（途轍もなく鋭いセンスを持った私の友人が，「精神分析の事例報告って，ラノベみたい」と言っていました。悲しい現実です）。さらに，そこでは表面に現れる素材の背後にある意味が探求されています。精神分析において，その意味は無意識的幻想であったり，転移と呼ばれています。それらはすべてある種の物語であり，現実そのものではなく，抽象です。しかし，こと精神分析の論文や書籍である限り，このような事態は仕方がないことです。それが学問というものでしょう。学問には必要悪としての存在意義があります。

　しかし，私たちが臨床の現場にいるとき，その場で起きている出来事の背後にあるものを見ようとする抽象化作用に身を任せてしまうとリアルな体験を生きることができなくなるでしょう。深層ではなく，表層こそが抑圧されているのです。これはあまりにも平凡な事実です。そして，深層に向かいたくなる誘惑を退けることが精神分析的臨床における基本的な姿勢であると私は考えています。それこそが here and now の本質的な意味でしょう。その場で生起している出来事を抽象化し，そこに物語を想定すると，その出来事は死んだものとなり，喚起する力（何かを創造する力）を失ってしまいます。物語はセラピストの理解を助けますが，その理解はセラピストの自己愛を満足させる機能しか持ちません。私たちは，その場で生起している出来事から深層に隠れている物語を読み取ることなく（さらに質が悪くなると，自らの定番の物語を押し付ける場合もある），詩を体験するように，こころが喚起されるに任せることが肝要です。それは，分析的臨床の場から何かが自発的に生起するのを待つことに等しいと言えそうです。ブレッソン Bresson, R.（1975）の言うように，「捜すことなく見出すという戒律を実践すること」。この立場に立てば，解釈をはじめとする精神分析的技法は，事件を物語化することで体験を死んだものとしてしまうことなく，体験の喚起する力，すなわち，詩的作用の強度を高めることに奉仕すべきであるとなります。

　　文　　　献

Barthes, R. (1980) La chambres claire. Note sur la photographie. Gallimard. (花輪光訳 (1985)

明るい部屋―写真についての覚書．みすず書房.）

resson, R. (1975) Notes sur le cinematographe. Gallimard.（松浦寿輝訳（1987）シネマトグラフ覚書．筑摩書房.）

公本俊夫（2013）逸脱の映像―拡張・変容・実験精神．月曜社.

長澤均（2016）ポルノ・ムービーの映像美学―エディソンからアンドリュー・ブレイクまで
　　視線と扇情の文化史．彩流社.

asolini, P. P. (1965) Le cinema de poesie. Cahiers du Cinema.（岩瀬宏訳（1982）ポエジーと
　　しての映画．In：岩本憲児・波多野哲郎編：映画理論集成―古典理論から記号学の成立へ.
　　フィルムアート社，pp.263-289.）

卯下毅一郎（2018）興行師たちの映画史―エクスプロイテーション・フィルム全史．青土社.

第 **4** 章

西洋絵画と精神分析

増尾徳行

I　下　　絵

　これから西洋絵画を主題にして，精神分析的な視点から論じていこうとしています。ですがそのまま取り組むのでは，テーマとして，あまりに大きすぎます。そこで，西洋絵画や精神分析のなかで美しさがどのように扱われるのかに焦点づけて，考えてみようと思います。それは，美しいと感じることはきわめて主観的な経験である，という問題意識に根ざしています。つまり私たちがそれぞれに，美しさについて異なる感覚を持ちうることへの着目です。たとえば，知人が美しいと勧める絵が自分にとってはそうでもなかったとか,逆に自分が勧めたものの，知人はぴんとこなかった，とかいった経験は，誰もが持っていることでしょう。このように経験が個別のものであることが際立つ事態は，絵画のみならず，精神分析やセラピーといった実践でも起きうる，共通の問題と言えるのです。

　この論点は，絵画について言えば，美学的関心に照らして考えようとすることにあたります。議論の輪郭をある程度はっきりさせるために，美術史における美しさの扱いについて，先に述べようと思います。私は美しさが，対象を描き出すこと以上のところにある，と考えています。そのため，対象を描くことをめぐる問題に触れておくのがよいだろう，と思うからです。

　その際美術史的にみて,キリスト教と絵画との関連は,本来とても重要です。西洋の美術史は,かなりの部分がキリスト教美術史であった,と捉えてよいほどです。それは絵画の発注者として,教会がとても大きな位置を占めてきたことと関係します。中世を通じ,芸術にとって彼らは重要な支援者であり続けました。彼らにとって絵画を含む芸術は,布教の手段であり,キリストの偉大さを讃えるものであり,教会の権威を示すものでもあったのです。実際西洋を旅するとき,どの教会も,まず建築として美しいですし,その内部も,フレスコ画や祭壇画,彫

刊といったもので飾られています。それらを目にすると，私たちは畏敬の念を抱きます。

　ただ精神分析との関連を考えると，キリスト教は，あまりなじまないかもしれません。それは創始者フロイト Sigmund Freud がユダヤ教徒だったから，というばかりではありません。彼の生み出した精神分析という技芸が，個々のこころへアプローチする特質を持つからです。そのため必然的に，それを介して出会う２人の個別性が際立つことになります。キリスト教に限らず宗教は，より普遍的な世界観と，ある種の人間理解を持っています。それを精神分析やセラピーから生まれるきわめて私的な理解と対比させることは，難しいと言えるでしょう。

　そうした事情から，この論考で参照する美術史は，ルネサンス以降に限ろうと思います。これには，先に挙げた２つの理由，すなわち創始者の問題と普遍－個別の相違のほかに，もう１つ理由があります。先に述べたように，ルネサンス以前，宗教画は極めて重要な位置を占めてきました。その文脈のなかで，キリスト教の教えのエッセンスを描くことを追求してきた歴史があります。それはたとえばビザンティン「様式」と呼ばれるように，様式美を目指したものであり，自然美を描こうとしていたわけではなかったのです。

　ルネサンス期は，その伝統にあって，ギリシア・ローマ時代の文化を復興しようと，自然主義・人間主義へと芸術が傾いていきました。そうした人間への注目は，人のこころへアプローチするという視線と重なるように思えます。それらはともに，その技芸にかかわる人たちの個別性を浮かび上がらせることになるからです。ダ・ヴィンチ Leonardo da Vinci の『モナ・リザ』はリザ・デル・ジョコンド Lisa del Giocondo の肖像画であると，ヴァザーリ Giorgio Vasari の『芸術家列伝』（1550）に記されています。２人の共同作業の結果であるこの作品によって，モデルである彼女と画家であるダ・ヴィンチに焦点が当たります。媒介する技芸が異なるとはいえ，セラピーも，一方にはクライエント，もう一方には治療者がいて，２人で私的な文脈を作り上げていく作業なのです。

　このように自然美に目を向けると，宗教という視点からは，ある程度離れて考えることが可能になりそうです。実際古代からさまざまな人たちが，美しさそのものについて考え・現そうとしてきた営みも，美術史の一部となっています。そのなかには，芸術家や哲学者，美術批評家のみならず，精神分析家や心理臨床家も含まれます。つまりフロイトを嚆矢として，精神分析の世界でも芸術論は積み重ねられてきたのです。西洋絵画に限っても，たとえばフロイトは，ダ・ヴィンチの『聖アンナと聖母子』について論じています。彼の弟子であるアブラハム Karl Abraham は，セガンティーニ Giovanni Segantini の作品を研究しています。それ

らは初期のほんの一部であり，以後100年にわたってさまざまな論考が発表され
てきました。私が今，それについて考えようとすることが，この文脈に連なるさ
さやかな試みになれば，と願っています。

　私は日ごろから，精神分析への親和性がとりわけ高い臨床を実践しています。
それは勤務時間中には仕事をし，それ以外はプライヴェートな時間，という感覚
とは異なります。寝ているときにもそれについて考えているような，どこか職人
稼業に近い感覚のものです。夢あるいは無意識にかかわる実践であるために，そ
のようになってしまう，と言えるかもしれません。

　ですので，西洋絵画における美しさをめぐる精神分析的な考えを述べていくつ
もりなのですが，それは私の経験や感覚に根ざした，私的なものになるでしょう。
というのも私の経験は臨床実践という，必然的に個別のものとなっていく仕事で
成り立っているからです。とはいえ職人的な性質を持つ仕事の生み出す感覚は，
芸術に携わる人たちと共通の基盤を持てそうに思います。そして，異なる技芸に
根ざした思考をとおした見解は，芸術を生業とする人たちが生み出すものとは，
いくぶん異なる色彩を出せそうな気がするのです。

II　ルネサンスを系譜に抱く芸術

　イタリア・ルネサンスのさなかを生きたヴァザーリは，しばしば最初の美術史
家と言われます。『芸術家列伝』のなかで，彼は美術史の始まりを画家ジョット
Giotto di Bondone に定め，こう論じました。「それまでの洗練されていなかった
ビザンティン美術を徹底的に打ち壊し，現在見られるような現実味あふれる素晴
らしい絵画をもたらした」。そして芸術の目標として，実際の知覚的経験に等価な
ものを産み出すことを掲げたのです。

　これはルネサンスに，ギリシア・ローマ時代の文化を復興しようとする面があ
ったことと呼応します。当時の哲学者プラトン Plato は，芸術についてこう述べ
ました。「芸術家は自らが描写する対象について知識がなく，ただ美しいと見える
ものを模倣するのみであり，芸術とはまじめな営みではなく，遊びにすぎない」。
その批判的な論調は，詩人が最高の芸術家とされたその時代に，詩人たちの謀略
によって師ソクラテス Socrates を亡くしたからかもしれません。とまれルネサン
スの時代にあって，プラトンの述べる「模倣」を，知覚上の等しさとヴァザーリ
は解釈したわけです。

　ジョットの作品にある写実性は，同時代の画家のなかにあって，際立っていま
した。たとえば「キリスト哀悼」という主題は，死んだキリストに対する嘆きを

きます。当時の伝統的な描き方に従えば，物語や教義をわかりやすく伝えるこ
に主眼があり，そのために登場人物すべての要素が描き込まれました。その他
教画の画法（すなわちビザンティン様式）が優先される結果，大小や遠近，感
情などは無視され，平板な表現になりました。しかしジョットのフレスコ画では，
キリストの亡骸を囲む人たちの表情は，悲嘆にくれています。両手を広げて悲し
みを表す者もいます。画面の手前にいる人物は鑑賞者に背を向け，キリストを前
に座り込んでうなだれています。私たちは，まるでその場に居合わせているかの
ように見入ることになります。

　そしてルネサンスを代表する芸術家であるダ・ヴィンチも，ヴァザーリの理解
に沿った仕事をした，と言えるでしょう。その傑出した科学的探究心は，骨格や
筋肉，遠近法の研究へと彼を駆り立てました。それらの研究は，自然を模倣する
ことの基礎をかたちづくったのです。たとえば『ウィンザー手稿』などには，彼
による解剖の精緻なデッサンが描かれています。そして『モナ・リザ』の背景に，
私たちは空気遠近法を見てとることができます。そこには，知覚上の等しさを生
み出そうとした，という側面がみられます。

　ヴァザーリによる美術史の創造について，20世紀の美術史家であるゴンブリッ
チ Ernst Gombrich（1995）は，つぎのような評価をしています。「古代ギリシャ
の芸術家たちにおける進化のモデルは，自然をしっかり描写しようとする技術の
向上にあり，それを13世紀から16世紀のイタリア美術史に適用した」。つまり
美術史は，自らを模倣の進化史と捉えるところから始まった，という理解です。
これはプラトンが芸術を模倣と捉えたのを，ほぼそのままのかたちで取り入れた
見方になっています。そしてヴァザーリの著作『芸術家列伝』が，個々の芸術家
を紹介していくスタイルをとるところに，人間への注目というルネサンスの空気
が漂います。

　ゴンブリッチは，ヴァザーリの仕事をそのように評価する一方で，本物そっく
りの絵が称賛に値するとしても，それだけが芸術だろうか，という疑問も提起し
ました。彼はピカソ Pablo Picasso の作品を2つ挙げて，比較します。ひとつは，
『雌鶏とひよこたち』です。それは繊細な描写によるエッチングで，雌鶏とちよ
ち歩きのひよこが描かれています。もうひとつは『若い雄鶏』です。木炭で描か
れたそれは，雄鶏の攻撃性，図々しさ，愚かさを際立たせたカリカチュアとなっ
ています。それらはどちらも魅力的で説得力がある，とゴンブリッチは述べます。
もし模倣，あるいは現実味あふれるように表現するのが芸術の目的ならば，木炭
画はその目的にかなっていないことになってしまうわけです。

　果たして芸術は，模倣の技術を洗練させてきただけなのでしょうか。

III　模倣を超えて

　カント Immanuel Kant もまた，芸術について論じた哲学者の1人です。彼は
プラトンとは異なる見解を提示しました。『判断力批判』（Kant, 1790）のなかで，
彼はつぎのように論じています。芸術とは「技術によるものでありながら自然に
見えるものである」，そして「悟性以上のものである」と。これは，知覚的特徴と
性質の特徴に言及しています。前者では，自然に見えるものであるとする点で，
プラトンを敷衍しているようです。しかしその語調からは，模倣に力点が置かれ
ているわけではないことに気づきます。そして後者では，悟性，つまり対象を理
解するために用いる思考を超えたものとされています。すなわち，作品は単なる
模倣以上のなにかを持っている，というのがカントの主張と言えるでしょう。

　この点について美術批評家のダントー Arthur Danto は，潔い結論を導きまし
た。彼は 1984 年に，芸術の終焉を宣告したのです。それは，芸術と実物が識別
不能なら，ともかく私たちは終焉に到達しているのだ，というものでした。そし
て 2013 年に芸術家ウォーホル Andy Warhol による『ブリロ・ボックス』をとり
あげ，この点を綿密に検討しました。それはプラトンの盲点とカントの要点を，
的確に示しているように思えます。

　『ブリロ・ボックス』は，食器洗いパッドを入れた外箱を，精巧に模して製作し
た彫刻です。スーパーに陳列される実物と美術館に展示される作品に，見た目の
違いはありません。まさに模倣を目指したそれは，プラトンによる芸術理解から
すると，その極致にあります。つまり模倣と対象とが，見た目の区別がつかなく
なるとき，芸術は終着点に至ります。模倣としての知覚的経験に，それ以上はあ
りえないからです。すなわち，技術によるものでありながら自然に見える。

　しかし作品を目にすると，私たちは，はたと止まってしまいます。戸惑うので
す。「これはなんなのだ？」と。

　実はこのとき，私たちはウォーホルの拓いた地平にいます。スーパーのなかで，
実物を前に立ち尽くすことは，まずないでしょう。私たちは，日常に埋没したま
までいます。たとえその実物を，この精巧な模倣物に置き換えても同じことでし
ょう。見た目では，区別がつかないのですから。しかし美術館の『ブリロ・ボッ
クス』は，模倣を超え，実物すら超えてしまいます。ふだん実物を見るときには
起きえない経験が，生じているからです。そこには，創造があります。ゴンブリ
ッチの疑問に，ウォーホルは明快な答えを与えたのです。

　でもこれは，美しいのでしょうか。ダ・ヴィンチの『モナ・リザ』を美しいと

いうことは，おおむね賛成できるでしょう。しかしこの『ブリロ・ボックス』をめぐる戸惑いは，どうなのでしょう。あるいはこの2つに，共通点はあるのでしょうか。

　カントは先の著作のなかで，美しいかどうかの判断がどのような性質のものか，考察しています。その判断は，悟性（対象を理解する能力）によって，表象を客観に関連させるものではありません。「美学的判断というのは，判断の規定根拠が**主観的なものでしかあり得ない**」（強調は原著者）。それは，主観と主観における快・不快の感情に関連させるものだと言うのです。

　カントの言う客観とは，おおむね，意識から独立して存在する事物を指します。美学的な判断は，そうした事物ではなく，主観という意識に依存する事物に関連させる，と彼は述べているのです。すると『ブリロ・ボックス』について私たちは，自身の戸惑いに関連させている点で，たしかに美学的な判断をしていることになります。そしてあの感覚は，たしかに悟性を超えています。作品を前に訝しむとき，私たちは対象を理解しかねている状態にあるのですから。

　実は『モナ・リザ』を見るときにも，私たちはある種のおののきを抱いています。思い起こしてみてください。あの微笑みは，しばしば「謎めいた」と形容されます。彼女は微笑みながら，何を思うのでしょう。そこには，わけのわからなさがあります。その謎に古今多くの人たちがかき立てられ，それを源泉にさまざまな作品が生み出されてきたのです。

　実はここにもうひとつ，カントの議論が含む重要な点があると私は思います。つまり彼が，作品と鑑賞者との関係において成立する美しさがあることを示した，という点です。それは，美しさが作品のみで成立することを否定するものではありません。しかしカントが示した美しさは，鑑賞者が主観的に判断することのなかにあります。作品を観る人なくして，この美しさは現れません。それが，模倣を超えたところ，理解を超えたところにあります。

　セラピーは，この関係に類似したものを内包しており，かつこの美しさに触れようとするものである，と私は考えています。

IV　芸術と精神分析の重なり

　冒頭で述べたように，フロイトをはじめとして，芸術を論じた精神分析家は数多くいます。その1人であるオグデン Thomas Ogden は，「理論を作品にあてはめるだけのものが見られる」（Ogden & Ogden, 2013）と嘆きます。その仕方は，作品から芸術家の病理を類推するとか，あるいは作品に現れる人物をあたかも存

在するかのように見立てて分析するとかいったものです。たとえば先に挙げたフロイトのダ・ヴィンチ論は，彼のナルシシズムをとりあげています。精神分析は，神経症の治療から理論や技法を作り上げていったために，そうした傾向があるのかもしれません。ただし，そうした病跡学的なアプローチを取らない分析家も存在します。

　精神分析家・児童精神科医のウィニコット Donald Winnicott は，遊ぶことを主題に重要な見解を提起した人物として知られています。彼はセラピーについて，つぎのようなことばを残しました（Winnicott, 1971）。

　　セラピーは，遊ぶことの領域２つが重なるところに生じる。つまり患者のものと治療者のものである。セラピーは，２人がともに遊ぶことと関係がある。

　彼は６万組の母子をみた，と言われます。その観察から，遊ぶことは関係のなかに生じ，人間に特有のものである，という考えを持ちました。彼は母子関係を雛型にして，治療関係を捉えたのです。

　そのウィニコット（1971）が，遊ぶことをめぐって，芸術の文脈から述べている箇所があります。

　　私たちは芸術表現によって，原初的な自己に触れ続けることができる。そこはもっとも激しい感情や，ひどく切迫した感覚を生じる場所である。私たちが，正気なだけであるとすれば，どれほど貧しいことか。

　この言明は，こころの発達をめぐる彼の考えに根ざしています。それは，赤ん坊は生まれながらに無統合の状態にあり，養育者に世話を受けることでそれらはまとまっていき，パーソナリティを持つようになる，というものです。赤ん坊にとって正常である無統合の状態も，成長してからそれを露呈するのは，病的な状況です。しかし原初的な状態を内包すること自体は，否定的価値を持つものではありません。むしろ彼は，ただ正気であることに疑問すら抱きます。

　セラピーをするとき，部屋には２人しかいません。そのなかで，その２人に固有の状況，個別的な関係の性質を作り上げていきます。それが，それぞれの発することばやふるまい，２人を取り巻く雰囲気に表れます。セラピーのなかでは，戸惑う状況がさまざまに生起します。

　あるクライエントは，セッションのなかでさまざまなことを口にするのですが，ふと黙り込みます。やがて，自分が何を言っているのかさっぱりわからない，と

告白します。その状況が何年も続きます。また別のクライエントは，職場でので
きごとの断片をつぶやくさなか，急に「怖い」と言ってがたがたと震えだします。
そしてカウチにうずくまり，何もしゃべれなくなってしまいます。ふだん，ふつ
うに社会的生活を営む人たちと出会っていても，セラピーのなかではこのような
ことが起こりえます。このときセラピーを提供している私も，行き詰まりや不安，
恐怖，そして切迫した感覚といったものを抱くことになります。

　このときクライエントも私も，ある種混乱した状態のなかにいます。狂ってい
る，とまでは言えないかもしれません。でも狂うことへの不安あるいは恐怖は，
間近にあります。それは，ダ・ヴィンチの『モナ・リザ』やウォーホルの『ブリ
ロ・ボックス』を見るときに抱く感覚に，近しいものがあります。つまり，切実
さの強度に差はあれども，名づけえぬもの，理解しがたいもの，強いて言えば畏
怖あるいは恐怖とでもいうようなものに触れています。

　芸術表現はそこに触れるのを可能にする，とウィニコットが述べたのも，セラ
ピーの経験に根ざしているに違いありません。私たちが正気なだけであるとすれ
ば，どれほど貧しいことでしょう。芸術が私たちの人生に美しさをもたらし，豊
かにするのは，自明のことのように思えます。

　この接触に，芸術家タピエス Antoni Tàpies のことばが呼応するのだろうと思
います。それは「何ものにも導かれることのない，しかしまさにそれゆえ，人間
実存のもっとも深くて，もっとも不安を掻き立てる領域」（Tàpies, 1974）に芸術
は結びついている，というものです。

　これまでのところで，芸術における美しさは理解を超えたところにある，とい
う議論をしてきました。そこは，ウィニコットやタピエスの言うように，人間の
原初的・根源的な領域に関連しており，それに触れようとするのは不安や恐怖を
掻き立てます。私たちは芸術表現をとおして，そうした自己の深層にかかわるこ
とになります。たしかに私たちは，模倣を超えたところにある何かに触れるので
しょう。ダ・ヴィンチやウォーホルの作品は，私たちの実存の深いところを捉え
ているのだと思います。

　そして私たちは，精神分析をはじめとするセラピーを通じて，それに触れよう
とします。このときセラピーは，なにかしらの病を変化させるための手法という
よりも，自己の深層に触れるための技芸なのです。ウィニコットはこのような，
ある病の治療技法とは異なる側面を強調するために，「遊ぶこと」ということばを
用いた，とすら思えます。それは，不安や恐怖を呼び覚ますかもしれません。そ
れでも求める人たちがいるのは，それが自身に豊かさをもたらすことを，どこか
で感じ取っているからでしょう。

　こうした理解は，芸術表現（あるいはセラピー）を通して私たちは自身を見ているのであり，それは私たちを映し出す鏡である，という考えを導きます。

V　鏡としての芸術表現

　ウィニコットは別のところで，ベーコン Francis Bacon の自画像に言及しています。ベーコンは，20 世紀を代表する具象的な画家の 1 人です。彼の作品は，どれも強い視覚的インパクトをもたらします。その自画像は，ひどく歪めて描かれています。ウィニコット（1971）はそれを，つぎのように紹介します。

　　ベーコンは母親の顔に自身を見ているのだが，どちらかのどこかに歪みがあって，彼も私たちも狂気に陥る。

　ウィニコットはベーコンの作品のなかに，彼が母親を見るという関係を思い描きます。しかしその関係には，歪みがあります。それは，視覚的にわかるものとなって現れます。そのインパクトによって，彼の自画像を見る私たちも狂気に陥るのです。
　ウィニコットはその自画像が，見てもらうことへ向けられた痛々しいまでの苦闘にみえる，と論じます。彼にとって見てもらうことは，創造的に見ることの基礎にあります。これは先に触れた点，すなわち赤ん坊が養育者の世話を受けることでパーソナリティを持つようになることの比喩になります。赤ん坊は養育者に見てもらうことで，自らの力で見ることができるようになるのです。
　ベーコンの自画像にある歪みは，もともとは養育者との関係のなかにあったのかもしれません。彼は乳母に献身的でしたし，彼がそうした歪みを持つ絵を描いていた時期にも，乳母は生活を共にしていました。その一方で彼は 16 歳のときに，母親の下着を身につけようとするところを父親に見つかり，家を追い出されています（Chilvers & Graves-Smith, 2009）。とはいえ，自画像のなかに痛々しいまでの苦闘を見ているのは，ウィニコット自身です。歪みは今や自画像を見る私たちの経験のなかにあり，そのとき歪んでいるのは私たちなのです。
　ウィニコットは，アートマネージャーであるローゼンスタイン John Rothenstein のことばを引用しています。「ベーコンの絵を見ることは，鏡を覗きこむことであり，そこに私たち自身の苦悶を見ることである」，というものです。カントの卓見は，美学的判断が鑑賞者の主観に拠っている，という点にありました。そこに生じる主観的な経験を通じて，今や私たちはベーコンの自画像に，自

身の歪みを見ています。

　ダ・ヴィンチの作品を見れば，おののきを覚えます。ウォーホルの作品に，戸惑います。ベーコンの作品から，歪んでいきます。芸術家が異なれば，同じ主題であってもそこから生じる経験は異なります。また芸術家が同じであっても，作品によって受ける影響は異なるでしょう。そしてもちろん，見る人が違えば，それぞれが違う経験を持ちます。ある芸術表現との関係のなかに，私たちはある経験を生じます。それは主観的であり，私たちそれぞれに固有のものです。私たちはその経験のうちに，美しさを見出すことになるでしょう。

　プラトンやヴァザーリの認識では，芸術は模倣としてのものでした。そこでの芸術表現は，世界にある美しさを映し出すものとしての鏡だったのだと思います。そのため，実際の知覚的経験が等しくなるよう，まさに鏡のように反射する技術を発展させる，という歴史を持ちました。それはカンヴァスが，鏡面となっていく過程です。そのため，19世紀に写真が登場したことで，芸術家たちは多大な衝撃を受けました。

　そしてカントは，作品自身の持つ美しさばかりでなく，作品と鑑賞者との関係において生起する美しさを見出しました。そのとき芸術表現に，鑑賞者自身のうちにある美しさを映し出すという領野が拓かれました。このことを明示したのが，ウォーホルの作品だったのです。ベーコンはインタビューで，「誰もが自分の見る絵画について，その人自身の解釈を持つ」と述べています（Sylvester, 1987）。このとき，鑑賞者の経験が鏡の像を結ぶ面となるよう，芸術は変化したのです。

　ここには，ルネサンスを系譜に抱く芸術が持つ，ギリシア・ローマ時代にはなかった「個人」という，すぐれて近代的な概念が含み込まれています。普遍的な美しさの価値は失われないとしても，カントが拓き，現代の芸術家たちが拡張した領野では，個々の鑑賞者による美的判断のなかに，美しさがあるからです。

　このような個人とその経験への目線は，セラピーと共通する基盤となるものです。そしてセラピーは人と人との関係のうちに生起するために，より相互的で個別性が高い，と考えています。

VI　セラピーという技芸

　これまで，芸術表現が模倣であることを超えて，私たち自身の深層を鏡かのように映し出し，それに触れるようにするものである，と議論を進めてきました。それは美しさの焦点が，目に見える経験から内面に起きる経験へ移ることでもありました。ウィニコットはセラピーについて，鏡役割という主題から，つぎのよ

うに述べています（Winnicott, 1971）。

　およそセラピーとは，患者が持ち込むものを，長いあいだ患者へと与え返すことである。そこに見られるものを映し返す顔という，複雑な派生物である。…（中略）…そして，これがうまくいくと患者は自身の自己を見出し，存在すること・リアルさを覚えることができるようになるだろう。リアルさを覚えるとは，存在すること以上のものである。

　私たちは日々の生活のなかで，どれほどにいきいきと，あるいはリアルさを覚えながら，生きることができているでしょう。それは，この世にただ存在すること以上のものがあります。私たちのほとんどは，自分の実存，その深いところへ触れずにいます。そうしようとすることには，不安や恐怖が伴うのです。でも正気を保つよう生きるだけとすれば，どれほど私たちの人生は貧しいか。ウィニコットの問いかけは，深甚です。

　セラピーのなかで，クライエントはさまざまに連想を語ります。私はそれに，浸ることになります。そのなかに生じる経験から，私は何かをしますし，しないこともあります。その連綿と続く作業によるプロセスのうちに，自己を見出し，リアルさを覚えることが起きます。クライエントがそれを独力で成し遂げるのは，きわめて難しいことでしょう。ある作品について，鑑賞者があって初めて成立する美しさがあることをカントが示したのと同じことだろうと思います。それはある関係のなかにおいて，初めて生じる経験的なできごとです。

　セラピーは，そこに参与する人間の個別性に拠る点において，きわめて近代的な思考に根ざした手法と言えます。患者に現れた異常を，病気や憑き物ではなく，心理的困難と捉えて治療の方途を探ったフロイトは，この点で画期的でした。そしてこのような個人への注目が，ルネサンス以降の芸術で比重を増した視線と重なるのです。

　ある芸術表現に私たちが美学的判断をするとは，そこに私たちの主観を関連させることです。ただしセラピーの場合には，対象と自己との関係が，芸術表現と鑑賞者ではなくクライエントと治療者，つまり人間同士の出会いになります。それゆえウィニコットは，患者と治療者の遊ぶこと，それぞれの主観的経験が重なるところに生起するものである，とセラピーを定式化しました。そこには参与する個人の双方に，発見があります。つまり見てもらうことで，見ることができるようになるわけですが，それが起きるのは，クライエントと治療者の重なるところです。

　フロイトにとって精神分析は，まず何よりも神経症に対する治療技法でした。ウ

ィニコットは，自己を見出すための技芸として焦点づけ直しました。ここにある重心の移動は，ウィニコットがウォーホルやベーコンと同時代の空気を吸っていたためのように思います。フロイトは，写真という，模倣にはこのうえない技術ができあがっていく時代にいました。ウィニコットは，模倣の先をはっきりと示す芸術表現に，触れていたのです。病める人の治療技術としてよりも，より広く人間理解の技芸であるほうが，カントの言及のとおり，技術そのものがより「自然に見える」と言えるでしょう。そのうえセラピーは，たしかに理解を超えたところを捉えるのです。

　この接点において，セラピー・精神分析という技芸 art は，いわゆる芸術 art とは性質を異にするものの，ともにアートに属するものである，と私は考えています。どちらも私たちの人生に美しさをもたらし，豊かにするものだと思うからです。

Ⅶ　素　　描

　西洋絵画と精神分析について述べるのに，美しさに焦点づけました。それは美術史において，模倣からそれを超えるものへ，鑑賞者の視覚から主観へ，作品そのものから作品との関係へと移行しました。それは個人への注目と軌を一にしています。ここで芸術表現とセラピーは結びついています。そしてともに，私たちを豊かにするアートなのです。

文　　献

Chilvers, I., & Graves-Smith, J. (Eds.) (2009) Dictionary of Modern and Contemporary Art, 2nd Edition. Oxford University Press.

Danto, A. C. (2013) What Art Is. Yale University Press. (佐藤一進訳 (2018) アートとは何か――芸術の存在論と目的論．人文書院．)

Gombrich, E. H. (1995) The History of Art, 16th Edition. Phaidon. (天野・大西・奥野ら訳 (2007) 美術の物語．ファイドン．)

Kant, I. (1790) Kritik der Urteilskraft. Lagarde. (篠田英雄訳 (1964) 判断力批判・上．岩波文庫．)

Ogden, B. H., & Ogden, T. H. (2013) The Analyst's Ear and the Critic's Eye: Rethinking Psychoanalysis and Literature. Routledge.

小田部胤久 (2009) 西洋美学史．東京大学出版会．

Sylvester, D. (1987) The Brutality of Fact. Thames and Hudson.

Tàpies, A. (1974) Art against Aesthetic. In: Tàpies, A. : Complete Writings, Volume II. Indiana University Press.

Vasari, G. (1550) Le Vite delle Più Eccellenti Pittori, Scultori, e Architettori. Lorenzo Torrentino. (平川祐弘・小谷年司訳 (2013) 芸術家列伝 1．白水社．)

Winnicott, D. W. (1971) Playing and Reality. Tavistock Publications.

第 5 章

古 美 術

池田暁史

I　はじめに

　精神分析の祖であるジークムント・フロイト Freud, S. が古美術の愛好家兼収集家であったことはよく知られています。芸術家の創造性について研究し「自我による自我のための退行」という有名な概念を遺したエルンスト・クリス Kris, E. という精神分析家がいますが，もともと美術史の専門家であった彼が精神分析と出会ったきっかけは，フロイトの古美術収集の顧問としてフロイト家に出入りするようになったことでした。この世界には贋物（「にせもの」ではなく「がんぶつ」と読みます）が付き物なので，コレクションの質を維持するためには自分以外の専門家の眼を必要とするのです。もちろん，その専門家の眼が節穴であればコレクションは悲惨なことになってしまうので，誰の助力を求めるのかということ自体にその収集家の力量が現れてしまうところはあるのですが。

　精神分析にもこれとよく似たところがあります。俗に「なくて七癖」という言葉があります。どんなに立派で非の打ち所がないような人でも多少の癖はあるものだという，ある種のことわざです。貧乏ゆすりなどはその代表ですが，人の話を聞いているときに頬杖をつくとか，腕を組むとか，些細な癖は沢山あります。問題は，本人は無自覚にそれらの行為を行うため，その癖にほとんど気付いていないということです。

　そして行動に癖があるように，私たちのこころにも考え方，感じ方の癖があります。多くの場合，これらの考え方や感じ方の癖はパターン化されていて，本人には自覚できません。こうしたパターンを，精神分析ではコンプレックスと呼びます。もっとも代表的なものがエディプス・コンプレックスで，これは「幼児は異性の親を独占してもっと仲良くなりたいと思う。そのため幼児は同性の親を敵視し，排除しようとする。幼児は自分の敵意がばれることで同性の親から報復さ

てやっつけられてしまうのではないかという恐怖や，自分が同性の親に対して
午されないほど酷いことをしようとしているという罪悪感に晒される」というも
りです。

　このエディプス・コンプレックスがこころの深いところで染みついていると，
とえば，成績優秀で東大ですらほぼ間違いなく合格するだろうといわれていた
女子高生が，滑り止めを含むすべての受験に失敗してしまった，などという事態
が起こります。その女子高生は，自分が大学に合格してしまったら最終学歴が高
交卒業である自分の母親を学歴的に凌駕してしまうと思っており，そのことを母
親に対して物凄く申し訳ないことであると思っていたことが後に分かったのでし
た。

　先ほど説明したとおり，こうしたこころの癖は本人にとって無意識的なもので
あるため，自分 1 人でそのことに気づくことはほとんどできません。自分のここ
ろの癖に気づくためには，それを目にみえる形で描き出してくれる自分以外の専
門家を必要とします。それがこころの治療における精神分析家（あるいは精神分
析的精神療法家）の役割です。もちろん，その精神分析家の腕が悪ければそこで
行われるこころの探究の結果は悲惨なものになってしまう可能性があるので，誰
に精神分析的治療を求めるのかということ自体が非常に重要となります。患者が
どんな治療者と出会えるかということにはある種の運もかかわってくるので，そ
れを一概に患者の力量に帰すことはできませんが，誰を治療者に選ぶのかという
選択を通して患者自身も一勝負打たなければいけない点なども，まさに古美術収
集にそっくりです。

　この章では，こうした古美術あるいは骨董といわれる世界と精神分析の世界と
を行ったり来たりしながら，読者の皆さんにこの 2 つの世界について知っていた
だけたら，と思っています。それではしばしのお付き合いを。

II　収集家としてのフロイト

　さてフロイトの古美術収集から話を始めましょう。フロイトの収集品の一部は，
いまでもロンドンにあるフロイト博物館に保管されているので，私たちも目にす
ることができます。さらにいえば，実は日本でもこれらの品々を目にする機会が
ありました。1996 年にいまはなきオリエンタルアートの名店ギャラリー三日月
にて「収集家としてのフロイト展」が開催され，フロイトのコレクションが大挙
して来日したのです。この展覧会は図録（リーヴス・上野，1996）が刊行されて
おり，いまでも古書市場で時折みかけることがあります。

　フロイトの収集対象は，主として古代エジプト，ギリシア・ローマ，エトル
ヤ（現在の北部イタリア），中近東（現在のシリア，イラン，イラク周辺）の品々
でした。これらは日本では一括りにオリエンタルアート（オリエント美術）とい
われています。さて肝心のフロイト自身のコレクションの質はいか程のものだっ
たのでしょう。結論をいってしまえば，玉石混交です。優品もありますが，それ
ほど魅力に富んでいるとはいえないものも多々あります。その意味でフロイトは
決して一流の収集家とはいえないでしょう。

　しかし，それはまったく恥ずかしいことではありません。多くの場合，名品は
値が張ります。評価が高いものは需要も多くなり，当然のこととしてそれは価格
に反映されます。フロイトの年収では次々と名品を購入していくというようなこ
とは不可能です。一度では払いきれず，分割払いにせざるをえないようなものも
あったでしょう。

　フロイトは精神分析家を標榜してから常に１日７，８人の患者と会っていまし
た。１日７，８人というこの数を，読者の皆さんが多いと思うのか少ないと思う
のか分かりませんが，精神分析は１回のセッション（面接のこと）が45分か50
分と決まっています。フロイトは当初１回60分でやっていたといわれています
が，ある時期から１回50分でやるようになりました。たとえば朝９時に診療を
始めるとしましょう。９時から９時50分まで最初の患者に会い，10分休憩を取
ります。10時から２人目，11時から３人目と会って，11時50分からお昼休み
を取ります。13時から４人目，14時から５人目と面接を続けていけば，16時か
ら16時50分の回で７人目に会います。このように９時から17時まで丸一日仕
事をしても７人の人としか会えません。もう１枠仕事の時間を増やして８時もし
くは17時からもう１人を診ても１日８人の患者と会うのが精一杯で，これ以上
の人数の治療を引き受けるのは物理的に不可能なのです。

　しかも精神分析は１回45分もしくは50分で週４回以上会う実践です。フロイ
トの時代は月曜日から土曜日まで週６回という高頻度で面接していました。つま
りフロイトにとっては，月曜日から土曜日まで毎日決まった時間に会い続ける同
じ７人か８人の患者から得られる面接費が収入のほぼ全てだったのです。少しで
も収入は多くしたかったでしょうが，かといってあまり高い金額に設定しても患
者が払い切れません。

　日本の精神分析の祖の１人である古澤平作がウィーン留学中にフロイトに訓練
分析の相談をした1931年，フロイトから提示された金額は当初１回50ドルでし
た。これは到底古澤に払いきれる金額ではなく，フロイトは結局１回10ドルまで
減額した提案をしたものの，最終的に古澤が分析家として選んだのは１回５ドル

引き受けてくれたリヒャルド・ステルバ Sterba, R. でした（北山，2011）。ここからフロイトの最低ラインが1回10ドルであることが推測されます。正確に物価を比較すると数字は違ってくると思いますが，面接料金の比較という点から単純化すると，この1回10ドルというフロイトの最低ラインは現在の1回10,000円くらいに相当すると思われます。つまり1ドルが1,000円です。

　フロイトが担当している患者全員から1回50ドルの料金を受け取ることができたとは思えないので，平均して1回25ドルで実践していたと仮定します。ここから推測するとフロイトの1週間当たりの収入は25ドル×8人×6日＝1,200ドルで，年収は50,000ドル位と考えられます（夏や冬に長期のバカンスを取るので単純に1,200ドル×52週とはなりません）。先ほどの単純化した計算を用いればフロイトの年収は現在の価値で5,000万円相当となります。正直なところ，予想していた以上に高収入で，ちょっと驚いています。しかし，ここからまず税金が引かれ，その残りで老母アマリア，妻マルタとその間に生まれた6人の子ども，妻の妹ミナ，そして2人か3人の使用人という大家族を食べさせていたことを考えれば，決して数千万円レベルの優品を次々と買えるような環境でなかったことも確かです。

　さて，コレクターのことを日本では数寄者と呼びます。正確にいうと数寄者という表現はお茶の世界の言葉なので，お茶道具に関連した古美術を収集し，それでもって自分の世界を表現しうる収集家のことを指します。しかし，お茶の世界で求められるのは単に抹茶を飲むための茶碗に留まらず，お茶の前に食事をする際に用いる食器や酒器，さらには床の間を飾る書画や置物，花器までをも含むため，実質的には日本美術を収集する人のほとんどがお茶の世界と関係しており，数寄者に名を連ねる可能性があります。もっとも，数寄者という呼称は自称できません。「私は数寄者なもので……」とはいえないのです。先ほどの定義の中にも記したように，その収集によって自分の世界を表現していると周囲から認められた者のみが「あの人は数寄者だから」といわれるのです。

　そのなかでも別格の名品を取り揃え，その世界観で当時のお茶の世界や古美術の世界をリードするような数寄者を「大数寄者」と呼びます。想像がつくように，大数寄者はことごとく大金持ちです。江戸期最後の大数寄者といえば，島根は松江藩の藩主・松平不昧という大名ですし，明治以降の大数寄者といえば益田鈍翁（三井財閥），原三渓（製糸業および横浜銀行），松永耳庵（東邦電力など），そして畠山即翁（荏原製作所）などの大実業家です。そうでなければとても名品は買い切れません。もっとも松永耳庵ですら古美術の支払いに関しては常に喉元までアップアップの状態だったそうで，大数寄者にはより高額な名品が向けられるた

め経済的な苦労と無縁の人はいないといってよいでしょう。

　とはいえ，お金をもっているだけでは数寄者になれない，というのもこの世界の面白いところです。名前を挙げるのは差し障りがあるので控えますが，某巨大家電メーカーの会長や某鉄道会社の会長など，巨額の資財を投じて古美術の収集に努めたもののあまり上手く行かなかった人たちも大勢います。冒頭で述べたように目の利いたアドバイザー（古美術商を含む）に出会うことが重要なのはもちろんですが，収集品に恵まれるためにはそのアドバイザーに「この人には是非良いものを持って欲しい」と思ってもらう必要があります。そういう意味で，収集家にはある種の人間的魅力も必要になるのです。

　一方で，経済的事情も含めてこうした大数寄者の系譜には属さないものの，優れた数寄者あるいは名コレクターと評される人たちがいます。青山二郎，小林秀雄，川端康成，白洲正子といった文人たちや，画家の安田靫彦，吉兆創業者である湯木貞一などの文化人の系譜です。特に青山二郎や白洲正子は，その独自の審美眼でもって古美術の価値体系そのものを変化させてしまう程の大きな影響を現在まで及ぼしています。

　とはいえ，ほとんどの古美術収集家はこのどちらの系譜にも属しません。大数寄者レベルの経済力をもつ愛好家などその時代に5人もいればよい方ですし，古美術の価値観を変化させるような審美眼の持ち主となると一時代にせいぜい1人，2人でしょう。それ以外の99％の愛好家は凡庸なコレクター止まりです。

　フロイトももちろんどちらの系譜にも属しません。精神分析の領域におけるフロイトの発想力，それを200本近い論考として書き切った筆力，そしてゲーテ賞を受賞した文章力，どれもが圧倒的で，到底余人の及ぶところではありませんが，古美術に関していえば，大コレクターになれるほどの買い切る力も，同時代もしくは後世の人たちを唸らせるような審美眼も持ち合わせておらず，自分に与えられた条件の中で少しでもよいコレクションを形成しようと努力し続けた一コレクターに過ぎません。私も少しばかり古美術に関心があるのですが，この意味においてフロイトと私の間には大した違いは存在しません。もちろん，フロイトの資金力は私などよりはるかに上をいっているのですが。

　このことは多くの人に勇気を与えるのではないでしょうか。少なくとも私にとってはそうです。私は精神分析の世界において特別な才能に恵まれている訳でもない，ごく凡庸な臨床家に過ぎません。臨床をしていれば嫌でもそのことに日々直面させられます。それはときにはとても苦痛なことです。それでも私にとって精神分析とそれに基づく臨床体験はとても大切なものなので，私は自分に与えられた条件の中で少しでも前に進めるようにと願って努力を続けていくしかありま

ん。フロイトの古美術収集は，私たちがさまざまな壁に突き当たりながらも自
の好きな道を精一杯進んでいくということ自体に人生の価値があることを教え
くれているように思います。

Ⅲ　古美術の種類

　古美術といってもさまざまなジャンルがあります。日本の古美術店が扱う主な
ジャンルとしては，書画，古陶磁，仏教美術，金石，考古，民芸，刀剣，オリエ
ント，西洋などが挙げられるでしょう。それぞれについて少し解説すると，

書画：日本，中国，朝鮮半島などの墨書や絵画
古陶磁：いわゆる古い焼き物
仏教美術：仏像や神像，仏画，廃寺（都の移動に伴い放棄された寺や火災に遭
　　いそのまま再建されなかった寺など）の屋根瓦，法要や加持祈祷に用いられ
　　た諸道具など
金石：主に古代中国の銅製品，翡翠などの硬玉を加工した置物や飾り物など
考古：石器，土器，埴輪，土偶，勾玉など遺跡や古墳から出土する品々
民芸：いわゆる美術品としてではなく生活の道具として造られた木工品，布製
　　品など
刀剣：日本刀を中心とした武器や防具など
オリエント：シルクロード，西アジア，エジプト，古代ギリシア・ローマの諸
　　美術
西洋：キリスト教美術を中心としたヨーロッパの諸美術

となります。
　こうしてみるとオリエント美術と西洋美術の分類がいかに大雑把かということ
が分かると思います。これは，日本から遠い分，これらの国からの流入品が限ら
れており，また関心をもつ人の数も限られていることが関係しています。市場が
それほど大きくないため，これ以上取り扱う商品を細分化してしまうと店として
経営が成り立たないのです。したがって，こうして一括りにされている中味を詳
しくみれば，西洋美術の中にも，絵画，陶磁器，キリスト教美術，金属や貴石を
加工したもの，考古，西洋民芸，武器防具など日本の古美術の各分類に相当する
ものが当然ながら存在することになります。
　それではフロイトが愛したオリエント美術の分類はどうなっているのでしょう

か。オリエント美術も幾つかに細分化することができます。1つ目はキリスト教化される以前のヨーロッパで栄えた諸文明の遺した美術です。これには古代ギリシア・ローマやエトルリヤなどが含まれます。エジプトは北アフリカなので正確にはヨーロッパではないものの，地理的近接性や文化的交流の濃厚さから古代エジプト美術も広義の「前キリスト教時代の西欧美術」として，この枠に位置づけられます。これらは基本的に遺跡からの発掘品ですので「地元（ヨーロッパ）の考古」といえます。

　2つ目が，ヨーロッパで東方美術や近東美術といわれるものです。つまりヨーロッパからみて東側に位置する文明が遺した美術です。古代ペルシアといわれている地域がこれに当たり，現在のシリア，イラン，イラクなどを指します。「千夜一夜物語の世界」といえばイメージしやすいでしょう。日本の読者にとってはもっとも異国情緒を感じられる美術かもしれません。メソポタミア文明の遺物などが代表ですが，これらも基本的には遺跡から発掘されます。したがって，「東方諸国の考古」と位置付けられる品々です。

　そして3つ目がメソポタミア文明圏からシルクロードをさらに東に進んだ地域，すなわちチベット，モンゴル，中国，東南アジア，朝鮮半島，そして日本の美術です。楼蘭のような消滅した都市の遺構から発掘されるものは考古に属しますが，1000年以上前の中国や諸地域から貴重品として当時のヨーロッパに渡り，そのまま現代まで愛好家の手から手へと受け継がれ続けてきた品々もあります。このように作られた当時から一度も土中することなく現代まで受け継がれた品を古美術の世界では「伝世品」と呼びます。同じ美術品でも遺跡や遺構から発掘されたものと伝世のものとでは価値が全く異なります。伝世品，とりわけ来歴がはっきりとしている品（たとえば，千利休が所持していて，その後大名である○○家に幕末まで伝わり，明治の売り立てで△△氏が購入し現在はその孫がもっている等）の場合，その価値は跳ね上がります。

　ただしある程度古い時代のものになると基本的に伝世品は存在しなくなります。たとえば日本の場合，奈良時代以前のものはほぼ発掘品です。例外的に百万塔陀羅尼や二月堂焼経が奈良時代の伝世品として民間に流布しているものの，これら以外の品で奈良時代から伝世しているものは市井にはほとんど存在しません。奈良時代以前の伝世品は基本的には正倉院御物という形でしか遺っていないためです。西洋美術でも古代ギリシア・ローマ美術，古代エジプトの美術，メソポタミアの美術などは基本的に伝世品が存在しない世界です。市場に流通しているほぼすべてが発掘品ということになります。「ミロのヴィーナス」も「サモトラケのニケ」も「ツタンカーメンの黄金の棺」もすべて発掘（海からの引き上げも

含む）された品です。つまりフロイトが好きで集めた古美術品の多くは，伝世の
品が存在しない，発掘品の世界ということです。このことはこれから述べるよう
にフロイトの理論にとって極めて大きな意味をもつことになります。

Ⅳ　こころの考古学としての精神分析

　フロイトが無意識という人のこころの未知なる領域の探索に踏み出そうとした
ときにしばしばイメージしたのは考古学のモデルでした。たとえばまだ精神分析
が確立される前の 1895 年——この時期フロイトは自らの技法を催眠から自立さ
せるべく奮闘していました——，フロイトは『ヒステリー研究』（Breuer & Freud,
1895）の中でこう述べています。

　　このようにして私は，ヒステリーに対して初めて完全なる分析を行うこととなり，
　それを通じて一つの手続きに到達したのである。後に私はこの手続きをひとつの手
　法にまで高めて，目標を意識して導入することとなる。この手続きは，病因となる
　心的素材を層ごとに除去していくというやり方であり，我々はそれを埋没した町を
　掘り起こす技法に好んでなぞらえたものであった。

　さらに翌 1896 年にフロイトは患者の連想する心的素材の連鎖が時系列の逆方
向に，すなわち最近の出来事についての連想からより過去の出来事の連想へと進
んでいくことに触れ，「まさに，これを多層性の廃墟の発掘になぞらえることが正
しいことを示しています」（Freud, 1896）と述べています。
　ここでフロイトが描いているのは，工事で地面を掘っていると江戸時代の住居
跡が出てきて，そこを掘り進めると室町時代の屋敷跡が姿を現し，さらにその下
の層から平安時代の遺構が顔を覗かせ，そのもっと下から縄文時代の貝塚が発見
されるといった感じで，私たちのこころも一皮剥けば次の層が現れ，その下には
より深層が横たわっているというモデルです。フロイトはここで「なぞらえる」
という比喩的な表現を用いていますが，実質的にはこれは比喩ではありません。
フロイトは本当にそのように考えていたのです。表層から深層へとこころも層を
成しており，それを一枚一枚丁寧に剥がして観察し，詳細を明らかにしていけば，
最後にはこころの最深層に辿り着き，ヒステリーの真相が解明されるというのが
フロイトの基本的な考えだったのです。
　ただし，この時点ではまだ「こころ＝記憶」です。つまり，直近の記憶の下に
は少し前の記憶があり，その下層にはさらに以前の記憶があり，そうやって最下
層まで辿って行けばヒステリーの病因となった幼児期の記憶が横たわっていると

いう考えです。したがって，この時点でのフロイトにとってこころの層というの
は経時的なものです。こころの階層の深さとは時間的な古さのことなのです。こ
れは恐らく，より深い催眠に導入できればより遠い過去の出来事が想起可能にな
るという催眠の基本的な考え方を踏襲したものです。そしてこのことは，フロイ
トの理論がまだ催眠から自立できていないことを示しています。

　フロイトが精神分析家になったのは，当時の親友ウィルヘルム・フリース Flies
W. に「私はもうヒステリーの誘惑説を信じていません」という手紙を書き綴っ
た 1897 年のことであると考えられています。ここでフロイトは，こころの深層
＝過去を探索し，忘れていた外傷的出来事を掘り当てることによってヒステリー
が治るという上記のモデルを放棄します。そして，こころの深層に存在するもの
が最早期の過去ではなく，私たちが直視することのできない欲望であるというこ
とを明確化しました。こころを過去から現在（もしくは現在から過去）という流
れを有する直線的なものではなく，秘密の小部屋を抱えた空間という三次元的で
局所論的なものとして想定したのです。これにより，こころの捉え方が大きく変
化しました。そしてこの瞬間に，精神分析は催眠の下から明確に巣立ったのです。

　これに伴い，こころの探索を遺跡の発掘と同一視していたフロイトの姿勢も
徐々に変化していきます。とはいえ，フロイトが「遺跡の発掘モデル」を放棄す
ることは最後までありませんでした。フロイト最晩年の仕事の1つである「分析
における構成」（Freud, 1937）にもこのことが詳しく描かれています。この中で
フロイトは「私たちが探しているものは…（中略）…すべての本質的な点におい
て完全な，患者の忘れられた年月の全体像なのである」と述べ，依然として患者
の過去の事実を解明することへのこだわりを示しています。そしてフロイトはこ
う続けるのです。

　　構成，あるいは再構成の方が好ましいのかもしれないが，その仕事が，破壊され
　埋没した住居や古代建築物の考古学者による発掘作業にかなり似ている。このふ
　たつの過程は事実上同一である。ただ，分析家がより良い条件で仕事をし，彼の助
　けになる素材を自由にできるということが違っている。彼が壊されておらずまだ生
　きているものを扱っているからである。

　ここからは2つの重要なことが分かります。1つ目は，精神分析が生きた過程で
あること，すなわち患者と分析家という2人の人間が分析空間という「いま，こ
こ」で出会い，驚き，歓び，あるいは失望するという体験こそが精神分析を構成
する重要な要素であることにフロイトが本質的に気づいているということです。
2つ目は，それにもかかわらずフロイトが，患者の過去を遺跡や化石のように観

可能な形で固定化された，それゆえに丁寧な発掘で発見可能な客観物であると
いう認識から抜け出すことができていないということです。

　フロイトのこの限界には彼が愛した西洋の古美術趣味のあり方が関係している
のではないか，と私は考えています。どういうことかというと，西洋の古美術の
楽しみ方がもっぱら鑑賞に限られている，ということです。西洋にとって古美術
に期待される役割は，何よりも室内の装飾として機能することなのです。たとえ
ば古伊万里と呼ばれる焼き物があります。古美術に関心のない人に「知っている
骨董を挙げてください」と尋ねると，９割くらいの人が「古伊万里」と答えるの
ではないかというくらい有名な焼き物で，これらは 17 世紀中盤以降，西洋諸国
にも大量に輸出されました。いまでもこの当時渡欧した古伊万里に西洋のお屋敷
内を写した写真などで出会うことがありますが，これらはほとんど全てインテリ
アとして壁に飾られています。使われていないのです。

　もちろん西洋人が古いものを使わないわけではありません。数代前の先祖が購
入した木製の椅子やテーブル，あるいは銀のナイフやスプーンなどを大切に使い
続けている人たちは無数にいます。しかし彼らは先祖伝来のものを愛情込めて使
っているだけで美術品を使っているという認識はもっていないように思われま
す。美術品とは基本的に飾るものであり，鑑賞のためのものなのです。フロイトが
自分の収集した古美術品を室内に所狭しと飾りたて鑑賞していたということと，
患者の夢や過去をも鑑賞あるいは観察の対象として認識し続けたということとの
間には極めて類似した構造があるように思います。フロイトはあくまでも観察者
であり，患者の空想を共に体験する当事者に成りきることが構造的に困難であっ
たのかもしれません。

V　体験し味わうものとしての精神分析

　一方で日本の古美術はどうでしょう。日本の古美術の中心に位置してきたのは
先述したとおり，お茶の世界です。お茶はなによりも点てて，飲んで，味わうも
のです。そのために私たちは必然的に茶碗を手に取り，口を付けます。そのため
にお茶に使われる茶碗には，見た目はもちろんのこと，手触りのよさ，軽すぎず
重すぎずといった適度な重量感，手のひらに丁度納まるサイズ感，口当たりのよ
さなど外見以外のさまざまな要素が求められます。そしてお茶を点てる前の食事
（懐石といいます）で用いられる食器や酒器も，見た目だけでなく使い心地が問わ
れます。日本において古美術は鑑賞するものというよりも自ら使って体験するも
のなのです。

　このように，鑑賞中心の西洋と使用あるいは体験中心の日本とでは古美術との付き合い方がまるで違います。そして精神分析もフロイトの時代とフロイト以後の時代とでは技法論的に大きな違いがあります。上でも少し触れたように，実にフロイト以後の精神分析は，患者が提供するものを観察することを通して意味を探るというあり方から，患者が提供するものをその場で患者と共に経験することを通して意味を探るという方向へと舵を切っていきます。鑑賞から体験へというシフトの変化が生じているのです。

　日本は決して精神分析が盛んな国ではありません。しかし，体験を重視するという点に関しては，日本の精神分析は世界的にみても相当早い段階から注目していたといえます。たとえば日本発の精神分析理論として有名な土居健郎の「甘え」理論（1971）が，1950年代の米国留学で土居自身が体験したカルチャーショックと挫折に基づいていることは土居自身が明言しています。時計をさらに巻き戻して，古澤平作による阿闍世コンプレックス論（1932）も，古澤自身が母親（あるいは母親的ななにか）との間で体験した罪悪感を基に生み出されたものではないかと私は考えています。

　阿闍世コンプレックス論と「甘え」理論とに共通するのは，両者が基本的には母子関係の理論であるということです。実は精神分析が体験を重視するようになったということは，精神分析の強調点が両親との三者関係からより早期の母子関係へと移ったこととパラレルです。母子関係は授乳や抱っこを始めとした直接的な関わりが多いので，どうしても体験そのものに目が向きやすいという傾向があるのです。母子関係の強調というこの展開は，世界的にはランク Rank, O. やフェレンツィ Ferenczi, S. という人たちによって1920年頃にその端緒が開かれ，その後メラニー・クライン Klein, M. の登場によって1920年代後半から1930年代にかけて本格化していくのですが，そのことを踏まえて考えるとクラインとほぼ同時代に阿闍世コンプレックス論を生み出した古澤の仕事は世界水準からみても充分に先進的であったといえるでしょう。日本においてはこの2，30年，一貫してクラインやウィニコット Winnicott, D. W. といった母子関係を強調した精神分析家の人気が高いのですが，実はこれはいまに始まったことではなく，日本に精神分析が導入されたときからそういう土壌があったともいえるのです。

　母子関係の基本モデルはなんといっても授乳体験，つまり口を通しての対象とのかかわりです。そして日本の古美術の中心はお茶の世界です。そこで展開するのも茶碗から抹茶を，あるいは酒盃から酒を飲むという口を通しての対象とのかかわりです。「体験を味わう」という表現がしばしば用いられるように，日本の文化は口を通して物事に触れ，理解することを得意としているのかもしれません。

余りに日本で精神分析が広がらないので日本人あるいは日本文化と精神分析は相性がよくないのではないかと考える人たちがいます。他ならぬ私自身もそう思ってしまうことがあるのですが，現在の世界的主流である**体験**としての精神分析と，手や口を使って物そのものを体験的に味わい尽くそうとする日本の古美術との間には共通項がとても多いともいえます。そう考えると日本でも精神分析はこれからも少しずつ発見あるいは再発見されていくのではないでしょうか。

VI　おわりに

　本稿では，古美術の世界を紹介しつつ，そこに精神分析の創始者フロイトの思想とフロイト以後の精神分析のあり様を重ねて描いてみたいと思いました。それがどこまで成功したかはいささか心許ない面もあります。確かに精神分析も古美術もはじめの一歩を踏み出すのが大変であることは間違いありません。どちらの世界にも贋物がゴロゴロ転がっていますから。これを書いている私であっても，ちょっと欲に目が眩めば今出来（いまでき）（本時代に造られた真物でなく，いまの時代に造られた贋物のこと）の酒盃に大枚を叩いてしまうかもしれませんし，ちょっと気を抜けば精神分析と称しつつまったく分析的とはいえない臨床的かかわりを提供してしまうかもしれません。それでもなお，どちらの世界にも他では得難い魅力が溢れています。これを読んで，どちらか，もしくは両方を体験してみたいと思う読者が一人でも現れてくれたら嬉しく思います。

文　　献

Breuer, J., & Freud, S. (1895) Studies on Hysteria. In: The Standard Edition of the Complete Pcyhological Works of Sigmund Freud II (1955) The Hogarth Press & The Institute of Psycho-Analysis. （芝伸太郎訳（2008）ヒステリー研究．In：神宮一成ら編：フロイト全集2．岩波書店．）

土居健郎（1971）甘えの構造．弘文堂．

Freud, S. (1896) The aetiology of hysteria. In: The Standard Edition of the Complete Pcyhological Works of Sigmund Freud III（1962）The Hogarth Press & The Institute of Psycho-Analysis.（芝伸太郎訳（2010）ヒステリーの病因論のために．In：神宮一成ら編：フロイト全集2．岩波書店．）

Freud, S. (1937) Constructions in analysis. In: The Standard Edition of the Complete Pcyhological Works of Sigmund Freud XXIII（1964）The Hogarth Press & The Institute of Psycho-Analysis.（橋本貴裕訳（2014）分析における構成．In：藤山直樹編・監訳：フロイト技法論集．岩崎学術出版社．）

古澤平作（1932）罪悪感の二種—阿闍世コンプレックス．精神分析研究，1; 5-9.

リーヴス，ニコラス・上野由美子（1996）収集家としてのフロイト．ギャラリー三日月．

北山修（2011）フロイトと日本人—往復書簡と精神分析への抵抗．岩崎学術出版社．

第6章
版　　画

三脇康生

I　はじめに

　版画とは，絵画の複製廉価版のことでしょうか，あるいは版画刷り師の職人技の見せ所のオリジナル版画のことでしょうか。その両方が版画ですが，どちらの方が，優勢であるか，それには歴史上変化がありました。

　例えば次のような証言があります。中谷（2007a）は次のように書きます。フランスでは，

　　一八七四年のサロンの出品目録を見ると，版画…（中略）…における出品作品二九二点中，六割以上が，過去および同時代の他者の手になる絵画を下にした模写版画であったとみなすことができる。…（中略）…しかしそれらは，原点は明記されるものの，あくまで置換者である版画家の名の下の作品として展示されているのである。

Adhémar ら（1980a）は次のように書いています。

　　こうしてつくられたいくつかの版画の秀れた特質のゆえに，写真発明後も複製版画は生き永らえ，世紀末の市場に溢れた写真製版術の数々をしのいで賞玩されることさえ珍しくはなかった。

　このようにフランスでは，複製版画が，公的なサロンで場所を占めていたのです。ここで注意したいのは，実は歴史的には，版画は複製性のメディアというよりも，即興性のメデイアだったことです。当時は，未だ既製品の絵の具が存在していないことに注意が必要でしょう。絵の具の準備が必要ないために，即興性のメディアとして版画は誕生していたのです。即興性のメディアとしては，写真の

誕生の方が，版画の誕生の後だったのです。フランシスコ・デ・ゴヤ Goya, F. は
ナポレオン戦争に巻き込まれたスペインの状況から「戦争の悲惨」というエッチ
ングを残しています。それは「写真の発明されていない時代に，版画はその代わ
りの役割を果たした一種のドキュメンタリー絵画だった」（松山，2017a）からで
す。絵画を単に模写した写真製版術にはないドキュメンタリー性が版画にはあっ
たのです。どうやら絵画の複製廉価版とだけ言って版画の機能を済ませることは
できそうにありません。ドキュメンタリー性を追う切実さに版画の真価があった
のです。凡庸に撮られた写真を超える説得力すらあったという訳です。複製性と
はドキュメンタリー性の凡庸化かもしれません。しかし，ここではドキュメンタ
リー性と複製性を大括りとして1つの方向性として考えてみます。
　一方で確かに，版画刷り師の職人技の見せ所のオリジナル版画の力を示す以下
のような事も起こってきました。

　　模写版画が，公的なサロンで場所を占めていたフランスではあったが，先の第一
　回印象派展覧会の六年後，一八八〇年を最後に，サロンは政府主催の展覧会ではな
　くなり，その後はフランス美術家協会なる組織の主催となり，官展ではなくなる。
　さらには一八八四年のサロン・デ・ザンデパンダン，一九〇三年のサロンの権威は
　もはや唯一絶対ではなくなった。その頃，版画に関しては，一八八八年，『レスタンプ・
　オリジナル協会』と呼ばれる団体が登場し，他者の素描，絵画を基にした複製絵画
　とは異なる独自の版画を継承する『レスタンプ・オリジナル』版画集の頒布に継承
　される（中谷，2007b）。

つまり特定の絵画の複製ではない創作版画が大きく世に出てくるようになりま
す。それはなぜでしょうか。それは例えば，以下のような版画の特性もあるから
でしょう。

　　この時期，シスレーは何点かの版画をつくり，ゴーガンもまた版画の制作を開始
　する。彼の『野生的芸術』には木版という申し分ない手段を得る。その技法はゴー
　ガンがタヒチから持ち帰ったもので，ことさらに古代的で荒々しかった。友人，ヴァ
　ン・ゴッホもオランダ時代，版画に惹かれた（Adhémar ら，1980b）。

このように版画というメディアの独特の個性が，作家自身の独自性を獲得させ
ていきます。そのような意味で，オリジナル性を追求するメディアとしても版画
は存在し始めていたのです。今後，版画のドキュメンタリー性（複製版画性）と
版画技法のオリジナリィ（創作版画性）のどちらにこだわるかが常に反復される

大きな問いとなります。

　ここでは，まずドキュメンタリー性について考察します。近代化が起きて，都市ができ，そこに人が流入し，電車も走るようになると社会が変化するスピードが上がります。その社会の様子を，ドキュメンタリーとして記録することの重要度が増し始めます。近代 modern では，世界のスピードが上がり，その変化の様態 mode を追う即興性が大きな興味の対象とされたのです。世界の様態に向き合うのが，アヴァンギャルドであるとして賞賛されたのです。賞賛者の代表は詩人のボードレール Baudelaire, C.（1821-1867）です。ボードレールについて述べる前に，近代の芸術の終焉論を掲げた哲学者ヘーゲル Hegel, G. W. F. から記述してみます。

Ⅱ　アヴァンギャルドを巡って

1. 哲学者ヘーゲルから

　天才などが生まれる前の古典主義の時代（ギリシャ）の芸術を褒めた哲学者ヘーゲル（1770-1831）は，その『美学講義』の中で，ロマン主義の時代の芸術は，主観的すぎて，共同体の真理を表すことはできなくなったと非難しました。しかし，ヘーゲルは，オランダの画家の日常生活を描く様に着目しています。ヘーゲルは，共同体精神から個が自立してしまい，素材としてふさわしい大きな出来事が扱われなくなるとして，せめて，ルネサンスの画家 ラファレロ Raffaello, S. の描いた「アテネの学堂」が示すような共同精神への個人の参画を描いた絵を褒め称えたのです。共同体精神はどんどん失われていき，オランダの風俗画のような絵が描かれるようになります。それまでは，世界の完成像を描くという使命が，絵画にあったのだとすれば，『美学講義』と同時期に講義がなされた『歴史哲学講義』（Hegel, 1837）では，もはや世界が完成していることが告げられます。その時，ヘーゲルにとって絵画は以前のようなもの，すなわち世界の完成像を示すようなものではなくなってしまうのです。未だ，イタリアには画家のラファエロの存在が救いだが，ドイツとオランダではそのような公共精神を現す絵はもうなくなってしまったと『美学講義』でヘーゲルは次のように書いています。

　　ドイツとオランダの芸術がたどりつく最終局面は，世俗の日常世界に完全に埋没するという局面で，とともに，画題にかんしても画法にかんしても，種々雑多で一面的な，ありとあらゆる様式の絵画が並びたちます。すでにイタリア絵画において，たんなる礼拝堂の荘厳を抜けだして，だんだんと世俗的要素をとりいれる傾向が見

られましたが，イタリア絵画の場合，たとえばラファエロに典型的なように，宗教性がつらぬかれるか，古代の美の原理がしっかりした枠組となって全体を支えているかしているし，のちの展開も，あらゆる種類の対象の色の使い分けによって表現するというよりも，形や彩色法が表面的に拡散し，あれこれ折衷的な模倣がおこなわれる，といった形をとる。それにたいして，ドイツとオランダの絵画は，人の目を驚かすほどはっきりと，あらゆる内容，あらゆる画法を網羅します。まったく伝統的な教会の絵や単独像や胸像から，情緒豊かで，敬虔で，信心深い表現を経て，それを大規模な構成や情景のなかへ拡大し，生命の息吹をあたえる，という展開がそこには見られ，しかもそのなかで，人物の自由な性格づけ，生き生きとした表情，召使いたち，そこに来合わせた人，服や容器の飾り，たくさんの肖像，建造物，自然環境，ながめやられる夜会，街道，町，川，森林，山脈などが，なお宗教的な構想のもとにまとめあげられ，場をあたられます。が，いまでは，この中心点が失われてしまったために，これまで一つにまとまっていた一群がばらばらに拡散し，それぞれが他とのつながりなしに独自の変化や変形を施され，こうして，ありとあらゆる構図や政策法がはびこります（Hegel, 1835-38a）。

さらに，以下のように，まさにオランダ絵画は，人生の日曜日を描いたものであるとヘーゲルは褒めています。

　　この農村生活にも無邪気な喜びと楽しさが隅々まで行きわたっていて，下品で野卑なだけの雰囲気ではなく，むしろ喜びと無邪気さこそが本来の主題と内容をなすのです。だから，目の前にあるのは，下品な感情や情熱ではなく，喜ばしく，おどけて，滑稽な，下層階級の田園生活です。このあけっぴろげなばか騒ぎのなかには，理想的な美の要素がふくまれるとさえいえるので，そこにあるのは，すべてが同等の価値をもち，悪事の入りこむ余地のない人生の日曜日であり，陽気な気分が全身にみなぎって，どう考えても悪意や陰険さとは無縁の人びとです（Hegel, 1835-38b）。

オランダ絵画の場合，ちっぽけですぐ消えていくもののように見えるものをも愛することで，人生の日曜日が描かれているのだとヘーゲルは言います。もはや決して世界の完成像ではなく，単なる日常が描かれても，共同体に対するシニカルな態度やアイロニーがないことをヘーゲルは評価しているのです。

2．批評家ボードレールから

　この日常生活の中の様態 mode への着目が加速されること，それを評価したのが批評家のボードレールであると考えられます。ボードレールは，オランダ生まれの挿絵画家のコンスタンタン・ギース Guys, C.（1802-1892）の仕事を激賛しています。現代性に取り組んでいるのは，まさにギースであると書いています。

　　現代性とは，一時的なもの，うつろい易いもの，偶発的なもので，これが芸術の半分をなし，他の半分が，永遠なもの，不易なものである。…（中略）…一時的でうつろい易く，かくも頻々と変貌をとげるこの要素を，あなた方は軽蔑する権利もなければ，これなしで済ます権利もない。この要素を抹殺するならば，否応なしにたとえば人類最初の罪以前の唯一の女性の美といったたぐいの，抽象的で捉えどころのない美の，空虚のなかへと落ち込むのほかはない（Baudelaire, 1863）。

　もはや大きな事件ではなく，目の前を通り過ぎる無意味で移ろいやすい，社会の様態，個人の様態を写真機のように追いかけるのがギースの仕事であると高く評価しているのです。特別な存在でもないただの人の無意味な様態にありのまま向き合うことが，まずアヴァンギャルドとされたのです。

　ところで，Modern の中に含まれる mode には様態という意味があります。様態とは，刻々の変化のことです。ここで，アヴァンギャルドがアヴァン（フランス語で「前」を意味します）に居るギャルド（フランス語で「門番」を意味します）だとすれば，何の前にいるかを考えて，社会（共同体）の前に立つ門番という意味に取ることもできるでしょう。社会（共同体）は，意味のある行為と出来事で成立しているとヘーゲル以降は見做すはずです。とすれば，社会人（共同体の中の人）が無意味なものとして嫌悪するもの，たとえば，死体や病を門番が見張るというのが，アヴァンギャルドの使命となるでしょう。社会（共同体）が見向きもしなくなった無意味なものに向き合うことを，アヴァンギャルドであると見做すことができるのです。現代生活の画家の，仕事とは，そのような無意味の様態に向き合うこととボードレールによって見做されました。ヘーゲルが批判した共同体へのシニシズムやイロニーを超えて，むしろヘーゲルが評価するのを戸惑ったオランダ絵画が取り組んだような，世界の様態にのみ着目した絵画において，様態をさらに求めることをボードレールは褒めるのです。

　ボードレールは画家マネ Manet, É. に 1865 年に励ましの手紙を送っています。「世に容れられぬを嘆く三十三歳のマネに対してボードレールは，『あなたはシャトーブリアンよりも，ヴァーグナーよりも多くの天才があるとでもいうのですか』と痛棒を喰らわす」（阿部, 1991a）。そしてマネに「君は，君の芸術の老衰の中での第一人者に過ぎぬ，ということです」と言い聞かせます（阿部, 1991b）。もはや世界の完成像を描くという立派な仕事はなくなり，芸術の老衰の中では社会の様態と向き合うことがアヴァンギャルドの使命となるのです。

　そのボードレールは，版画に関して，まず彫刻銅版画（ビュラン）は衰弱しているとして，次のように書きます。「かつては，著名なタブローを複製する版が予

ーされると，愛好者たちは最初の刷りを手に入れようと予約申し込みにやってき
ーものである」（Baudelaire, 1862a）。偉大な芸術が存在した間は，版画は偉大な
芸術の複製としての社会に存在し得たのですが，芸術が偉大ではなくなると，そ
ーの複製の役割が消えてしまうと言いたいのです。もともと，偉大な芸術の複製と
ーう立派な機能を持たなかった小市民的なものが腐食銅版画（エッチング）であ
ーとボードレールは書いています。まさに小さい芸術，つまり「芸術家の個人的
ー性格を描くもみごとに表現するこのジャンル」（Baudelaire, 1862a）であるエ
ーッチングが「俗衆の間にずいぶん大きな人気を博したことがない」（Baudelaire,
862a）ことが不思議だとボードレールは皮肉を書いています。偉大な芸術を楽
ーむのではなく，都市の生活者の身の丈に合うのがエッチングであるからでしょ
ー。エッチングという

　簡便で，費用もあまりかからない方法に，特に目を向けるのは当然のことだっ
た。これは，安いと言うことを各人が支配的な特質と考え彫刻銅版画（ビュラン）
の手間どる作業に見合う値段を払いたがらない時代にあっては，重要なことなのだ
（Baudelaire, 1862b）。

とボードレールは書いています。しかし，

　私は，それにもかかわらず，近い将来に腐蝕銅版画（エッチング）が全き人気を
得る定めだなどと，断定したいと思わない。…（中略）…これは真に，あまりに個人的，
従ってあまりにも貴族的なジャンルであって，生まれつき芸術家である人々，そこ
からして，およそ一切の生き生きした個性を大いに愛好する人々以外の人々を魅す
る程のものではないのだ。腐蝕版画（エッチング）は芸術家の個性を輝かしめるの
に役立つだけでなくて，芸術家にとって自己の最も内密な個人的性格を版上に描か
ぬことはむしろ難しいであろう。ゆえに，版画のこのジャンルの発見以来，腐蝕版
画（エッチング）家の数と同じだけそれを手がける流儀もあったと，断言してさし
つかえない（Baudelaire, 1862c）。

エッチングには，未だ，作家の個性，オリジナリティ性を求めるところがあり
ますが，むしろ近代性のあらゆる面に優先的に出て来る様態，つまり刻々の変化
の追求の方は足りないとボードレールは言いたいのです。そして，エッチングの
簡易さを認めながらも，結局は，ギースの挿絵や世界の様態を映し出した写真の
即効性を認めて行きます。「写真は間もなく芸術の地位を奪ってしまっているか，
芸術を完全に堕落させてしまっていることでしょう」（Baudelaire, 1859a）と書

いたボードレールは「画家はしだいしだいに，自分の夢みるものをでなく，見る
ものを描く方に傾いて行きます。しかしながら夢見ることは幸福ではあるし，自
ら夢見るところを表現することは一個の栄光でありました。だがそれどころでは
ない！」(Baudelaire, 1859b) と書いています。自分の夢みるものを描くことが
重要では最早なく，それどころではなくただ世界の様態を描くことが近代の美術
にとって重要となるのです。社会の様態を追うドキュメンタリー性を忘れた版画
は，ボードレールに取っては価値の低いものでした。

　ところで，歴史的には，芸術史上のアヴァンギャルドは，社会の番人から，社
会の進化をむしろ推進するような勢力に変わっていくと言えます。もはやただの
様態から社会を防衛する番人ではなく，社会が進化する方向を指し示すのが，ア
ヴァンギャルドとなるのです。つまり，アヴァンギャルドは，来るべき社会の体
現者であることを自認していくのです。例としては，シュールレアリズム，ロシ
ア・アヴァンギャルド，バウハウス，イタリア未来派などの社会改革の意識をあ
げることができます。アヴァンギャルドは社会を引っ張っていく機運に溢れてい
たのです。そこでは，版画は，ドキュメンタリー性を追うものにとどまるよりも，
その独自のメディア性を駆使したオリジナリティに溢れた表現を求めるようにな
って行きます。ここで，版画刷り師の職人技の見せ所のオリジナル版画が大きく
脚光を浴びる時代も発生してきます。

　しかしその後，第二次世界大戦を経て，アヴァンギャルド芸術と社会の関係が，
ポストモダニズムの中で根本的に変わってしまいました。とくに 1960 年代後半
ともなると，もはや，社会の門番でも，社会の推進力でもなく，社会の中でなん
とか我慢して過ごすことがポストモダニズムの中で芸術家には要求されるからで
す。ここで起きるのは，オリジナル性への懐疑です。というのも，ドキュメンタ
リー性に対応するメディアは，写真となり，さらに映画も生み出され，映像はい
たるところで再生されるようになりました。そうするとマスメディアの中で再生
される既視感が大きく発生して来るようになります。つまり，エッフェル塔に登
る前にすでにそれはあらかじめ映像でもう良く知っているものに成り果ててし
まうのです。映像に管理される社会が到来します。哲学者のドゥルーズ Deleuze,
G. は，このような社会のことを管理社会と呼んでいます（Deleuze, 2003）。管理
社会の既視感（デジャブ感）は写真と映画により蔓延しますが，版画でもシルク
スクリーン（写真製版）技法を大きく取り入れました。版画における，ポストモ
ダン化の開始です。

　しかし，一気に，これらのことを説明する前に，モダンとポストモダンの切り
替えの段階で，美術に起きた一つの事件を紹介しましょう。ポストモダン以降の，

…画の流れを説明するには，この事件について触れないわけにはいきません。そ…のあとのポストモダンの時代の版画の制作の前提を示すためにそうしてみましょ…。そして，ポストモダンの時代の版画は，まさに複製版画とオリジナル版画の…立から，その統合の次元へと転換を図るように思えます。その転換こそが問題…のですが，それについては後に述べましょう。

Ⅲ　アヴァンギャルド以降

　ポストモダニズムの時代ではアヴァンギャルド性が消失していきます。アヴァ…ギャルド性，その社会の門番性，あるいは進行役であることが崩壊した現代で…，芸術自体が消滅するのかどうかの議論が発生しました。それに対して，日本…は，批評家の宮川淳が，芸術の消滅不可能性へと議論を展開しました。反芸術…動は，前衛芸術家の赤瀬川原平が作り出した偽千円札で頂点に達すると言えま…。赤瀬川原平は，1963年に千円札を模造して芸術作品を作りました。この事…の裁判は1966年に東京地方裁判所にて第一回公判が始まり，1970年に最高…判所から上告が棄却されます（赤瀬川，1994; 1995）。この紙幣の模造に関し…は，裁判が開かれ，執行猶予付きの有罪判決が出ます。これに対して，美術批…家の宮川淳は，芸術が日常性へと溶解して消滅することは不可能であり，その…とによって芸術は存在するという標語を引き出し，批評はこれをどう引き受け…のかと自ら問うことを行ないました（宮川，2007a）。

　社会の居候から社会への反逆を狙って，反芸術が生じていることが示されまし…。上記のような，テロのような経緯を超えて後に残る近代（モダニズム）絵画…最後の砦は，フォーマリズムとミニマリズムでした。しかし，それも簡単にポ…トモダニズムに飲み込まれていくこととなったのです。1980年代に日本では，…ューペインティングの流行に影響を受けた大きな形態を持つ絵画作品が多いに…制作されます。ミニマリズムを極北とするモダニズムの緊張感から切り離された…画面に溢れる躍動感に，ニューペインティングの特徴を見ることができます。し…かし，ここではミニマリズムからの解放の喜びが謳われ過ぎて，作品の質の緊張…感への問いを捨ててしまっているとも言えるような作品が大量に出たという印象…も拭えません。この当時流行した私小説風のいわゆるポストモダニズム絵画を描…きたくないのなら，もはや，赤瀬川のように偽札を擦ること（反芸術行為）しか…ないのでしょうか。

　宮川は次のように書いています。

　実際，今日の作家たちはユニークなイメージを丹精して求めるよりは，シルク〔ス〕クリーンその他のテクニックでわれわれをとりまくマス・メディアのイメージを〔そ〕のまま転写し，マチエールと格闘するよりはコンプレッサーで塗料を吹きつけ，〔プ〕ラスティックやステンレス，アクリルなどの無機質で，無表情な工業材を好み，の〔み〕ならず，それらを自分の手でなく，発注して制作させることもしばしばなのである（宮川，2007b）。

　しかし，個性といい，非個性といい，そういったことばでひとびとが求めている〔も〕のは，少なくとも美術の場合，実は世界に一点しかありえないと言う作品の唯一〔無〕二性にすぎないように思われる。そしてそれが筆使いの微妙な呼吸，マチエールの〔微〕妙な味わい，要するに作家の手の痕跡に求められるのである。ウォーホルにしても〔，〕あるいはつづき漫画ひとこまを拡大するルクテンスタインにしても，彼らの既存の〔イ〕メージを機械的に転写するためであり，のみならず，それらの作品が作家の手を〔借〕りずにいくつでも複製しうるからに他ならない（宮川，2007c）。

　彼らが拠るのは単一な，まさしく非個性的な手続きであり，その無限の，非個性〔的〕なくりかえしが世界を同質化し―あるいはむしろ，個性化してしまうのである（宮〔川〕，2007d）。

　ここに書かれているのは，非個性という新たな個性なのです。ここから，ポストモダンの版画論を開始することができます。
　しかし，その前にここで一度，日本の版画の歴史を振り返っておきましょう。日本では，「創作版画」と「現代版画」という2つの言葉が大きく分けられていま〔す〕。松山（2017b）は以下のように記しています。

　実際のところ，日本の版画においては，いつからを「現代版画」と呼ぶのかは定〔説〕として決まっていない。一般的に漠然と，太平洋戦争後の版画を「現代版画」と〔し〕ているぐらいである。ところが戦後から1950年代までの時代には，まだ戦前から〔の〕「創作版画」がかろうじて生き残っていた。いや，むしろ戦後になって完全に復〔興〕したと言った方がいいだろう。…（中略）…「版画」と言う言葉も生まれたばか〔り〕の明治末期に，わざわざ「創作」という二文字が付け加えられたのは，明らかに〔そ〕れ以前の「錦絵」つまり「浮世絵版画」を意識したからであった。浮世絵版画が〔「〕創作」でないとする根拠は，浮世絵版画が絵師・彫師・摺師という職人による三者〔協〕同のシステムによって制作されていたからである。版画が絵画というアートであ〔る〕ためには，職人ではなくアーティストとしての版画家による「創作」でなければ〔な〕らないという思想がその背景にあるが，言うまでもなくこの思想は，西洋の近代〔芸〕術感，つまりモダンアートの概念を輸入したものであった。要するに「創作版画」

とは，日本の「近代版画」に他ならかったのである。このモダン・アートの主体と
なるのが，個人のアーティストとしての版画である。そして「近代版画」とは，個
人の版画家という「主体」が創作（表現）した作品ということになる。しかし，そ
の後のこの「主体的な個人作家による創作（表現）」というモダン・アートのパラダ
イム（規範・ここでは枠組み）自体が崩壊していくことになる。日本のモダン・アー
トでパラダイムシフトが起こったのは，1960年代の末であると考えられる。そこで
は，創作（表現）する「主体」である作家（版画家）と創作された「客体」として
の作品という二元論的な関係が崩壊しかけていた。

　1960年代末からは，ヨーロッパでもアーティストとしての主体性の死が宣告
されて来る時代でした。哲学者フーコー Foucault, M. の『作者とは何か？』とい
う発表から引いてみましょう。

　　街の壁の上に読む匿名のテキストが起草者を持つことはあっても作者を持ちはし
　ないでしょう。《作者》の機能とはしたがってある社会の内部における若干の言説の
　存在と流通と機能の容態の特徴を指示するものなのです（Foucault, 1969）。

　壁の起草文のような作品を作り出しているのが60年代以降の作家なのだとし
たら，そのような「作者の死」という作者のあり方にこの当時の芸術家は自らを
当て嵌めなければならないはずでした。

　　それはある意味で，現代絵画において，画家が筆でキャンバスに向かって描く『直
　接表現』が問い直されていることとも関係している。版画においては，版という媒
　介（メディア）があるので，間接的という意味であるが，そのメディア自体が高度
　に発達した現代では，むしろ筆や絵の具やキャンバスといった伝統的な素材をこね
　くりまわして描くよりも，木版でも，銅版でも，写真でも，映像でも，メディアを
　介した方が，より「直接的」な表現だという感覚が一般的である（松山，2017c）。

このように間接的に直接性を求めて，作家は歩んでいくことになるのです。版
画は，このような，間接的な直接性を求める場になります。結局，間接性への意
識が薄くなり直接性に帰還してしまうか，間接性を言い訳にして直接性が消失し
てしまうかのどちらかにならないで作品が成立するのを見ることがポストモダン
の時代に「現代版画」を見ることになるのです。つまり，版画とは，廉価な絵画
のことではないのです。版画とは，今や，間接的な絵画のことを指したのです。
「作者の死」以降，どうやって絵画が描かれるのか。そのことが探索された場その
ものが現代の版画なのです。

図1　ペンシル2‐3

IV　現代版画，木村秀樹の作品について

　ここで，注目するべき作品は，木村秀樹の作品ペンシル（作品名「ペンシル2-
3」，図1）です。この作品は，1974年，第9回東京国際版画ビエンナーレで受
賞を果します。まさにそれは「手の失権」という問題そのものを扱った作品です。
ペンシルを持つ手自体が，写真に撮られて，シルクスクリーンで刷られます。これ
は，手を自家薬籠中のものにしてオリジナリティを発揮しなければならないアー
ティストの立場からすれば，1つの大罪です。今までなら，作家のオリジナリテ
ィに溢れる表現を実現化する手は，画家の舞台裏として機能しなければならない
のです。木村秀樹の場合，アーティストの両方の手（実は右手の映像のみの反転
で両手であると思わせている木村作品はさらにシニカルです）を，ポップアート
以降，ウォーホル以降，アーティストが失ってしまったと明確に告げているので
す。両方の手を失って，オリジナリティを探索する美術を作れなくなった時，そ
れへのルサンチマンを持つのではなく，そこから出て行く制作を木村は模索しま
す。この際，木村は，まさに使用禁止となった両手のイメージを使うのです。モ

ダンアートにおいては，手とは制作の一回性の象徴でした。当時の美術のあり方
に一番鋭敏な美術批評家の宮川淳によれば，今までは「手仕事の一回性を尊重し，
筆触の微妙な呼吸，マチエールの微妙な味わい，要するに手の痕跡に芸術家の個
性を，ひいては作品の価値を求めようとする」のです（宮川，2007e）。我々は，
テクノロジーによって手の一回性を脅かされます。ただ，それを逆手に取り，む
しろテクノロジーにより「手の拡張を見ることができる」可能性もあります（宮
川，2007e）。しかし，それでは直接的間接性を求めることになってしまうでしょ
う。ここで問題となっているのは間接的直接性です。

　マルセル・デュシャン Duchamp, M. が作った「レディ・メイド」では，テクノ
ロジーを手の延長として用いるのではなく，「《手》そのものを否定したのである」
と宮川（2007f）は書いています。手を否定した後の表現はいかにして可能でし
ょうか。逆に木村は，両手の写真イメージを，方眼紙に擦り込みます。このこと
で，失権した手の悲惨さを嘆くのではなく，木村はレディメイドとしての手のイ
メージを用います。また手のイメージは方眼紙上で図になります。その際に，地
として方眼紙が用いられているのです。方眼紙は，いうまでもなく，レディメイ
ドです。いわばここで，デュシャンが二重に召喚されます。作品の図の手のイメ
ージがレディメイドであれば，作品の地の方眼紙もレディメイドであるという二
重性です。レディメイド・オン・レディメイド（レディメイドのみで成り立つ）
こそが，ポストモダンといわんばかりの作品です。

　また，手が乗る地は，デュシャン流のレディメイドとしての方眼紙だけではあ
りません。手のイメージが手書きでされておらず，ウォーホル Warhol, A. の扱う
ような写真で扱われているので，手が乗る地は，印刷媒体としてのマスメディア
でもあり得ます。木村のペンシルの地は，デュシャン流のレディメイドだけでは
ありません。手のイメージが写真雑誌に掲載されて世の中を巡回する姿を思い浮
かべれば，ウォーホル流のマスメディアという地でもあり得るのです。この２つ
の地を，木村はイメージの地として描き出そうとしています。これは，２つの地
（デュシャンとウォーホルの地）の探求なのです。

　その後，1984年の木村の作品（図２）では，モチーフの手が水鳥の形を擬す
ようになる水鳥シリーズが作られます。水鳥の作品の地は白い紙であり，それが
レディメイドとして用いられていると考えるべきでしょう。一方，水面は具象的
には描かれてはいません。水鳥を真似られた２つの手の見せかけの図が，まさに
見せかけとして水面という地を確実に措定しています。しかし，それと同時に水
面に当たる部分に，手書きの平面的なストロークの写真像が並列的に置かれ，水
面の存在とレディメイドの紙の平面性が並存させられています。このようにする

図2　Ｉ君の水鳥

ことで，鏡の役割をする水面とレディメイドの紙の平面性との間での両義性が激しく示されます。ペンシルの作品では，デュシャンのレディメイドの考え方が，方眼紙の使用で明確に持ち込まれていたものだとすると，水鳥の作品では白紙の紙というレディメイドが使用され，水鳥のイメージ2つが反転させられて白紙の紙に擦られ，そこにまさに平面的な筆のストローク（筆致）の写真もシルクスクリーンの技法により同時に擦られます。それで，ストローク（筆致）が乗る画面の平面性に着目しつつも，水面上のイメージの反射が起きる水面も我々は目撃できるわけです。つまり水面＝鏡という人間のナルシシスムにとり特異な装置が，単なる平面のストロークと画面において等価に置かれます。このことで，ナルシスの原光景は何度でもシルクスクリーンによる筆致の印刷として反復可能であることが示されます。木村の作品は，ここで精神分析家ラカン Lacan, J. の言葉を呼び寄せてきます。ラカンが言った想像界（鏡の経験をすること）が象徴界（ストロークの反復構造の感得すること）と同時に発生している現場を我々は木村の作

品に見るのです。想像界と象徴界の両義性を木村の作品に我々は見ることになるのです。そして間接的直接性についても，ラカンの発想から考えることができます。直接的であるとは，想像界的であるということです。間接的であるとは，象徴界的であるということです。つまり想像的なものと象徴的なものの縫合そのものが，木村の作品では間接的直接性として問われているのです。水面＝鏡という人間のナルシスにとり特異な装置が，単なる平面のストロークと等価に置かれることは，この想像界的なものと象徴界的なものの縫合そのものだったのです。この縫合こそが，間接的直接性を目指した末に出てきた結論に他なりません。

　ここで，絵画について踏み込んだラカンのセミナー『精神分析の四基本概念』についてさらに考えてみましょう。絵と表象の区別をラカンはこのセミナーで執拗に論じています。ラカンによれば，世界の表象には「私は私が私を見るのを見る」というような哲学が把握できる主体の確信が前提とされます。世界の外に立って世界を見晴らせる主体が設定される訳です。その時，私が見ることを見ることができると主体はされています（Lacan, 1973a）。しかし，絵を描く時，絵を見る時，我々は表象の主体になることはできません。絵を描く時，絵を見る時，私たちは自分の外には立てません。それが表象と絵の違いです。その理由は，精神分析が教える通り，我々には欲望があるからです。絵は欲望の産物だからです。ラカンにおいて欲望とは他者の欲望であり，欲望がある限り，現実的なものはむしろ我々の視野の辺縁にしか現れません。だからこそ表象と絵の違いに拘るラカンは，視野の辺縁にこそ興味を持ちました。ラカンは，自分がエリートの学生時代，田舎の自然に溶け込もうとして，漁村の風景の中で「シミ」のように自分が浮かび上がってしまった経験から，絵について考えているのです。ラカンはこの時，自分が温和に含まれると想定できるような一種の田舎の風景画が崩れてしまう「シミ」に自分自身がなっていることに気がつくのです。「シミ」になって浮かび上がっていることをこの漁村に住む友人から指摘されて，絵とは何か深く理解したのです（Lacan, 1973b）。では，宮川淳が指摘した時代の美術家にとり，視野の最も辺縁に置かれるイメージとは何でしょうか。それは，美術家の手だと考えられます。今まで美術家の手は透明な存在であり，つまり眼に従属させられていました。しかし，現代美術では宮川淳の描いたように「手の失権」により，美術界における「シミ」となっていました。いち早くそのことに気づき，木村は手の失権の時代に最も現実的であるイメージを獲得することになったのです。「私が見ているものは，決して私が見ようとしているものではない」（Lacan, 1973c）とラカンが言ったように，近代の芸術家が，今まで手を眼に従わせて自家薬籠中のものにしていたのに対して，むしろ手を美術業界の「シミ」として見てしまう

ことこそ，木村の成したことでした。手は透明の存在であったことを，逆に思い知ることになります。このようにして，木村の作品は現実性を獲得したのです。

V 結 論

　モダンの時代には，版画とは，ドキュメンタリー性に起源を持つ複製性のメディアと作家のオリジナリティ性の追求のメディアの争いの場でした。しかし，ポストモダンの時代は，ドキュメンタリー性にも懐疑が持たれ始め，作家のオリジナリティ性へも懐疑が持たれます。そして，ポストモダンの時代には，版画は，間接的直接性とは何か探求する場になります。70 年代の現代版画は，間接的直接性を求めることで，精神分析と接近していくようになるのです。そして間接的直接性は，視野の辺縁にあるイメージを見つけ出すことができるのです。ポストモダンの美術の界隈の中で「シミ」のように浮かび上がってきた手のイメージを描くことを選び取ったのです。それこそが 70 年代の日本の版画においてラカンの精神分析が教える現実的なものなのです。

文　献

Adhémar, J., Barbin, M., & Melot, M., et al. (1980a) La graveur. PUF. (幸田礼雅訳（1986）版画. 白水社，p.109.)

Adhémar, J., Barbin, M., & Melot, M., et al. (1980b) ibid. p.117.

赤瀬川原平（1994）東京ミキサー計画―ハイレッド・センター直接行動の記録. ちくま文庫.

赤瀬川原平（1995）赤瀬川原平の冒険. 紀伊国屋書店.

阿部良雄（1991a）群衆の中の芸術家―ボードレールと十九世紀フランス絵画. 中央公論社, p.119.

阿部良雄（1991b）前掲書. p.119.

Baudelaire, C. (1859a) salon de 1859. (阿部良雄訳（1999）1859 年のサロン. In:阿部良雄訳: ボードレール批評 2. 筑摩書房，p.30.)

Baudelaire, C. (1859b) ibid. p.31.

Baudelaire, C. (1863) le peintre de la vie modrene. (阿部良雄訳（1999）現代生活の画家. In：阿部良雄訳：ボードレール批評 2：筑摩書房，p.169.)

Baudelaire, C. （1862a） le peintre et qua-foristes. (阿部良雄訳（1999）画家たちと腐食銅版画家たち. In:阿部良雄訳：ボードレール批評 2. 筑摩書房，p.220.)

Baudelaire, C. (1862b) ibid. p.221.

Baudelaire, C. (1862c) ibid. p.226.

Deleuze, G. (2003) pourparler. minuit. (宮林寛訳（2007）記号と事件. 河出書房新社, pp.357-358.)

Foucault, M. (1969) Qu'est-ce qu'un auteur. Bulletin de la société française de philisophie, no3, 1969, Société française de philosophie. (清水徹・豊崎光一訳（1990）作者とは何か? 哲学書房，p.37.)

Hegel, G. W. F. (1837) Vorlesungen uber die philosophie des geschichite.（長谷川宏訳（1994）歴史哲学講義．岩波書店.）

Hegel, G. W. F. (1835-38a) Vorlesungen über die Ästhetik.（長谷川宏訳（1996）美学講義（下）．作品社，pp.98-99.）

Hegel, G. W. F. (1835-38b) Vorlesungen über die Ästhetik.（長谷川宏訳（1996）美学講義（下）．作品社，pp.100-101.）

Lacan, J. (1973a) les quatre concepts de la psychanalyse. Seuil.（小出浩之・新宮一成・鈴木國文・小川豊昭訳（2000）精神分析の四基本概念．岩波書店，p.107.）

Lacan, J. (1973b) *ibid.* pp.125-126.

Lacan, J. (1973c) *ibid.* p.135.

松山龍雄（2017a）版画，「あいだ」の美術．阿部出版，p.361.

松山龍雄（2017b）前掲書．pp.16-17.

松山龍雄（2017c）前掲書．p.21.

宮川淳（2007a）千円札裁判私見．In：建畠哲編：絵画とその影．みすず書房，pp.135-139.

宮川淳（2007b）絵描きが"機会"になりたがるわけ．In：建畠哲編：絵画とその影．みすず書房，p.144.

宮川淳（2007c）前掲書．p.145.

宮川淳（2007d）前掲書．p.148.

宮川淳（2007e）手の失権．In：建畠哲編：絵画とその影．みすず書房，p.167.

宮川淳（2007f）前掲書．p.173.

中谷至宏（2007a）版画　美術になる技術．In：奥村泰彦・木村秀樹・清水佐保子他編：関西現代版画史．美学出版，p.11.

中谷至宏（2007b）前掲書．p.13.

にほんごであそぼ

細澤梨澄

　今日も頬杖をつきながら，パソコンの前でぼーっとしてしまい，いつの間にか時間が経っています。それでも，何とか帰宅後に作る夕食について思いをめぐらし，明日からの天気予報を気にしながら洗濯物を干すタイミングを考えます。それが日常です。

　「いや，今はクライエントとの時間を文字にする時間だ」という思いが突如沸き上がります。概略は書き留めました。まだ記録していないこともあるのですが，それはちょっとした時間にスマートフォンで書こうと考えます。そのとき，ふと，「私はこのクライエントと何をしているのだろうか？」と疑問が湧きます。心理療法は密室でのセラピストとクライエントの作業ですので，そこでのプロセスを解説してくれる第三者は存在しません。クライエントとの作業のプロセスについて，適切なことばを必死に探しますが，ときに無力感が押し寄せてきます。無力感から，「私は目前にいるクライエントと会う資格がないのではないか」という思いが出てくるときがあります。私には，心理臨床を深めるための時間も余裕も不足しています。

　ため息をつきながら車に乗ると，私が子育てをしていて，最も苦しみを感じていたときに聞こえていた音楽が，耳のずっと奥の方から流れ始めるのです。

　雨の音が聞こえ，温かい匂いがします。私の世界が泣いていて，私の赤ちゃんが泣いています。

　息子が生まれてから3カ月ごろだったと思います。息子は夕方決まった時間に泣き叫んでいました。いわゆる黄昏泣きです。

　息子が泣いているのは，お腹が空いているのか，眠たいのにうまく眠れない辛さなのか，暑いのか，寒いのか，さまざまに想いを巡らせます。しかし，私はそのとき，自分がうまく息子のニーズに応えていないのだろうと感じてしまいます。私は，とりあえず，息子を抱っこします。私の腕はメトロノームのように同じリズムを繰り返し左右に揺れます。こころを使うことができない状況で，機械のように私は息子をあやします。それでも，あるいは，そうであるがゆえに，息子の泣き声が一層大きくなります。そのとき，「ああ，もう抱っこをやめてしまいたい」という衝動が湧きあがります。

　そのときテレビからある歌が流れ始めたのです。NHKのEテレ『にほんごであそ

』という番組から流れてきました。うなりやベベンという人が歌っている，と目
に留まります。

　　「こころよ　では　いっておいで　しかしまた　戻っておいでね　やっぱりここが
　　いいのだに　こころよ　では　いっておいで」（八木重吉）

「私の混乱よ，一度離れておくれ」と思う，しかし，混乱を手放したいわけではあ
りません。混乱は私の世界を守るために必要なものだとも思うのです。私は，「今
は，皮膚からの震えを感じ，泣き声の倍音を捉え，私と同化している匂いをかぐの
だ」と決意します。赤ちゃんを落としてしまいそうな心を，きっと私の腕は守るだ
ろうと思うのです。

　ようやく呼吸が空気に溶け込んだころ，息子はやすらいだ顔で眠りにつきます。そ
して，私は，「ああ，洗濯物が干しっぱなしだ。もうずぶ濡れなんだろうな」「雨音
にあきらめの気持ちを借りて，いまは私も眠ろう」とぼんやりしていると，テレビ
から流れたあの曲が再び頭の中で流れます。私の心が戻ってくるのを感じます。私
が手に入れたのは，いつでも再生できる記号なのでしょうか。

　「にほんごであそぶ」とは，NHK のEテレで平日夕方に放送されているテレビ番
組です。日本語の豊かな表現に慣れ親しみ，楽しく遊びながら「日本語感覚」を身
につけるという目的のもと，毎回文学作品や古典，漢詩・漢文の有名な文を，歌や
芝居として取り上げています。この番組では，言葉の意味はほとんど説明されま
せん。伝統芸能や方言，昔からの手遊び詩などは馴染みやすい音楽と映像で放送さ
れ，子どもたちの夕方の時間に，繰り返し流れています。
　日々の寝不足と，慣れない育児で追い詰められていたころ，気を逸らすためにテ
レビやラジオをつけていました。泣き止まない赤ちゃんをベッドに降ろし，束の間
離れるという正解もあったのかもしれません。そのころの私は育児に没頭している
あまり，泣き止むのを待つだけの無力な母親ではなく，何らかの（適切な）応答が
できる母親でありたい気持ちが強かったのだろうと思います。その必死さを読み取
られているかのように，テレビからこの曲が流れてきました。
　そこには音楽とも詩とも言えない体験がありました。夕方に何度も耳にしていた
曲なのに，その瞬間に見失っていた私を見つけることができたのです。いま起こっ
ている体験を感じ，時には思考する心は遠くに追いやられながら，それでも体験を
問う言葉が観察できるのを待つ，そういうことでしか乗り越えられない時間がある
のでしょう。精神分析が言葉の持つ力に重きを置いているのは，それが洞察を導く
からではなく，体験を抱える力を与えてくれるからだと私は思います。

ミニコラム観る編

朝　ド　ラ
西岡慶樹

　私は，NHK朝の連続テレビ小説，通称「朝ドラ」をほぼ毎日のように観ています。最近は録画をして観ていますが，それでもその日のうちに観ないと1日が終わらないような気がして観ています。幼いころの記憶では，両親がこの朝ドラをずっと観ていました。その時は，私は何が面白いんだろうかと思っていました。それが今や私が観続けています。朝ドラをことさら観始めるようになったのは，病院の常勤職を得てしばらくしてからでした。当初は，職場の職員食堂で昼休みの時間に他の職員と何気なく観ていたのですが，いつの間にか私がはまりだして，1つの作品が終わっても次の作品を観始めてしまい，なかなか終わりが来ません。まるで強迫的ともとれるような形で観ていると言えます。

　朝ドラは，女性主人公の一代記で，特にその主人公が明るく爽やかで，周りが応援したくなるような印象があります。物語自体も，暗くはならず，主人公がいじめにあったとしても，その相手が主人公の味方になって，腹心の友となるような予定調和的な物語があります。私は，その物語を観て落ち着きを感じているし，そこに嗜癖しているとも言えるのかもしれません。

　一方で，朝ドラは，こうした明るく爽やかな，綺麗な，良いものとの繋がりをメインとしていて，暗いものや汚いもの，悪いものは全て分割されて排除され，物語には無いものとされているところがあると言えます。朝ドラは史実に基づいた話もあるのですが，本当は存在したはずの妾の存在が朝ドラからは排除されているそうです。さらには，朝ドラの中では，死がとても美化されています。死んでから，主人公を見守る形のナレーションや，亡くなった人のために主人公が奮闘するという場面はよく見かけます。愛憎入り混じった死への困惑ではなく，朝の光の眩しさで憎しみは吹っ飛んでいってしまって，明るい愛情だけがあるように見せます。私は，こうした見ないことで済まそうとする物語を，どこか求め，悪いもののない美しい世界への退避を求めているところがあるのかもしれません。

　さらに，私がもっとなぜこの朝ドラにはまり続けているのかを考えていくと，私のわりと迎合的な性格も関係しているのかもしれません。迎合的な性格と言えば，人に同調し，争いごとを好まず，良い言い方をすれば「和を重んじる」とも言えるところがあるのでしょうが，精神分析的に見ていけば，対象との関係における愛情と憎しみの葛藤を，憎しみを反転させて愛されることで解決を試みようとするこころ

)動きがあるとも言えます。それは，愛される自己とのみ繋がろうとするため，欲
力的自己や攻撃的自己を不必要として分割・排出しようとするこころの世界がある
に言えます。

　朝ドラの主人公は，最初は一見ハチャメチャだったりするのだけど，どんどんと
囲の人から愛されて成長していき，両親を超えていくほどの成功を収めていきま
す。つまり，愛されながらも欲望の目標を獲得していくという，良いところ取りを
主人公はしています。それは，私にとっては苦しみのない美しい世界の中での理想
化された自己像です。欲動的自己や攻撃的自己を分割・排出し，愛される自己との
み繋がっており，愛されている上にやりたいことがやれている朝ドラの主人公は羨
ましい対象になってきます。

　私は迎合的な性格と言いましたが，それでいて周囲からは頑固なところもあると
も言われます。これは，愛される自己という立場でいたいと願いながらも，どこか
一矢報いてでも欲動対象を得たいという願望の表れと言えるのかもしれませんし，
それを朝ドラの主人公に求め，美しい世界の中で同一化しているところがあるのか
もしれません。

　しかし，一方で朝ドラの主人公は羨望の対象でもあり，私はそれをどこか否認し
て，朝ドラのヒロインをとても綺麗な存在としてのみ保存し，さらには躁的に防衛
して，綺麗なものとだけ繋がって，その繋がりを確認して一日を終えるように，観
続けているのかもしれません。

　このコラムを書いていた当初は，朝ドラの予定調和的な物語から私は安心感を得
続けようとしているというような内容を書いていました。ところが，編者の先生か
ら，私の朝ドラへの執着や，その背景にあるものに目を向けることが精神分析的だ
ということを指摘され，私が目を背けていること，見ないでいるものがあることに
改めて気付かされて，書き直しました。ただ，それでも私自身がこの朝ドラを観続
けることをやめることには未だ至っていません。私が朝ドラを卒業する日には，ど
のような形で卒業をしていくのか，そのあり方を探り続けたいと思います。

ミニコラム観る編

現代アート（ジェームズ・タレル）

岡田康志

　ジェームズ・タレル Turrell, J. の作品は，光と空間を題材にし，作品全体を「体験」するインスタレーションというジャンルになるそうです。私が彼の作品に出会ったのは，瀬戸内海に浮かぶ香川県直島でのことでした。

　本場のうどんを食べたいと思って決めた旅先でした。他の観光スポットとして，アートで有名だった直島にも行くことにしました。当時彼女であった妻は，芸術に関心のなかった私に「反応は期待していなかった」と振り返ります。ただ，芸術のすごさが知れるかもしれないと私は密かに期待していました。フェリーで島に到着すると，水玉の赤いかぼちゃが出迎えてくれます。アートの島ですから，何かにつけ私は「芸術だ芸術だ」と冗談を言いながら，当然のように地中美術館も訪れることにしました。

　コンクリートのひんやり感と日差しの温かさが共存しているような美術館です。タレルの『オープン・フィールド』を見るために少し待ちました。順番がきて案内されると，そこには白い大きな壁がありました。そして，長方形の青く光るスクリーンのようなものが映し出されています。手前の階段を上ると，中に入るように言われて私は「？？？」となりました。なんと，スクリーンだと思っていた部分は壁に空いた四角い穴で，中に入れるようになっていたのです。わくわくしながら靴を脱ぎ，中に入った瞬間でした。そこは青白く光る真っ白な壁に囲まれた空間で，一気に距離感は失われ，私の心臓は高鳴り，手には汗が噴き出しました。動揺しました。ぼんやりとした中で，周りに見えるのはガイドさんと数人のお客さんだけです。うろたえている中，ガイドさんの指示で後ろを振り返ると，入り口であった大きな開口部が，今度はコントラスト強く，元いた世界を切り取り，貼り付けたように宙に浮いていました。そのとき，心がぐらついていた私は少しほっとしたのを覚えています。

　私にとって衝撃的な体験でした。美術館を出て，目に涙を浮かべながら必死に妻に話したことは，「私が生きている世界はこんなにも無垢な世界だったのか。そんな，真っ白なキャンバスの世界に人々はいろいろなものを描いているのか。こんな世界なら，自分の人生を自由に描くことができるじゃないか」ということでした。

　思い出すことがあります。大学院に入って間もない頃，本書執筆者の1人である三脇康生先生の講義でラカン Lacan, J. の考え方を知りました。私なりに理解した1

が，「客体的現実の世界がありつつ，人はそれに決して触れることはできず，言語で象徴的に語ることしかできない」ということでした。当たり前に過ごしている世界の向こうには，土台のような別世界があるということに面白味を感じました。そして，言葉の機能にも興味をもち，鈴木孝夫（1973）の本を手に取りました。そこには，「水」をその形態や時期で，「雨・夕立・霧・氷・つらら……」などと人は呼び，言葉によって恣意的に世界を区切っているということが書かれていました。読みながら知的興奮を覚えました。私の先の体験は，知的に理解していた言葉の向こうの世界に直接触れる体験だったと思います。私を縛る常識が吹き飛び，心の中の何かが崩壊しました。

　フロイト Freud, S.（1919）は，患者が「自らの本質」を知り，それを完成させていくことを大切にしていました。それは，心理療法一般にいえるだろう「心の自由を得ること」と重なってくると思います。私の体験は，自らの本質を知る一歩となるような心理療法体験でもありました。私は今，クライエントさんにお会いし，その心を思うとき，いくらかあの世界を見ながらそこにいます。

　最後にもう１つ，『オープン・スカイ』にも触れておきます。この作品は，白い壁に囲まれた部屋の天井が四角く切り取られ，空が見えるようになっています。もともとは空模様や日の入り方の変化を体験するもののようですが，私はそこから見える切り取られた空に，無限に広がる世界を形づけようとする人間の滑稽さを感じました。それはまた，自らの本質を知り，そして完成させようと一生懸命に頑張りもがく人や，私自身を可愛らしく愛おしく感じた瞬間でもありました。

　「芸術」が人にこんな体験を提供するとは知りませんでした。当時購入した『オープン・フィールド』のポストカードは，あの体験の瞬間を大切にする気持ちとともに，その「怖さ」からまだ飾られずに，そっと引き出しの中に仕舞われています。

文　　献
Freud, S. (1919) Lines of advance in Psycho-Analytic Therapy. S. E. XVII.（小此木啓吾訳（1983）精神分析療法の道（フロイト著作集９）．人文書院．）
鈴木孝夫（1973）ことばと文化．岩波書店．

ミニコラム観る編

草間彌生

岸本和子

　草間彌生は言わずと知れた世界的な芸術家です。彼女の代表作と言える水玉模様のかぼちゃには，よくわからないけれど惹かれてしまう不思議な魅力があります。親近感を感じさせる可愛らしさと同時に，訴えかける何かがあります。そして，いったいどこからこのかぼちゃはやってきたのか，なぜ水玉なのかと思ってしまいます。

　彼女とかぼちゃの出会いは小学生の頃に遡ります。祖父の採集場のかたわらにかぼちゃを見つけ，「太っ腹で飾らない容貌と精神的な力強さ」に魅せられたと言います。戦争，父母の確執，彼女の誕生を後悔していた母との生活の中で，彼女は幼少期より精神的に不安定でした。幻覚に悩まされ，自殺の衝動に突き動かされていました。そのような彼女にとって，どっしりと大地に居座っているかぼちゃの姿は，圧倒的な存在感や安定感として感じられたのでしょう。彼女は，10代の頃かぼちゃの絵で絵画展の入賞を果たしますが，かぼちゃを描き続けることで，かぼちゃの力強さを自らに取り入れていたのかもしれません。

　一方，水玉には彼女の苦闘の歴史があります。すでに10歳の時に描かれた母の肖像画は水玉で埋め尽くされていますが，彼女には水玉の幻覚があったようです。さらに幻覚は，目に映るテーブルクロスの花模様があちこちに張り付き，部屋じゅう，体じゅうを埋め尽くしていくという，「私が消滅する」体験にまで至ります。この体験が，のちの彼女の創作のテーマである「自己消滅－セルフオブリトレーション」に結実していきます。

　「自己消滅」とは，例えば，水玉を体に描き，どこもかしこも水玉にすることで，水玉に同化することです。彼女は恐怖であった水玉と網を描き，作り，埋没し，能動的に自己消滅に至ることで，その恐怖を乗り越えようとしたのです。「絵を描くことは切羽詰まった自らの熱気のようなもので，およそ芸術とは遠いところから，原始的，本能的に始まってしまっていた」と言っているように，絵を描くことは救いであり，闘いでした。水玉は，世界に開いた穴，ブラックホールのようです。その穴の中に吸い込まれ自分がなくなってしまう，自分の中に穴が開いてその穴からすべてが流れ出てしまう恐怖を体験したのでしょう。彼女はその世界に空いた穴を，生命の源としての細胞であり1つの完全体という，無限の生命体としての水玉に創造し発展させていきます。網は，彼女の世界を襲った亀裂でしょう。世界をバラバ

にする亀裂を結びつけることによって，亀裂は網としての広がりに生まれ変わります。1つの生命としての水玉が，無数に集まり結び付いて無限に広がる網となり，その無限に広がる網に埋没することで，無限に広がり発展していくという希望をつかみ出そうとするのが彼女の芸術なのです。

　精神分析では，このような自己消滅の感覚，バラバラになる，こなごなになる，自分の境界が失われる感覚を破滅解体不安と呼びます。多くの場合，耐えがたい恐怖である破滅解体不安に対して，迫害不安（自らの中にある破滅解体不安を外側に投影して，外から迫められていると体験する）という形を取ることで生き残ろうとします。それは，自己の内部にかりそめの安定をもたらすかわりに，外側の世界が恐怖に満ちることになります。彼女は，自己消滅の恐怖に対して，逃げることも歪めることもなく，圧倒されながら作品を作り続け，作品の中に埋没して一体になり，自己消滅という死を，創造という生に生まれ変わらせました。浅田彰が「死に至る反復強迫を逆手にとって芸術へと転化し，それによって自己治癒を図る」と評したように，彼女にとって芸術は，治療であり，生きることです。このような過酷な営みには，自らの生き残りだけではなく，世界に生命と希望を伝えたいという彼女の願いも込められているようです。彼女が自らを「前衛芸術家」と呼び，「前衛とは，未来に対する膨大な希望をもって，現在の問題に向かう立場」と説明したように，その生きざまと作品をもって希望を紡ぎ出そうとしているように見えるのです。

　水玉模様のかぼちゃには，生命をかけて闘っている草間彌生の希望が込められているのでしょう。彼女の作品が，特別に高価なものばかりではなく，誰でも見ることのできる美術館や野外に置かれ，キーホルダーや手ぬぐいとして身近に手に入れることさえできるのは，彼女の思いを多くの人に届けようとする試みなのかもしれません。

　文　　献
草間彌生（2012）無限の網．新潮文庫．
草間彌生（2013）水玉の履歴書．集英社新書．

第3部

「聴くこと」をめぐって

第7章
精神分析とジャズ
——宿命の芸

祖父江典人

I　はじめに

　精神分析に係る臨床家には，ジャズ好きが少なくありません。なかにはオーディエンスに留まらず，自らミュージシャンとして活躍する臨床家もいます。飛谷渉氏は，セミプロ級の腕前の持ち主ですし，フリー・ジャズの近藤直司氏は，歴としたプロ・ミュージシャンとして，海外遠征なども数多くこなしています。そうした"本職"の方々もいる中で，下手の横好きのアマチュア・プレイヤーの私なぞが「精神分析とジャズ」を語るのはおこがましい話ですが，そこはご寛恕いただき，精神分析とジャズに通底する"物語"を編み上げることができたなら，とても嬉しく思います。と言いますのも，精神分析とジャズには，"宿命の芸"と言えるほどの，内的な連関があるように思われるからです。

　なお，本章は，ジャズの理論的な側面に関しては，私の大好きなサックス奏者である菊地成孔氏が大谷能生氏と共著で執筆した『東京大学のアルバート・アイラー　東大ジャズ講義録・歴史編』（メディア総合研究所）に全面的に依拠していることをお断りしておきます。菊池氏はサックス奏者のみならず，作曲家，文筆家としても活躍する鬼才ですが，何よりも彼の奏でるサックスの音色は憂いとエロスの倒錯性に満ち，今日の精神分析の1つのトピックである倒錯病理を彷彿とせずにはいられません。いわゆる「抑うつ不安」を倒錯色の音色によって，美しく奏でているのです。

　では，精神分析とジャズに通底する"物語"とは何なのか，本論に歩を進めたいと思います。

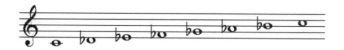

図1　オルタード・スケール

Ⅱ　精神分析とジャズの基本——"ダークサイド"を行く芸

　精神分析とジャズに共通する特色としては，まずは理論の難解さに求められるところでしょう。手始めに，ジャズ音階を代表するスケールの１つとして，「オルタード・スケール」を図１に示します。Ｃ調（ハ長調）をキーにしたオルタード・スケールです。

　いわゆる「ドレミファソラシド」の音階ですが，基底音（ルート）の「ド」以外，すべてフラット（♭）が付いていることが見て取れます。通常音階の裏（ダークサイド）を行っているのです。これほどひねくれた音階は，他には見当たりません。しかも，演奏するとなると，基底音以外すべて半音違いの音を奏でることになり，困難なことこの上ありません。

　このように，ジャズは本来, 宮廷音楽であり王道音楽でもあるクラシックの "ダークサイド" を行く特質を備えているのです。

　このことは，何も音階に留まりません。音楽の "背骨" ともいえるリズムにおいても，これは当てはまるのです。すなわち，ジャズは「アフター・ビート」を刻む音楽なのです。言うまでもありませんが，クラシック音楽は４拍子ならビートの強拍が１，３拍に来るリズムを基本とします。ジャズは，それに反して，ビートの強拍が２，４拍に来ます。いわゆる "裏ノリ" のリズムなのです。

　さて，このように "ダークサイド" の特質を有するジャズは，精神分析と生来相性の良さを有しているように思われます。なぜなら，精神分析もそもそも "ダークサイド" を行くところから始まった芸だからです。

　周知のように，精神分析はフロイト Freud, S. の無意識の発見から始まりました。無意識とは意識の "ダークサイド" にあるものを指します。フロイトはそこに "邪な欲望" である「エディプス・コンプレックス」を見出しました。エディプス・コンプレックスとは，詰まるところ近親相姦願望であり，人間の邪悪な欲望です。

　その後精神分析は，人間の邪悪さとして，さらに罪深いものを発見しました。それがクライン Klein, M. の言う「羨望」です。羨望は，愛する相手ですら，自分

っことを愛してくれなければ殺してしまえ，というストーカー心性に見られるような邪悪さです。今日の精神分析は，人のこころの“ダークサイド”として，愛が得られなければ愛する者すら殺してしまうというような，すさまじい破壊性を見出しました。こうした破壊性は，昨今の無差別殺人の中にも表れているようです。惨めな自己に耐えられず，自らを殺すばかりでは飽き足らず，幸せそうな一般市民を不幸のどん底に突き落とすことによって，「羨望」から成る逆恨みを晴らそうとしているのです。今日の精神分析は，私たちのこころの“ダークサイド”に，エディプス・コンプレックスよりも，さらに邪悪で危険な「破壊性」を見出したのです。

　このように精神分析とジャズは，本来“ダークサイド”に係る芸として，とても近縁の性質を備えているのです。

　では，なぜ両者とも好んで“ダークサイド”に分け入ったのでしょうか。このことは精神分析とジャズの出自に由来しているところが大きいように思われます。

Ⅲ　精神分析とジャズの出自
——それは“宿命”から始まった

　精神分析の創始者フロイトは，自らはユダヤ教信者ではありませんでしたが，ユダヤ家庭で生まれた出自を持ちます。ユダヤ民族と言えば，言うまでもなく，古より迫害を受け，今日まで受難の歴史を引きずってきました。フロイトも，ユダヤ人ということで学問の道を断たれ，開業に生計を求めたのです。結果的にこれが精神分析の創始に繋がったのですが，フロイトがユダヤ人であり被差別民族であったことは，最晩年にナチに追われイギリスに移住せざるを得なかったように，終生フロイトの身に付きまといました。フロイト自身は，精神分析をユダヤ人の学問として位置づけられるのをとみに嫌い，ユング Jung, C. G. などのアングロサクソン系の民族が精神分析運動に加わることを切望していたようですが，精神分析の出自がユダヤ民族に由来することは，避けられない事実でしょう。

　一方，ジャズのルーツもアフリカから奴隷として売られてきた黒人にあります。黒人奴隷は綿花栽培の使役と搾取の苦しみから逃れるために，音楽に慰安を求めました。ですが，クラシック音楽に根を持つ教会音楽を口ずさんでいたのでは，白人の怒りを呼び覚まします。そのため，音楽を愉しんでいるのを欺くために，リズムを逆転させてビートを刻み，木や棒で缶などを叩きました。これがアフター・ビートの始まりとされます。

　このように精神分析もジャズも被差別民族の“宿命”に根を張る芸なのです。

　その後，精神分析はフロイトの『夢判断』を以て，1900年に誕生しました。一方ジャズも，アフター・ビートを刻む奴隷のワークソングを経由し，時同じくして1900年頃にバディ・ボールデンBolden, C. B. のバカでかいラッパの音と共に，ルイジアナ州ニューオーリンズの地で産声を上げたのです。

　ニューオーリンズと言えば，奴隷売買の中心地であり，もともとはフランス領でした。そこに1800年頃一旗揚げるためのフランス人山師が集まり，綿花，穀物，煙草などの栽培にて大農貴族と化し，大量の奴隷を使役させたのです。しかし，1861年の南北戦争により北軍が勝利し，リンカーンLincoln, A. によって奴隷制度が廃止されました。当時ニューオーリンズは，アメリカ政府公認の娼館が唯一認められていたために，職を求めた南部奴隷たちが一挙に流入し，当代きっての一大歓楽都市に発展したのでした。

　その中心地区であるストーリーヴィルには，1910年代当時，約200件の娼館があり，酒，女，音楽で活況を呈していたといいます。ストーリーヴィルのスターであったバディ・ボールデンが大音量のラッパを鳴らせば，数千人の娼婦たちが集まり，狂騒的な猥雑さのるつぼと化したと伝えられています。

　ジャズが，このような歓楽都市ニューオーリンズで誕生したということは，精神分析との連関を考えた場合，興味深いものがあります。すなわち，ジャズの猥雑な享楽性は，精神分析が人間のこころの奥に「エディプス・コンプレックス」という邪な性欲を定位したことと見事に符合するからです。精神分析は人間のこころのダークサイドに"いかがわしき性"を発見し，ジャズはそれを滋養として育ったのです。

Ⅳ　プレ・モダンの時代
——欲望の統治としてのエディプス秩序

　その後精神分析は，フロイトの「エディプス・コンプレックス」概念を巡って発展しました。1900年代初頭から精神分析もジャズも，図らずもエディプス的な秩序を構築する方向に進んだと見ることが可能です。まず，ジャズから説明しましょう。

　上に述べてきましたように，"いかがわしき性"の象徴であるストーリーヴィルは，第一次世界大戦の影響で1917年に閉鎖され，すでに人気者であったルイ・アームストロングArmstrong, L. などのジャズメンは，ミシシッピ川に沿って北上し，シカゴに辿り着きました。シカゴと言えば，マフィアの大ボスであるアル・カポネCapone, A. F. が暗躍していた土地です。奇しくも同時期の1920年に禁酒

去が制定され，酒はマフィアの牛耳る秘密酒場にて振る舞われました。そこに酒
ともに快楽としてのダンス音楽が求められ，ジャズメンが職を得たのです。ア
レ・カポネは，ジャズメンの重要なスポンサーとなりました。ジャズは，ますま
すダークサイドに潜り込んだのです。

　しかし，第一次世界大戦の暗い影は人々の気分を陰鬱にし，人々は気分を明る
く高揚させる音楽を求めるようになりました。そこに登場したのが，大編成のビ
ッグバンドであるスイング・ジャズです。特にグレン・ミラー楽団は，軍隊慰問
音楽として戦場の兵士たちの士気高揚のために大いに一役を買ったのです。

　ところで，スイング・ジャズとは，ほかにもベニー・グッドマン楽団，デュー
ク・エリントン楽団，カウント・ベイシー楽団などがありますが，いずれも西欧
音楽のオーケストレーションの名残を留め，リーダーの統率の下に一定の旋律を
奏でる点で，後に登場するアドリブ主体のジャズとは一線を画します。すなわち，
スイング・ジャズのビッグバンドには，エディプス秩序が厳として存在するので
す。クラシック音楽と同様に，リーダーが統率しているのです。したがって，リ
ーダーの指示を超えて，アドリブなどの自由な演奏は許容されていません。父親
と息子のエディプス構造の支配の下，陽気で明るい音楽は人々や兵士の気分を高
揚させ，その底に本来ジャズの持っているダークサイドのエディプス欲望を収め
ることに成功したといえるのでしょう。

　一方，この時代の精神分析も，フロイトが発展させていったのは，1923年の
『自我とエス』に代表されるように「エスあるところに自我あらしめよ」です。す
なわち，自我によるエスの統治を精神分析の目的としました。フロイトは，結局
のところ，エスという普遍的なエディプス欲望を意識の明るみにあぶり出すこと
によって，強力な自我統治の下に置こうとしたのです。

　こうして精神分析とジャズは，図らずも同時期に，邪な欲望の管理がなされま
した。すなわち，ジャズはリーダーの統率の下で，精神分析は自我機能の下で，
ダークサイドはいったん鎮められたのです。

V　モダン（ビ・バップ）の誕生
――恐るべき子どもたちによるポスト・エディプス

　1940年代にも入ると，ジャズ界を席巻したスイング・ジャズもそろそろマンネ
リ化が兆し，ジャズメンはダンスホールでの仕事の閉店後に，自由なジャム・セ
ッションを行うようになりました。その中心を担っていったのが，チャーリー・
パーカー Parker, C., ディジー・ガレスピー Gillespie, D., バド・パウエル Powell,

B., ケニー・クラーク Clarke, K., マックス・ローチ Roach, M., アート・ブレイキー Blakey, A. などの兵役逃れの不良集団です。ニューヨークの「ミントンズ・ハウス」では，楽団演奏が終わった後のジャズメンたちが日夜集い，アドリブ演奏で腕を競うようになりました。これが「ビ・バップ」の誕生です。

ビ・バップとは，最初に決まったテーマ部分を演奏した後，そのコード進行に沿った形で，自由な即興演奏を繰り広げるスタイルです。即興（アドリブ，インプロヴィゼーション）においては，コード進行に則ってはいるものの，テーマの原形を留めないくらい自由な音使いをし，しかも腕の競い合いの性格が強かったため，どんどんと即興は長くなっていきました。したがって，個々のプレイヤーの技術が洗練され，芸術性の極めて高い音楽となっていったのです。

しかも，彼らの私生活は自堕落で，麻薬，酒，女で身を持ち崩していくジャズメンが後を絶ちません。その代表選手がチャーリー・パーカー（愛称バード）で，彼の父親はしがないボードヴィリアンでしたが，酒に溺れた挙句，拳銃で殺されたようですし，パーカー自身も即興演奏において唯一無二の才を発揮しながらも，麻薬と酒と女に耽溺し，35歳の若さで世を去っています。このあたりのジャズメンたちの生きざまについては，マイルス・デイヴィス Davis, M. の自叙伝（Davis & Troup, 1990）に詳しいです。

スイング・ジャズにおいては，リーダーの統率の下にエディプス秩序が保たれていたとしたら，ビ・バップにおいては，我も我もと腕を競い合い，リーダーは押し退けられ，私生活においては邪な欲望に頽落するという，エディプス崩壊の時代と言っても過言ではありません。菊地は，"ジャズ発狂の瞬間"として，パーカーの「ココ」という曲を挙げています（菊地・大谷，2005）。タイトルの「ココ」とは，おそらくコカインの略称を指し，バードはコカインを吸引しながらも超絶技巧の早業でサックスを吹き鳴らすという個人プレイを見せつけています。ここにおいては，秩序もへったくれもなく，あるのは個の欲望であり，自意識の屹立であり，個人技の追求であるという，エディプス秩序の破壊です。

一方，精神分析においても，フロイトの死後，群雄割拠の時代が到来しました。そのなかで特筆すべきは，メラニー・クラインの登場でしょう。メラニー・クラインとアンナ・フロイト Freud, A. の大論争は有名なところですが，その是非はさておき，ここで指摘したいのは，クラインがフロイトの愛娘であるアンナを差し置いて，自分の方がフロイト精神分析の正当な継承者である，と言ってのけたとされるところです。実の娘と正嫡出子の座を争うとは，なんというエディプス秩序への挑戦でしょうか！　クラインは，ビ・バップのジャズメンたちと比肩しうる"恐るべき子ども"なのです。

　クラインのアンファン・テリブルぶりは，彼女の嫡出子争いに留まりません。彼女の臨床理論にも如実に表れています。それがクラインの唱えた「羨望」理論です。

　クラインは，羨望理論によって，母子の二者間におけるエディプス・コンプレックスを提唱しました。いわゆる早期エディプス・コンプレックス論ですが，母親の身体の中には，子どもやペニスやミルクやあらゆる豊穣の源が宿っており，乳児は，母親自身や母親と結びついたそれら部分対象に対して羨望の念を激しく抱き，攻撃的空想を繰り広げる，というのです。

　フロイトの時代のエディプス欲望が，愛する対象を手に入れるためにライバルを排除しようとしたのに対し，クラインの早期エディプスは，愛する対象が手に入らないのなら殺してしまえという，愛する対象自身に対する破壊性なのです。ここにフロイトのエディプスとの決定的な違いがあるのです。クラインのエディプスは，愛する者すら殺されるのです。"母親殺しの発狂理論"と言ってもよいでしょう。

　こうしてクラインは，正嫡出子争いのみならず，彼女の人間理解においても，恐るべきダークサイドへと足を踏み入れていったのです。すなわち，精神分析は，フロイトの"愛の心理学"から"破壊性の心理学"へと推し進められました。

　ジャズは，バードの「ココ」によって発狂し，精神分析は，クラインの「羨望理論」によって発狂し，等しくエディプス秩序を破壊したのです。

VI　モダンの頂点としての記号化
──ビオン前期とトレーン前期

　クラインの跡を継ぎ精神分析のモダン化を推し進めたひとりとして，ビオンBion, W. R. の名を挙げることに，さほど異論はないところでしょう。ビオンはのちに述べるウィニコット Winnicott, D. W. と共に，対象関係論を発展させた最大の功労者の一人とみなすことができます。

　一方，ジャズの方も，パーカー死後，その遺志を継ぎコード奏法（バークリー・メソッド）を極限まで推し進めたジャズメンとして，マイルス・デイヴィス（愛称デヴィス）とジョン・コルトレーン Coltrane, J.（愛称トレーン）の名を挙げることができるでしょう。マイルスについてはのちに取り上げるとして，ここではトレーンとビオンに通底するモダンの頂点としての記号化について論じていきます。

　ビオンの業績全体に関しては，すでに拙著（祖父江, 2010）において論じてい

ますが，ビオンはおよそ 10 年単位で彼の臨床理論を刷新させていった分析家で
す。したがって，彼の分析理論をひとくくりに論じることは不可能であり，時期
ごとに特色が違っています。ここで取り上げるビオン理論は，ビオンがクライン
死後（1960 年以降），コンテイナー理論を筆頭に次第に独自色を打ち出していっ
た時代に当たります。いわゆる第二期，第三期に該当します。

　この時代のビオンは，コンテイナー理論に示されるように，人のこころの "受
け皿" としての対象側の機能を精神分析の新たなテーマとして提出しました。こ
れはつまり，こういうことです。

　人のこころが育つには，「言い知れぬ恐怖」（耐え難いこころの苦痛）を受け止
め，理解し，それを耐えやすい形にして伝え返す対象の存在が必要である，とい
うことです。例えば，乳児なら，おむつが濡れて泣いているときに，単におむつ
を取り替えればそれで事足りるわけではなく，その苦痛を受け止め，理解し，「お
むつが濡れて気持ち悪かったのね」などと，情感のこもった言葉として伝え返す
母親が必要である，ということです。不安を緩和してくれる対象がいるからこそ，
その機能を次第に乳児も取り入れ，自らの不安を宥めることもできるようになっ
ていく，というのです。

　ビオンは，こうした対象側の機能を「コンテイメント」と命名し，分析家側に
必要な機能として位置付けました。

　コンテイメントは，ウィニコットのいう「ホールディング」と似ていますが，
あくまでも "理解" に力点があるところに違いが求められます。ウィニコットのホ
ールディングの場合は，理解の要素も多分にありますが，むしろ身体接触も含ま
れるような "体感的な受け止め" のニュアンスが色濃いです。ビオンは，あくま
でも "理解" なのですね。ビオンのこの時代の精神分析が，「精神分析的認識論」
と言われるゆえんです。

　ビオンは，この後ますます独自色を強め，精神分析的認識論をどんどん推し進
めていきました。その頂点といいますか結晶が，ビオンの「グリッド」でしょう。
図2をご覧ください。

　精神分析の情緒的世界からは遠ざかってしまったかのように，格子の中に記号
が整然と並んでいます。これが精神分析と何の関係があるのか？　といった声が
上がったとしても，不思議ではないでしょう。

　細かい説明は成書に譲りますが，ビオンがここで実験的に示しているのは，非
言語的な感覚から極度に洗練された思考までの発達の道筋やその用途です。ビオ
ンは，非言語的な感覚の原基を「ベータ要素」と命名しています。それが洗練さ
れ，思考に発達していった結果，その最終形として「代数学的計算式」に行き着

	Defini-tory Hypo-theses 1	φ 2	Nota-tion 3	Atten-tion 4	Inquiry 5	Action 6	...n
A β -elements	A1	A2			A6		
B α -elements	B1	B2	B3	B4	B5	B6	...Bn
C Dream Thought Dreams, Myths	C1	C2	C3	C4	C5	C6	...Cn
D Pre-conception	D1	D2	D3	D4	D5	D6	...Dn
E Conception	E1	E2	E3	E4	E5	E6	...En
F Concept	F1	F2	F3	F4	F5	F6	...Fn
G Scientific Deductive System		G2					
H Algebraic Calculus							

図2　グリッド

くことを示しています。しかも，その代数学に関して，驚くべき発言をしています。

　　ふたつの乳房が消滅した。あるいはおそらく，それらは縮みきえていって，ふたつの点だけが残った（Bion, 1965）。

　ビオンは，代数学的幾何学の"点"の中に"乳房の痕"を見ているのです。"点"は，縮んで萎んだ乳房の形姿の痕跡だというのです。ビオンの目からすれば，高度に記号化された数学も，最早期の情動の原基である乳房との関係は失われてい

図３　ジャイアント・ステップスの譜面

ないのです。

　こうしてビオンの精神分析的認識論は，極度に抽象的な形姿をまといながらも，なおかつ原始的なこころとの繋がりを失っていないという離れ技をやってのけ，"モダンの頂点としての記号化" に達したのです。

　一方，ビオンよりやや先立って，ジャズの抽象化・記号化は，コルトレーンによって推し進められました。トレーンの奏法は，パーカー譲りの超絶技巧で，かつシーツ・オブ・サウンドと言われるように，演奏は音によって埋め尽くされます。すなわち，息つく間もなくトレーンは，サックスを吹きまくり，その演奏時間は１曲で30分から１時間に及ぶこともざらにあったと言われます。しかも，曲へのアプローチは，幾何学的に美しいコード進行を特色とし，それを超絶技巧によって吹き鳴らすのです。その代表サウンドが，「ジャイアント・ステップス」です。納（2010）から引用した譜面が図３です。

　この曲のコード進行は，増５度進行（半音が８つの５度音程）を基本とします。それまで多く使われていたⅡ−Ⅴ（ツー・ファイブ）進行の完全５度進行（半音が７つの５度音程）に飽き足らず，実験的なコード進行が作り出されたのです。このコード進行は，のちにコルトレーン・チェンジと言われるようになり，ジャズ・ミュージシャンによっても多く用いられるようになりました。ですが，当時はあまりにも機械的に作られたコード進行なので，ピアノの名手トミー・フラナガン Flanagan, T. でさえ指がついていかず，ジャイアント・ステップスのアドリブを弾ききれなかったほどです。

　さて，このコルトレーン・チェンジのコード進行が，いかに幾何学的に美しいかを見ていきましょう。

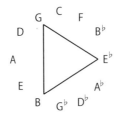

図4　サークル・オブ・フィフスとジャイアント・ステップスのコードの繋がり

　図3に見るように，ジャイアント・ステップスは，曲の形式としては，全16小節であり，4小節単位でまとまっています。最初の4小節のコード進行は，小節の頭がB→G→E♭となっており，4小節目もGの代理コードですので，見事に増5度進行となっています。ここでは細かく触れませんが，5小節目以降も基本的に増5度進行に則っています。

　さらに，それのみならず，このジャイアント・ステップスでは，縦列においても増5度進行が隠されているのです。1小節目，5小節目，9小節目，13小節目の頭のコードを繋いでみますと，B→G→E♭→Bというように，ここにも増5度進行が出てきます。同様に，2小節目，6小節目，10小節目，14小節目の頭を縦に繋いでも，基本的に増5度進行です。3小節目以降も同じです。

　このようにコルトレーンは，曲全体に意図的に機械的なコード進行を整然と並べ，幾何学的な曲構成を目論んだように思われます。サークル・オブ・フィフス（完全5度圏）の表の中に，コルトレーン・チェンジのコード進行を線で結んでみると，図4のような幾何学的な正三角形が美しくも表れます。

　コルトレーンは，ジャズという情動的芸術の中に，一見情動とは対極にある幾何学や数学を持ち込もうとしたのではないでしょうか。この点において，トレーンとビオンはよく似ているのです。

　精神分析においては，クラインに代表される“母親殺し”による発狂，ジャズにおいては，バードに代表される“欲望の頽落”による発狂，そうした前時代の咎を弔うためには，いったん欲望を原基のルーツに追いやり，極度に抽象化された記号や幾何学によって祓いを掛けるほかなかったのかもしれません。しかも，ビオンにしろトレーンにしろ，その記号化への欲望は並々ならぬものがあり，逆に裏側に潜む欲望の底知れなさを窺わせます。

　ですが，精神分析もジャズも，結局のところ，その宿命が宿す欲望の怨念をこうした記号化によっては弔うことかなわず，次の新たな時代が幕を開けるのです。

Ⅶ ポスト・モダンの始まりとしてのモード
——型破りのウィニコットと形無しのデヴィス

　小児科医でもあり精神科医でもあったウィニコットは，"発狂理論"のクライン
のスーパーヴィジョンを長年受けながらも，その影響をほとんど感じさせない独
自の精神分析実践を行っていった，稀有な分析家でしょう。この点において，同
じくクラインの個人分析を8年間も受けながら独自色を強めていったビオンとよ
く似ています。

　しかし，ビオンが晩年に至った境地「Ｏになること」以前は，広い意味で認識
論の枠組みの中で精神分析の枠を拡張し，革新性を発揮したのに対し，ウィニ
コットは，理論面もさることながら，臨床実践においても精神分析の枠組みを飛び
越えた人と言えるでしょう。ウィニコットがなぜに精神分析家としての資格剥奪
を問われず，あまつさえ国際精神分析学会の会長にまでなりえたのか，そこにに
どういう政治力が働いたのか，知る由もありませんが，精神分析関連での七不思
議のひとつかもしれません。

　と言いますのも，ウィニコットのホールディング論では，臨床実践における身
体接触を良しとしているからです。もちろんこれは故なしとはしません。という
のは，ウィニコットの治療論においては，プレ・エディパルな患者に対しては，
大規模な組織的退行を治療の核としており，そこから「本当の自己」が生成して
くることを眼目としているからです。そのために，ウィニコットは面接枠を3時
間取り，患者の頭を抱きかかえたり，一緒に眠ったりなどの，身体接触という一
線を踏み越える関わりをしています。このあたりの消息は，ウィニコットの患者
でもあり精神分析家でもあった，マーガレット・リトル Little, M. の著書（Little,
1990）を見れば，明らかなところです。

　ですが，ウィニコットを単に退行を許容する受容的な分析家だとみなしたとし
たら，はなはだお門違いでしょう。詳しくは拙著（祖父江，2019）に譲ります
が，ウィニコットは退行からの回復過程において，患者の「心的苦痛」にアクセ
スし，しかも遊び（創造性）を通して心的苦痛を昇華していくことをセラピーの
根幹としているからです。したがって，ウィニコットの精神分析は，苦痛にアク
セスしながらも，苦痛を"遊ぶ"ことを目指したパラドキシカルな分析と言って
もよいでしょう。受容的に苦痛を避けているセラピーとは截然と一線を画してい
るのです。

　それにしてもウィニコットの分析は，退行の許容の在り方として，従来の精神

コンファーメーション　　　　　　　　ソー・ホワット？

図5　コードとモード

分析の「禁欲原則」を超えています。1回の治療相談面接（Winnicott, 1971）だけで，子どもの神経症症状が消失するような，治療の天才と言われたその臨床力といい，やっていることは時に精神分析のスタンダードを逸脱した，明らかに“型破りの分析家”なのです。

　一方，ジャズでは，マイルス・デイヴィスがジャズの抽象化・記号化からの脱皮を図りました。それが「モードの誕生」と言われる，ポスト・モダンの手法です。

　モードとは，コード進行による楽曲とは違い，スケールによる楽曲構成となります。コードが分散和音（たとえば，ドミソシのCメジャー・セブンス・コード）によって成り立っているのに対し，スケールは，横列の音階による構成音（たとえば，ドレミファソラシドのCイオニアン・スケール）によって成り立っています。細かいことを言えば，スケールとモードの違いもあり，モードの場合は調性感が出ないようにルート音（Cイオニアン・スケールでいえば，ド）に戻らないように演奏されます。したがって，モードの楽曲では，コード進行による楽曲とは違い，解決感（終止感）がなく，いつまでも演奏の収まりがついていないような，浮遊感が感じられます。すなわち，ドミナント・モーション（緊張−安定）の解決感のない，“形無しの音楽”なのです。

　モード・ジャズの中で最も成功したと言われる，マイルスのアルバム「カインド・オブ・ブルー」から「ソー・ホワット？」を見てみましょう。対比として，コード楽曲の典型であるビ・バップの曲の中から「コンファーメーション」も載せます（図5；納, 2010）。

　一目してわかるように，左側のコードによる楽曲は，細かくコードが指定され，5度進行のドミナント・モーションによって構成されています。右側のモードに

よる楽曲は，曲全体が Dm7 のスケールしか指定されていません。したがって，モード奏法で演奏した場合，解決感（終止感）の出ないように演奏すれば，レミファソラシド（D ドリアン・モード）のどの音を使おうが自由なわけです。コードのように型がほとんど指定されていないのです。

このようにマイルス・デイヴィスは，コルトレーンによって "モダンの頂点" に達した，きわめて人工的で記号的な楽曲構成を脱し，"形無しのジャズメン" としてコードの彼岸を目指したのです。

"型破り" と "形無し" の精神分析とジャズの行く末はどうなるのでしょうか？ 両者に通底していた "邪な欲望" の運命はどうなるのでしょうか？　いよいよ本論も最終章に近づいています。

VIII　ポスト・モダンの終焉としてのフリーの世界 —— ビオン後期とトレーン後期

最終章に登場する精神分析とジャズの主役は，やはりビオンとトレーンをおいてほかにいないでしょう。なぜなら，彼らの実践は，未来の可能性を追求して極めて実験的に先鋭化していったからです。まず，トレーンから見ていきましょう。

コルトレーンは，マイルス・ディヴィスとともに，モード奏法を探求していきましたが，その後マイルスがアコースティック・ジャズの限界に突き当たり，電子楽器を取り入れたフュージョンの方向に走っていったのに対し，トレーンは，あくまでもジャズの枠組みの中に留まろうとしました。しかし，トレーンもマイルス同様にモード・ジャズに限界を感じていたので，それを打破するために，さらにジャズを "形無し" にしようとしたのです。それが，コルトレーンが先駆けとなった "フリー・ジャズの誕生" です。

ところで，フリーになる前にコルトレーンは，ジャズとしては珍しい4部構成の組曲「至上の愛」（1965年2月）を世に問いました。この曲はユダヤ教の系統を受け継いだ神秘主義思想カバラの書物から影響を受けて作曲されたと言われます。ここにもジャズと精神分析に通底する血脈が認められるのです。「至上の愛」は，そうした神への愛を捧げるために，33分余りもかけた長尺の曲で，ジャズ史上最高傑作に挙げる人も少なくありません。パート1での「ア・ラブ・シュプリーム」の "祈りの歌声"，パート3での頭から1分半にも及ぶエルヴィン・ジョーンズ Jones, E. のドラム・ソロ，マッコイ・タイナー Tyner, M. の鍵盤を叩きつけるかのような魂のこもったピアノ・プレイ，ジミー・ギャリソン Garrison, G. の一途に思い詰めたようなベース・ソロ，コルトレーンの今にも昇天するかのよう

…テナー・サックスの突き抜けた音など，モード奏法も大幅に取り入れた「至上…愛」は，同時にモードへの決別の曲ともなったのです。それを証拠に，このあ…トレーンは，「アセンション（神の国）」によってフリーの世界に突入します。…そして，この曲を機に，1965 年末にはマッコイがグループを退団し，その後ま…らなくエルヴィンも去るなど，「黄金のカルテット」は解体したのです。彼らは，…アセンション」によって示された，"愛"を超えた"宇宙や神秘性への旅立ち"に…，ついていけなかったのでしょう。

　ところでフリー・ジャズとは，何でしょうか。フリー・ジャズとは，もはやコードどころかスケールさえなく，ただ単に"でたらめ"に演奏しているとしか聞こえないような音の羅列と言ってよいでしょう。ただし，この表現は，フリーを理解しない門外漢から見た印象に過ぎず，フリー・ファンには許容しがたい表現であることを急いで付け加えておきます。

　1966 年にコルトレーンは，日本に来日します。これが，最初で最後の来日となりました。この時コルトレーンが，インタビューに答え，「私は聖者になりたい」と言ったのは，有名な逸話です。トレーンはジャズを通して"聖人"を目指していたのかもしれません。ですが，同時にトレーンは，当時愛人が何人もいたように（藤岡，2011），下世話な言い方ですが"性人"でもありました。トレーンの上半身と下半身は，"統合不全状態"だったのかもしれません。

　トレーンは，没年である 1967 年 2 月に「インターステラ・スペース」を録音し，ほとんどの曲始まりが鈴の音をかき鳴らすところから始まる，統合失調した意味不明の音楽を演奏しました。その約半年後，40 歳の若さで肝疾患にて世を去り，文字通りインターステラ・スペース（宇宙空間）に昇天したのです。

　ジャズの内発的で実験的な発展は，ここで幕を閉じたと言ってもよいでしょう。この後マイルスがフュージョンからファンクやヒップ・ホップに乗り出しますが，異論はあるにしろ，もはやジャズの枠組みから脱した他流試合の様相を呈しています。

　一方，精神分析においては，ビオンが実験的な思索を展開します。その思索は，晩年に近づくにつれ，ラディカルさを強めます。そのひとつが，「究極の現実 O（オー）」概念の登場です。ビオンは，それまでの精神分析的認識論から次第に考えを変えるようになり，「K（知ること）」，つまり認識論によっては到達することのできない"真実の次元"があり，そこに至るには，K ではなく「O になること」の必要性を説き始めます。「O になること」とは，「真実の自己になること」と言い換えてもよいでしょう。ビオンは，「O になること」によって，私たちは"気が狂ったり"，"殺人を犯したり"というこころの境域にまで達してしまうのかもしれな

い，と言います（Bion, 1965）。"認識論の彼岸"に突入することによって，ビオンは，精神分析でよく言われるテーゼ「自己を知る」ではなくて，「自己になる」という，新たな実存的次元を提言しているのです。

　興味深いことに，ビオンもトレーンも，1965年という年に「変形」と「アテンション」によって，"フリーな世界"へと突入したのですね。

　この後，コルトレーンが神や宇宙などの神秘的空間に昇天したのに対し，ビオンの方は，"胎生期"や"蒼古性"などの"原初"に遡及する方向を辿りました。

　　外科医がいわゆる『気管裂』と呼んでいるえらの痕跡があるなら，つまり，私たちの発達において，実際に魚の祖先や両生動物の祖先などの諸段階を通過しているなら，私たちのこころにおいてもそうでないはずはありません（Bion, 1994）。

　ビオンは，私たちの誕生後の世界には，誕生前の胎児の世界と繋がるような，こころの痕跡や蒼古的要素が残存しているのではないか，と思いを馳せているのです。

　　誰かが『この人は，幻覚を起こしている，妄想を持っている』と言うのです。しかしそれは，大人が狂っているとか神経症的だとみなしている，ある種の見たり聞いたりできる能力の名残かもしれないのです（Bion, 1994）。

　ビオンは，精神病の幻覚や妄想は，私たちの胎生期の感覚器官の名残かもしれない，と言っているのです。もちろんこれは，精神病への安易な肩入れではありません。ビオンは，精神分析理論に一石を投じようとしているのです。ビオンは「体制」と「神秘家」という喩えを用いてこのことを説明しています。すなわち，精神分析理論も，例に漏れず"体制化"，"既成概念化"しやすく，そうなると新たな思考の芽生えはもたらされません。そこに"情緒の攪乱"を引き起こす「神秘家」が登場することによって，体制化した理論はいったん打ち壊され，次の理論の萌芽を待つことになるのです。ビオン自身が，時に神秘家と呼ばれる所以がここにあります。

　しかし，ビオン自身は超常現象を信じるような，いわゆる"神秘家"ではありませんでした。ビオンは死とは単に"消える"ことだと考えていたという証言もあります。（Bion et al., 2000）。誕生前の世界にあれほどの可能性を探ろうとしたビオンにしては，死後の世界への関心はあまりに淡白であり，まったくのリアリストでもありました。ビオンは，私たちの身体の蒼古性の名残が，魚のえらやし

ぽの痕跡としてあるように，私たちのこころにも，胎児期の痕跡が残っている
のではないか，とリアリスティックにその可能性を探求しようとしたのです。

　こうして精神分析もジャズも，その方向の違いこそあれ，いわゆる"神秘的世
界"に旅だったと言えるでしょう。しかも，その辿ってきた道のりは，"邪な性
欲の出自"，"エディプス欲望の統治"，"エディプス秩序の破壊"，"欲望の記号
化"，"記号化の型破りと形無し"，"欲望の神秘化"など，両者の歩みは不思議に
符合しています。極めて性的で邪な出自から始まった精神分析とジャズは，最後
には極めて非性的で神秘な世界に辿り着きました。

　ダークサイドの道を歩み，日陰者だった精神分析とジャズは，邪な欲望の次元
から蒼古と宇宙の彼方へと聖化される"宿命"だったのかもしれません。

IX　終わりに代えて——精神分析とジャズの未来に向けて

　精神分析もジャズも，真に新しい創造は，ビオンとコルトレーンによって終わ
りを告げたと言ってもよいかもしれません。現代のジャズにおいては，その演奏
技術がスマートで"バカテク"と言ってよい腕こきのジャズメンが，ジャズ界をリ
ードしていますが，基本的にはコードやモードの奏法の域を出ていないように思
われます。したがって，バードやマイルスやトレーンが創造してきたような，真
に新しいジャズはもはや生まれることが難しいのでしょう。したがって，ジャズ
は偉人の遺産を受け継ぎ，アーバンでクールな装いをまといながらも，伝統芸能
的に生き残っていると言えるのかもしれません。

　こうしたジャズの命運を決定付けたのは，ビートルズの登場でした。ビートル
ズは，コルトレーンがフリーで昇天した後に，喪失感と荒涼感しか残らなかった
ジャズ界に，止めを刺したのです。人々は，ポップで親しみやすい音楽の方に，
一挙に流れて行きました。ビートルズが初来日したのが，1966年6月，コルト
レーンの初来日が，そのわずか1カ月後の7月であり，しかもビートルズが帰国
した直後だったことは，何かの因縁でしょうか。

　さて，精神分析の未来はどうなるのでしょうか？　奇しくも，ビートルズの登
場と似て，ポップでわかりやすい心理療法が舞台に登場しています。

　その名は，CBT！　精神分析の命運や，いかに。

　文　献
Bion, W. R. (1965) Transformations.（福本修・平井正三訳（2002）精神分析の方法II—変形.
　法政大学出版局.）
Bion, W. R. (1994) Clinical Seminars and Other Works. Karnac Books.

Bion, T. P., Borgogno, F., & Merciai, S. A. (Eds.)（2000）W. R. Bion: Between Past and Futur
　　Karnac Books.

Davis, M., & Troup, Q. (1990) Miles: The Autobiography.（中島康樹訳（2000）マイルス・デ
　　ビス自叙伝Ⅰ・Ⅱ．宝島社．）

藤岡靖洋（2011）．コルトレーン―ジャズの殉教者．岩波新書．

菊地成孔・大谷能生（2005）東京大学のアルバート・アイラ―東大ジャズ講義録・歴史編．
　　ディア総合研究所．

Little, M. I.（1990）ウィニコットの精神分析の記録．岩崎学術出版社

納浩一（2010）．ジャズ・スタンダード・バイブル．リットー・ミュージック．

祖父江典人（2010）ビオンと不在の乳房．誠信書房．

祖父江典人（2019）公認心理師のための精神分析入門．誠信書房．

Winnicott, D. W. (1971) Therapeutic Consultations in Child Psychia-try. The Hogarth Press（橋
　　本雅雄・大矢泰士訳（1984）子どもの治療相談面接．岩崎学術出版社．）

第 **8** 章
モーツァルト

館　直彦

I　はじめに

　このエッセイは，モーツァルト Mozart, W. A., あるいは彼の音楽を精神分析的に検討し，理解することを目指したものではありません。モーツァルトの音楽を経験することが，いかに精神分析的な経験と重なり合うかを述べようとするものです。

　モーツァルトは天才中の天才として，誰もが知っている存在ですが，彼の音楽となると，案外馴染みがあるものではないでしょう。一番有名な曲が，「トルコ行進曲付き」のピアノソナタ イ長調だったりします。モーツァルトは 35 年の生涯の間に，長短取り交ぜて 900 曲もの作曲をしているのですが，彼の音楽は，むしろ知る人ぞ知る，というものかもしれません。小林秀雄は，モーツァルト愛好者として有名でしたが，あるとき道頓堀をさまよっていて，突然，モーツァルトの音楽に打たれた経験をそのエッセイ『モオツァルト』（新潮社）に書いています。それはある種の啓示だったのですが，それをきっかけとして，物の見方が変わったことを述べています[注1]。しかも，その経験がそのエッセイにつながっているのですから，経験は創造的なものでもあったということでしょう。

　こういうことは滅多に起こることではないとしても，芸術作品はそのような経験を引き起こすことがときにあり，ある楽曲のある演奏に突然打たれて涙があふれた，といった記述を目にすることがあります。フロイト Freud, S. が音楽を敬遠

注 1 ）この経験を現代対象関係論の精神分析家クリストファー・ボラス Christopher Bollas は，変形 transformation と呼んでおり，そのときには美的であることが重要である（審美的な知性が働く）と述べています。このとき，私たちのフォーム form が変わるのです。また，このとき，モーツァルトの音楽は私たちにとって変形性対象 transformational object になっている，と言います。

していたことはよく知られたことですが，彼が敬遠していたのは，実は音楽を恐れていたからだとも言われています。そういうフロイトも，モーツァルトの『フィガロの結婚』と『ドン・ジョバンニ』は観ることがあると書いています。すると，サン・ピエトロ・イン・ヴィンコリ教会にある「ミケランジェロのモーゼ像」の前で立ち尽くすフロイトが，モーツァルトのオペラに心を揺り動かされたことはなかったのだろうかと，想像が湧きます（Freud, 1915）。フロイトはさておき，多くの人を引き込むモーツァルトの音楽ですが，それでは，モーツァルトの音楽は，どうしてそのような経験を引き起こすのでしょうか。モーツァルトの作品が特別に美しく魅力的だからでしょうか。あるいはそれは何か「謎 mystery」なのでしょうか。

Ⅱ　モーツァルトの音楽

　モーツァルトの音楽は，クラシック音楽の歴史の中では特異な位置にいると考えられています。彼は 1756 年に生まれて 1791 年に亡くなっていますが，教会の音楽か世俗的な踊りの音楽かといった中世から，芸術としての音楽が尊重されるようになる近代への移行期に生きた人です。音楽の様式や形式だけでなく，音楽に対する受け取り方も激変していた時代と言えるでしょう。そのような時期に大天才として現れたのがモーツァルトだったわけです。モーツァルトの音楽は，誰が聞いても，モーツァルトらしさが溢れ出ています。しかし，彼の音楽を言葉で表現することは難しく，モーツァルトは難しい作曲家と目されることもあります。

　彼の音楽の1つの特徴として，その単純さ，子どもらしさが挙げられることがあります。しかし，彼は子どものために音楽を作っているわけではありません。彼が「美しい」と思うものを表現すると，とても単純なものになった，ということであり，子どもを超えた子どもらしさといって良いでしょう。単純だからこそ難しい，演奏家泣かせと言われることもあります。例えば，スケールを弾いているだけのようなパッセージもあるのですが，それにほんのちょっと付点がついただけで，彼の音楽になるのです。そして，なぜか美しいのです。だからと言って，内容が単純なわけではありません。ボラスの表現を用いるならば，盛り込まれる中身は別として，モーツァルトのフォームは単純である，ということになると思います。彼の音楽は，強靭な音楽だと言われることもありますが，それは彼のフォームが崩れないということなのでしょう。また，モーツァルトの音楽は，とても調和的でバランスが良い，と言われることもあります。彼の手紙には，「趣味が

い」という意味合いのイタリア語 gusto が頻回に出てくるのですが，彼の音楽はとても趣味が良く，節度をわきまえているという言われ方もします。

　また，別の特徴として，彼の音楽は軽いとか，楽天的だとか，前向きだとか言われることがあります。確かにそのように言うこともできるかと思いますが，彼の作品を聴いていると，本当に生き生きとするとはこういうことなのだろう，という感覚が私たちの中で生まれてきます。これはアライヴネス aliveness と呼ばれ，現代精神分析においてとても重視されている概念です。精神分析を現代的なものへと変革したウィニコット Winnicott, D. W.[注2] は，精神療法は治療者と患者の遊ぶことの領域の重なり合うところで展開すると述べています。しかし，この「遊ぶこと」の概念はなかなか捉えにくいものです。特に，大人が遊ぶとはどういうことなのかは分かりにくいことでしょう。その時に，モーツァルトの音楽を思い浮かべると，少しその概念に近づくことができるのではないか，と私は思います。もっとも，彼の音楽を聴いたからといって，私たちは直ぐに楽しい気持ちになるわけではありません。それは，彼の音楽には明るさだけではなく，哀しみも混ざりこんでいるからです。むしろ，耳を澄まして聴くと，どうしてこういう音楽になったのだろうかといろいろと考えさせられる。気が付くと，思わずそのメロディを口ずさんでいたりすることもあります。

　私は，モーツァルトは楽しい音楽を作ったのではなく，私たちを思考に誘う音楽を作ったのだと思います。だからと言って，私たちはいつも真剣に考え込んでいるわけではなく，音楽は，たいていはさらっと流れていきます。それでも，何か新しい感覚や思考にふれた感触が残るでしょう。そして，それが遊ぶことなのです。その意味で私は，モーツァルトほど遊ぶことに長けた作曲家はいない，と思います。彼が，即興演奏が得意だったことも，遊ぶことが上手ということに通じると思います。そして遊ぶことができないと，アライブネスは生まれないのではないかと思います。

　これもよく指摘されていることですが，モーツァルトの作品は，人間の声をもとにして作られている，つまり，歌うように書かれていると言われることがあります。彼のオペラの自由闊達な歌を聴いていると，その考えを否定することはできないと思います。ただ，歌うように，といっても，通常私たちが考えるように，

注2）ウィニコット（1896-1971）はイギリスの精神分析家であり，私たちの文化的な経験は全て，空想と現実の中間領域に位置づけられ，その心的なメカニズムは錯覚と脱錯覚であり，精神分析のセッションもそれに含まれている，と提唱し，精神分析に革命的な変革をもたらした。

官能的に美しく，というわけではありません。確かにそういう面はあるとしても歌は表現手段であり，伝達手段でもあります。すなわち，歌はそもそも対話だということですが，このことをはっきりと感じるためには，ただ聴いているだけではなく，実際に演奏してみるのが良いかもしれません。そう言うのは，単純そうに見える彼の楽曲が実はとても精緻に作られていることが分かるからです。

　ところで，モーツァルトは，とても優れた人間観察者だったことが知られています。それは彼の手紙を読めば分かることですが，天性の素養があったにしても，子ども時代から，父親に連れられてヨーロッパ中を旅行し，王侯の面前で演奏して神童としてもてはやされる時もある一方で，市井の人々やもっとしがない人々も含めて，あらゆる階層の人々と出会うことがあったことも関係しているでしょう。その中で辛酸をなめたことも少なからずあったのだと思います。そのように生きていると，その人がどのような人なのか，自分に好意を持ってくれる人なのか，本質的な部分を見抜くことはとても大事なことになっただろうと思います。彼は，人は表に現れたものだけではない，と考えたでしょうし，人の心は移ろいやすいとも考えたのでしょう。彼は，人間の心の真実をあらわしたいという思いが強かったと思います。ごく初期の，音楽が自然にほとばしり出たような作品は別として，彼の作品にはそうした彼の心が反映していると思われます。それをとてもシンプルなフォームで表現することが出来るところにモーツァルトの天才の一端があらわれているということができるでしょう。真実を求めるというのがモーツァルトのもう1つの重要な特徴です。そして，真実は一見すると単純なものとしてあらわれるのかもしれません。

　しかも，彼には優れたユーモアのセンスがありました。彼の若い頃のパトロンの1人に動物磁気で有名な催眠療法家メスメル Mesmer, A.[注3]がいたことは知る人ぞ知ることと思います。モーツァルトのごく初期のオペラ『バスティアンとバスティエンヌ』はメスメルの依頼で作曲され，彼の屋敷で初演されたとのことです。そのときのモーツァルトは若干12歳で，メスメルは理解ある後援者ということになると思います。

　ところで磁気治療者が後のオペラ『コジ・ファン・トゥッテ』に登場してきます。このオペラでは，主役の2人の男性が，恋人たちの気を引こうと毒をあおって倒れたように見せかけるのですが，それを治療する役として偽の磁気治療者が登場します。この磁気治療者は，倒れた2人とグルなのですが，この治療がいか

注3）メスメルの始めた磁気治療は，今日では，催眠療法の原型と考えられている。フロイトの精神分析は催眠療法から着想された。

こも有用そうな口上を捲し立てて，まやかしの磁気治療を2人に施します。する
と2人は死の瀬戸際から復活するので，本当のことを知らないで心配していた恋
人たちは安堵するのです。その場面は，面白おかしく演じられますが，『コジ・ファ
ン・トゥッテ』が作曲された時点ではすでに動物磁気は学問的に否定されてい
ことはいえ，これはある意味で磁気治療の本質を掴んだものということができる
でしょう。これは，愛は幻想に過ぎないというこのオペラ全体のテーマにもつな
がっていきますが，ここにも物事の真実こそが重要なのだという彼の姿勢が表れ
ているということができるでしょう。そしてそこにモーツァルトの厳しいユーモ
アのセンスが付加されていくわけです。それがとても優雅な音楽に乗せられてい
るのでなおさらです。こんなことは，モーツァルトに遊び心がなければできない
と思います。彼の中では，真実を求める心と遊び心が併存しているのです。

　ところで，小林秀雄は，戦後すぐに『モオツアルト』（新潮社）を著しました
が，その中で，モーツァルトのデモーニッシュな音楽に強く惹かれたことを表明
しています。小林は，ゲオン Ghéon, H. の言葉「悲しみは疾走する。涙は追いつか
ない」を引用していますが，モーツァルトが心のどこかで常に死を意識していた
ことは，ふとした旋律に反映されていると言えるでしょう。その点で，モーツァ
ルトの心境と，終戦直後の日本人の心情は似通っている，と言えます。実際，モ
ーツァルトは，子ども時代に何回も死にかけましたし，彼の周囲で，死は馴染み
の深いものでした。旅先のパリで，同行していた母親が亡くなったのをたった1
人で処理し，そのことで父親がショックを受けないように気を配るモーツァルト
がいます。そういうことなので，見知らぬ使いがやって来て，死に瀬したモーツ
ァルトに『レクイエム』を依頼したという話は創作であるとしても，自分がいつ
死ぬかわからない，ということは常に彼の意識の片隅にあったことでしょう。だ
からこそ，彼の求める真実に深みも増すのだろうと思います。しかし，彼は篤信
家なので，そんなに死を恐れてはいなかったようです。

　このように，モーツァルトの音楽はさまざまな観点から語ることができると思
います。むしろ，多様な観点から語り得るということ，言うならば，受け取り手
によって見え方が変わり得る点に，モーツァルトの音楽の特性がある，と言える
かもしれません。

Ⅲ　モーツァルトのオペラ

　モーツァルトの音楽の特性がもっとも典型的に表れているのはオペラであると
言われています。実際，彼のオペラでは，登場人物も音楽は飛び跳ねるかのよう

に躍動していきます。そして，登場人物たちの間の対話がずっと続いていきます

　ところで，モーツァルトは優れた人間観察者だったということはすでに述べま
したが，人間は移ろいやすく，複雑な側面があるという人間理解が，もっとも端
的に反映されているのは，オペラにおいてでしょう。彼は22曲のオペラを作曲
していますが，12歳のときの最初の作品から，亡くなった1791年に発表された
『魔笛』と『皇帝ティトゥスの慈悲』まで及んでいます。

　彼が生きていた時代は，オペラが変化する時期でしたが，モーツァルトは，従
来のオペラの形式を用いつつ，独自のオペラを展開していくことになります。そ
の時代において，モーツァルトのオペラの独自性は，ドラマトゥルギーと音楽を
一致させようとするところから出発している，と言えるでしょう。当時，オペラ
は花形歌手の歌唱をどのように際立たせるかが眼目となっており，舞台の上で，
どのようなドラマが展開するかは二の次でした。しかし，モーツァルトにとって
は，ドラマとして不自然であってはならないのです。

　モーツァルトが特にその点に力を注いでいたことに関して，例えば，『クレタの
王 イドメネオ』の作曲の際に，父親とやり取りしている手紙を通して窺い知るこ
とができるでしょう。『イドメネオ』は，父親と息子の相克の物語です。クレタの
王であるイドメネオは，勝利に終わったトロイ遠征からの帰路に大嵐に会い，無
事に帰還できたなら，最初に会った人間を生贄に捧げる，という約束を海神ポセ
イドンと交わします。ところが最初に出会ったのは，王の無事を案じていた王子
イダマンテだったのです。王はその事実を知って愕然としつつも，何とか王子の
救命が図れないかと画策します。王子に対してつれなくしたり，外国に放逐しよ
うとしたりします。何も聞かされていない王子は，理由は分からないが，王が自
分のことを嫌ったのだと考えて，失意に堕ちます。魔物がクレタ島を襲い，たい
へんな状況になって，万事休す，王は王子を手にかけるしかないと腹を括ります。
何も知らない王子は，死ぬ覚悟で魔物に戦いを挑み，勝利します。そして王から
生贄の話を聞いて，自ら進んで生贄になろうとするところで，ポセイドンから許
しが出る，というのが話の概略です。この父親と息子の物語は，その当時，結婚
問題や君主との関係で，父親と揉めていた，モーツァルト自身の父親との関係を
髣髴とさせるものですが，そういう父親と手紙のやり取りをしつつ，父親と子ど
もの心理を盛り込んで作曲していくモーツァルトの心情はいかばかりだったので
しょうか。このようにして，彼は自分の心の真実を表現するのですから，ドラマ
トゥルギーは重要になったのでしょう。

　ロレンツォ・ダ・ポンテ Da Ponte, L. の台本をもとに作曲された3部作『フィ
ガロの結婚』『ドン・ジョバンニ』『コジ・ファン・トゥッテ（女はみなこうした

もの）』は，モーツァルトの代表作です。この3部作は，明るく軽く描かれているものの，モーツァルトは，これらのオペラで，愛とは何か，というとてもシリアスなテーマに迫ります。モーツァルトは，愛とは何かという問いに魅惑されていたとさえ言われています。『フィガロの結婚』は，表向きはフィガロとスザンナの結婚の物語ですが，さまざまなペアの間のさまざまな恋愛模様が描かれていきます。「恋とはどのようなもの」といったことを口走っているケルビーノも登場します。『ドン・ジョバンニ』は伝説の放蕩者を主人公にしたオペラですが，主人公は狂言回しに過ぎず，実は愛の不毛を描いたものであると言えるでしょう。

　『コジ・ファン・トゥッテ』は前二者ほどポピュラーではないかもしれませんが，愛が幻想に過ぎないことを描写するものである点で，もっともシリアスなものかもしれません。物語では，2人の姉妹とそれぞれに婚約している2人の若者が登場します。若者たちは，愛は真実であると主張するのですが，愛は虚妄に過ぎないと語る老哲学者に唆されて，自分たちの恋人の貞節を試すために，変装してそれぞれ反対の相手にアプローチしてみることになります。ここにはパラドックスがあります。若者たちは一所懸命，相手の恋人にアプローチすることになるのですが，このアプローチが成功すれば，自分と婚約者の絆はそんなに固いものでなかったことを知ることになります。反対に失敗すれば，自分たちのアプローチはそんなに真剣なものでなかったことになります。若者たちは当初は，自分と婚約者の絆は固いと信じているのですが，実際には姉妹の2人とも，あっさりと心変わりしてしまい，それぞれが互いの恋人に身も心も惹かれてしまいます。その後，仮装が解かれて真相が明かされると，それぞれが以前の関係に戻らなければならないのですが，そもそも恋愛などは幻想に過ぎないことを受け入れざるを得ない，というストーリーです。人と人との関係が幻想をもとにしているという考えは，精神分析の根底にあるものですが，メスメルの磁気治療がまやかしであるのと同じように，恋愛も幻想であるという考えは，とても精神分析的だということができるでしょう。これが精神分析が生まれる以前の18世紀の作品とはとても思えませんが，私たちが抱く価値観に対する鋭い挑戦を内包したものであり，苦い後味を残します。

　このオペラの台本の作成にはモーツァルト自身が深く関与していたことが知られています。もちろん，女だけが皆こうしたものなのではなく，男も皆こうしたものであり，人間は全て幻想を生きているということに直面させられるオペラなのです。このオペラの音楽は，優雅で美しく，むしろ崇高でさえあると言えますが，その音楽が，喜劇的で馬鹿々々しい物語の，とてもシリアスでシニカルな側面を際立たせていると言えるでしょう。19世紀には，このオペラは荒唐無稽でば

かげたもの，あるいはエロティックで猥雑なものと見なされ，あまり上演の機会がなかったのは当然と言えるかもしれません。しかし，モーツァルトは人間とはこういうものであると考えていたわけなのです。

　このように，プライベートなテーマであるとともに，人間は一体どのように生きていくのかという問題意識を持っているという点で，モーツァルトのオペラは精神分析的と言っても良いと思いますが，最後に，彼のオペラには遊びが満ち溢れていることを改めて強調すべきでしょう。モーツァルトのオペラに，そもそも悲劇はありません。彼は，人物をステレオタイプに描くことなく，ありのままに描くことに腐心していくので，登場人物は皆，とても人間的です。人間的であるということは矛盾を抱えているということであり，どこかにおかしみが生まれてきて，結果的に喜劇性を帯びます。テーマはシリアスであっても，遊びの精神があるので，それらは距離を持って描かれ，人間のおかしみが強調されることになります。そのうえ，モーツァルトはそうした人間模様を絶妙に俯瞰的に描写していくので，そのおかしみは私たちにも跳ね返ってくることになります。

Ⅳ　モーツァルトとフロイト

　モーツァルトのこのような人間理解，人物描写はどのようにして生まれてきたのでしょうか。子ども時代からの経歴は関係しているにしても，彼には何か根本的に精神分析的なところがあるように思います。

　ここで私は，モーツァルトとフロイトは案外似ているところがあることを指摘しておきたいと思います。両者の生年はちょうど 100 年違うので，2 人が置かれた社会的状況はかなり違うのですが，共通するところも多々あります。はじめに，2 人ともドイツ語文化圏の人間です。モーツァルトは，ザルツブルク生まれですが，成人してからの生活の拠点は，ハプスブルク家の王宮があるウィーンでした。一方，フロイトはチェコの辺境フライベルグから，4 歳の時にウィーンに移住したユダヤ人でした。モーツァルトの父親レオポルド Mozart, L. はザルツブルグの宮廷で楽長を勤めた音楽家だったのに対して，フロイト一家は夜逃げ同然でウィーンに移ってきた点は異なります。また，モーツァルトは神の存在を疑うことはなかったのに対して，フロイトはシナゴーグに行かなくなったユダヤ人だったことも大いに異なる点です。職業を考えると，作曲家と精神分析家では，かけ離れているように思えるかもしれません。もっとも，モーツァルトは，今日では芸術家と目されていますが，自覚的には職業的音楽家であり，作曲もするが，演奏もして，それで生活していました。2 人とも，一方は音楽で，他方は精神分析で，

計を立てていたわけです。このように2人には，違いもあるが共通点もあると
いうことですが，さらに重要なポイントで共通しているように思います。
　それは，2人とも辺縁に位置づけられる存在だったということです。フロイト
がそういう存在であることは，衆目の一致するところでしょうが，モーツァルト
が辺縁に位置していたというのはどういうことかというと，彼は，仕えていた出
身地ザルツブルグの大司教の抑圧に耐えられなくなって，そこを飛び出し，音楽
家として，自立して生活することを目指しました。モーツァルトは自分の稀有な
才能を自覚していたからこそ，ザルツブルグでくすぶることはできませんでした。
自分の天才性を発揮することが，神のために必要と考えたのです。それでも彼は
就職することができなかったので，職業音楽家として生計を立てていくわけです。
これは当時としてはとても例外的なことでした。社会は未だ，芸術家を許容する
ほどに成熟していなかったからですが，彼に芸術家としての意識が芽生えてきて
いたことは，1784年に「自作品目録」を書きだしたことに反映されていると思
います。しかし，モーツァルトもフロイトと同じように，自分が現実には何の権
力も持っていないことを自覚していました。このように，モーツァルトのアイデ
ンティティは，境界に位置づけられていたということができるでしょう。
　2人とも天才であるということに関しては，異論はないと思いますが，2人と
も真実を飽くことなく追求した点において天才なのです。そして2人とも，自分
が天才であることを自認していました。そして，真実を求めることは美を目指す
ことになるでしょう。これはモーツァルトの場合には分かり易いことに思えるか
もしれません。作品を美しく作り上げるのは，作曲家として当然のことのように
思えるからです。しかし，モーツァルトの追求した美は，身体的なもの，官能的
なものにはとどまらなかったように思います。それは真実であることの美，創造
的であることの美だからです。
　一方，フロイトの始めた精神分析は，美とは関りがないように見えるかもしれ
ません。しかし，精神分析的な作業が，本質的なところで，後述するように心の
真実を求めるものであるなら，それは自然に美とつながるものでしょう。私たち
の心が美と関連することは，たとえば，元々フロイトは夢に注目していましたが，
夢がそれなりにまとまりがあり，ときに美しいものとして語られるのは，夢の作
業がなされるからであることをフロイトは発見しました。そして，そこには審美
的aestheticな知性が関わっていることをボラスは指摘しています。また，私たち
が精神分析のセッションで心のあり様を探求していく中で，「ああ，そういうこと
だったのか」と思う発見の瞬間があります。それはほんの一瞬のことですが，真
実にふれる瞬間でもあり，そういうときに，「ああ，美しい」と私たちは感じる

でしょう。精神分析が美に触れる瞬間です。このように，モーツァルトと精神分析は美を目指しているところで共通している，と言うことができるでしょう。ただ，フロイトは遊ぶことがあまり得意ではなさそうです。そこはモーツァルトと大きく異なる点かもしれません。そのためにウィニコットが登場するまで，精神分析における遊ぶことの意義はあまり理解されなかったのかもしれません。

V　精神分析的な経験としてのモーツァルトの音楽

　モーツァルトの音楽を経験することと精神分析の経験とが重なり合っていることを理解するためには，ウィニコット以降の現代の精神分析がどのようなものなのかを知る必要があると思います。現代の精神分析では，精神分析のセッションは謎解きの場でも，症状を軽減する場でもなく，分析家と被分析者の2人が，無意識レベルの交流を目指して，対話する場であることが強調されるようになりました。そのときに重要になるのが，遊ぶことと心の真実を目指すことです。ただ，問題なのは，遊ぶことも，心の真実を目指すことも，実際にどのようなことなのかが分かりにくいことです。ウィニコットの主張は，精神分析のセッションでは，分析家と被分析者の関係は現実の関係であるとともに，幻想的な関係であるということであり，その二重性が成り立つのは，そこに錯覚があるためである，ということです。そして，こうした作業が上手く行ったときには，生き生きとした場面ややり取りが展開する瞬間がある，ということです。すなわち，精神分析のセッションでは，分析家と被分析者が無意識のレベルで出会って交流し，真実を目指しつつ遊ぶことで，アライブネスを経験することが可能になることがある，ということです。

　一方，音楽を経験することとは，とりわけモーツァルトの音楽を経験することとはどういうことでしょうか。私たちは，音楽で遊んでいる，と言われて得心できるかもしれませんが，それが心の交流を求める作業であることは，認識されていないかもしれません。しかし，そもそも音楽は全てそれなりに対話的なものと言えるでしょう。子守歌がそうであるように，音楽は本来誰かに聴いてもらうためのものです。たとえ1人で歌っているようであっても，あるいは1人で演奏しているようであっても，心の中には聴き手がいます。そして，聴きながら，聴き手と演奏家や作曲者との対話が行われていきます。ところが，凡庸な作曲家が作った曲であれば，そのように心を見つめることなどほとんどなされないかもしれず，対話は発展しないでしょう。しかし，モーツァルトは違います。

　モーツァルトの音楽においては遊ぶことと対話が重なり合いながら展開していきます。モーツァルトはとても対話的な作曲家です。そのことに彼は，他に例が

ないほど注力してきた人と言えるでしょう。具体的な例として，オペラについて述べましたが，補足するなら，通常，オペラは朗々と歌い上げられるアリアと人物同士のやり取りのレチタティーヴォで構成されます。レチタティーヴォはいわば地の会話なので，普通は余り重視されません。ところが，モーツァルトはその部分を丁寧に作り込んでいくので彼のオペラは，たえずお喋りを続けている印象すら与えます。また，オペラにおいては，それなりにシリアスな物語が展開していく一方で，そういう登場人物たちを斜から見ているシニカルなまなざしが感じられることや，人間のパラドキシカルなあり方を，ありのままに描いてしまうところにも対話的であることの一端があらわれている，ということです。こうした二重性が彼の遊ぶことを基礎づけているということができるでしょう。

　オペラ以外に彼が生涯を通して作曲を続けたもう一つのジャンルにピアノ協奏曲があります。ピアノ協奏曲は，オーケストラとソリストとが対峙しているという構成自体が対話的ですが，モーツァルトの協奏曲はそんなに単純ではありません。オーケストラの楽器同士，あるいは演奏された声部同士が，細部で多層的な対話をしていきます。そういうことなので，耳を澄ますと，彼のピアノ協奏曲からは，たくさんの声が響いてくるのです。

　このように，モーツァルトは真実を求めつつも，遊ぶことも得意です。そうして生まれた音楽は，とても躍動感に満ちて生き生きとしたものになります。それでも，どうしてモーツァルトの音楽がこれほどまで生き生きとした感覚を生み出すのかは，ここまでいくつか理由を挙げてきましたが，相変わらず「謎」のままです。ただ，このように精神分析もモーツァルトの音楽も同じような場で，同じようなことを目指しているということができるでしょう。すなわち，2人の場で，他人の心と自分の心を考えていく作業が，一方ではモーツァルトの音楽になったのに対して，他方では精神分析になった，と言うことなのです。願わくば，私たちも，モーツァルトのような精神分析家・精神療法家になりたいものです。

文　献

Bollas, C. (1999) The Mystery of the Things. Routledge.

Freud, S. (1915) The Moses of Michelangelo.（渡辺哲夫訳（2010）ミケランジェロのモーゼ像. In：道籏泰三編：1913-14年 ナルシシズム モーセ像 精神分析運動の歴史（フロイト全集 第13巻）：岩波書店.）

Harnoncourt, N. (2005) Mozart-Dialoge. Bärenreiter.

イリーナ・メジューエワ（2017）ピアノの名曲—聴きどころ弾きどころ. 講談社.

小林秀雄（1961）モオツァルト・無常という事. 新潮社.

Mozart, W.（柴田治三郎編訳，1980）モーツァルトの手紙（下）—その生涯のロマン. 岩波書店.

Winnicott, D. W. (1971) Playing and Reality. Routledge.（橋本雅雄訳（1979）遊ぶことと現実. 岩崎学術出版社.）

第 9 章

ロック

江崎幸生

I　はじめに

　一般的なロックのイメージとしては，例えばエルヴィス・プレスリー Elvis Presley がセックスを思わせる腰付きで歌い，ミック・ジャガー Mick Jagger が裸で「満足なんてできない I can't get satisfaction」と聴衆に唸り，ジミ・ヘンドリクス Jimi Hendrix が恍惚の表情で超絶ギターを弾き，叩き壊し，火を付けるなど，エロスや不満や衝動をメロディーに乗せて聴衆に向かって投げかけるアーティストの様を思い浮かべることが多いのではないでしょうか？　しかし，オアシス Oasis のように時に希望を与えたり，コールドプレイ Coldplay のように知性的で抑制が効いていたり，ウィーザー Weezer のようにユーモアを交えて羞恥心を歌にするバンドなど，それぞれオリジナリティがあるので単純に1つの枠組みとして捉えることができません。一見ロックは無意識の中に隠された秘密について考えを深める精神分析の世界とは随分かけ離れたものと言えるでしょう。

　しかし，ロックバンドの歌や演奏から産み出される曲やメンバーの佇まいは，視聴者の内面の表出に形を与えてくれる触媒であり，一方精神分析はそのような表現の意味が何なのかを理解する上で必要な思考の枠組みを提供してくれるものかもしれません。

　引用がはっきりしない記載があったり，内容に偏りがみられるかもしれませんが，私なりにロックと精神分析について考えてみます。

II　ロックの歴史

　ロックンロールは 1950 年代にアメリカで生まれ，カントリー＆ウエスタンとリズム＆ブルースから大きな影響を受け，ゴスペルやジャズからも少なからず影

響されていると言われています。またロックンロールは黒人のスラングで「楽し
い時間を過ごす」や「性交する」という意味がありました。ラジオ DJ であった
アラン・フリード Alan Freed が，それまでは黒人のための音楽であったリズム
&ブルースを白人たちにロックンロールとして紹介しはじめ，ロックンロールが
広く知れ渡り定着したのです。そして，1954 年にプレスリーが「黒人のように
歌える白人シンガー」として，エレクトリックギターサウンドをメインとし，さ
まざまなヒット曲を生み出し，ソングライティングにも長けたチャック・ベリー
Chuck Berry が若者の共感を得るような歌詞でロックンロールの基礎を作り，ジ
ョン・レノン John Lennon など後世に大きな影響を与えたのです。その後，反戦
や公民権運動を象徴するボブ・ディラン Bob Dylan や，イギリス リヴァプールか
らビートルズ The Beatles が登場し，アメリカの音楽シーンを変え，呼称もロッ
クンロールからロックと略されて世界中に広まり現在に至ります。

　精神分析がフロイトからさまざまな精神分析や他の精神療法に影響を与え発展
したように，ロックもエルビスプレスリーからビートルズ，レッド・ツェッペリ
ン Led Zeppelin, クイーン Queen, ニルヴァーナ Nirvana まで進化を遂げました。

　ロックンロールが誕生した 1950 年代はアメリカで保守的な倫理観から抑圧さ
れていた若者は漠然とした社会への反逆や自由への渇望を，ロックを聴くことで
昇華させるようになりましたが，他方同時期にはアメリカの上流階級層の多くは
精神分析を受けていた時代でした。この頃のアメリカでは多くの人が自分自身の
問題や葛藤を抱え，分析家に会いに行っていたでしょうから，そう捉えるとロッ
クと精神分析は似たような役割を担っていたのかもしれません。今はロックも精
神分析もその時代ほどの勢いはありませんが，今でも求められ進化し続けている
ことを考えると，どちらも人の心に響く普遍的な魅力を備えていると言えるでし
ょう。

Ⅲ　ロックの魅力

　ロックの魅力には音楽的な要素をはじめさまざまものがあります。それらを，
いくつかの要素に分けて考えてみます。

▎1. ロックの音楽的魅力

　ロックでの一般的なバンドの構成は，ドラム，ベース，リードギター，時には
リズムギターも加わり，ヴォーカルとなります。キーボードやコーラス隊，ホー
ンセクション，ときにはオーケストラなどが加わって大所帯になることもありま

すが，逆にホワイト・ストライプス The White Stripes のようなギタリストを兼ね
たヴォーカルとトフムの2人だけのシンプルなユニットなど編成はそれぞれ異な
ります。ロックにおいてドラムとベースは"リズム隊"と称され，曲のリズムや
テンポを規定する，いわば外的な構造と言えるでしょう。ベースはリズム楽器で
もありメロディーの下支えをします。

　ベースやドラムも重要ですが，ロックにおいてギターは欠かせない存在です。
メロディーを奏でて曲に彩りを与え，音を歪ませたり艶やかにしたりするなどの
表現を加えバンドサウンドを豊かにします。ロックではリフと呼ばれるイントロ
やサビで繰り返し演奏されるメロディーがあり，リフは曲の印象を決定づける重
要な役割を担います。エアロスミス Aerosmith のウォーク・ジス・ウェイ Walk
This Way は小気味がよく踊りたくなり，レイジ・アゲインスト・ザ・マシーン
Rage Against The Machine のゲリラ・ラジオ Guerrilla Radio では雄叫びをあげた
くなり，ブラック・サバス Black Sabbath の同名曲のリフは不気味で恐怖を掻き
立てたりします。良い演奏では，リフとともに聴くものの気分を高揚させるよう
な独特のリズムを伴った演奏がなされ，それをグルーヴといいます。グルーヴと
いう言葉に明確な定義はないそうですが，完璧なテンポで演奏するのではなく各
メンバーから発せられる人間味溢れるリズムにはある種の心地よさが産まれるた
め，それを指しているのだと思われます。よって，グルーヴに明確な定義がない
理由は各人によって快感の感じ方が異なるため定義付けできないのかもしれませ
ん。アーティストが何を表現しているのかを能動的に連想して聞き，そこに無意
識に聴き手の歴史やその時の気分などさまざまな要素が加わることで言葉では表
現しがたい固有のグルーヴを感じ，各々が異なるカタルシスを得るのです。すな
わち，ロックを聴くことは音を通したアーティストと視聴者の非言語的な情緒的
交流とも言えるでしょう。

　さらに，ライブはアーティストと観客とのより直接的で密な交流です。ビョー
ク Björk は「ライブ前のリハーサルは嫌い。だってセックスの前にリハーサルを
する人はいないでしょ」と喩えています。音楽を聴くだけではなく同じ空間や音
圧を体験し，アーティストは貯めていた熱をライブで放出し，観客も事前に十分
に曲を聞いて高まった状態で臨むライブはアーティストと観客が密に交わり熱狂
する様はインターコースのようであり，互いに遭遇したときに全てを出し切りそ
の場を十分に味わうという点においては精神分析の面接場面とも共通しているよ
うに思われます。

2．楽器としてのヴォーカル

ロックは，そのメロディーやリズムの衝撃が強く，歌詞が頭に入ってこないことがあるかもしれません。歌詞を重視せずあまり聴かない人もいるでしょう。さらに洋楽であれば英語が聴き取れないことや，スラングが含まれ理解できないということもあるでしょうが，日本語の歌詞でも意味を聞き流してしまうことや，注意深く聴いても何を歌っているのか理解できないこともあるでしょう。しかし，聞く側は曲を通してヴォーカリストから発せられるメロディー，声質，声量などの情報から怒り，悲しみ，高揚感などさまざまな情感をキャッチしていることがしばしばあるのではないでしょうか？

その理由は聞き手が自分の思いを歌い手に投影している可能性もあるでしょう。もうひとつ考えられる理由としては，乳幼児期の母親との間の体験に類似しているのかもしれません。赤ん坊は，母親の言葉の意味はわかりませんし，さらに生まれたばかりの頃は顔も見えず，目の前にある乳房の持ち主が母親であることも認識できない状態です。しかし，次第にその言葉の中から，意味は分からずとも母親の情感をキャッチし自分なりの意味づけをするようになりますが，この乳児期の体験がロックを聴くときの体験に類似しているように思われます。

さらに，ロックのリズムの特徴として，ビートがあります。8ビート，16ビートやシャッフルビートが主ですが，母親の心拍を感じながら言葉や表情を感じるのと同じように，ロックのビートに乗った歌声を聴きヴォーカリストの情感を感じ取ることに似ているように思います。その言葉のようなまだ言葉にもならないような未分化な音を聴くという体験はウィニコットのいう中間領域なのでしょう。よって聴き手は意味がわからなくともヴォーカルの歌声から原初的で未分化な早期母子関係の情感を感じ取っているのではないかと思われます。

3．ロックアーティストのアティチュード

俗っぽい表現ではありますが，我々はロックに対してしばしば"カッコいい"と表現します。もちろん曲そのもののカッコよさがあるだけでなく，ロックアーティストの服装や佇まい，アティチュードにあるのでしょう。アティチュードの魅力には，しばしばアーティストたちの反体制的な振る舞いが含まれます。モトリー・クルー Mötley Crüe は長髪にライダースジャケットという出で立ちで，ライブでは煙草を吹かせてバイクにまたがったことでバッドボーイズというイメージを定着させ，メタリカ Metallica もアルバムタイトルを「皆殺しにしろ」（キル・エム・オール Kill 'Em All）と名付けました。そのような攻撃的態度や佇まいにフ

ァンは自分たちの願望を投影して熱狂するのです。

その中でも反体制を全面的に押し出したのは70年代に活躍したパンクバンドのセックス・ピストルズ Sex Pistols でしょう。ヴォーカリスト，ジョニー・ロットン Johnny Rotten は自分自身をアナーキストであるとか，エリザベス女王を揶揄する曲を歌ったことで保守層から目の敵にされ襲われたこともありました。ベーシストのシド・ヴィシャス Sid Vicious はロットンと人気を二分し，音楽よりもバンドのイメージに貢献しました。彼の母親によると元々は素朴で礼儀正しかったようですが，ファンからパンクロッカー然とした言動を求められるとライブでしばしば客を殴りつけたり，ファンを横たわらせて大便するなどの過激さや奇行が増していきました。薬物の影響もあるのでしょうが，ファンから求められているロックスター像を提供するとなると，時に反体制を超えて反社会性まで出さねばならなくなります。シドは恋人を殺した疑いをかけられるなどさまざまなスキャンダルや粗暴な言動の末，結果的にドラッグの過剰摂取のため21歳で亡くなりました。

シドの元々の反社会性はあったとしても，それ以上にファン自身が持っている衝動性や不良でありたいという願望を引き受けた結果このような生き様になったのかもしれません。言い換えると人格の裏に潜む反社会的部分を表に出すことでパンクロッカーとしてのシド・ヴィシャス像を作り上げることには成功しましたが，ステージを降りてもロックスターのままを演じた末の悲劇だったとも言えるでしょう。

ピストルズに影響を受けたロックスター，ニルヴァーナのカート・コバーン Kurt Cobain も反体制的な人でした。80年代ロックはハードロック，ヘヴィメタルの全盛期でしたが，90年代に入るとグランジ，オルタナティブと呼ばれるパンクロックの流れを受けつつも陰鬱な雰囲気を持つバンドが出現し，ニルヴァーナはその代表でした。カートは，当時流行っていたロックを商業的であると痛烈に批判しました。高いソングライティング能力があり神秘的でカリスマ性があったものの，慢性的な胃痛に苦しみ，双極性障害を罹患していたとも言われています。カートはデビュー前には成功にこだわりましたが，バンドがデビューアルバムでいきなり世界的なヒットを収めることで夢は実現したものの，胃痛は悪化しそれを抑えるためにドラッグを頻繁に使用していました。1994年に「音楽に対しての情熱や喜びを感じ無くなった。フレディー・マーキュリー Freddie Mercury のように観客の愛情と崇拝を愛し楽しめなかった」「だんだん消えていくくらいなら一気に消えたほうがマシだ」などと書かれた遺書を残して27歳のときショットガンで自殺しました。カートは，常に社会に対してシニカルな態度でしたが，一方

裏表がなく信頼した相手には大変親切だったようです。そして常に自分の正直な気持ちに偽らないことを信条にしており、ロックスターに祀り上げられることを嫌いました。また、音楽を楽しむことができなくなっているのにロックスターとして楽しんでいるように偽らねばならなくなることへの嫌悪が遺書には書かれており、痛々しいほど正直さを貫き脆弱な心を露わにしたのでしょう。

　2人とも反体制のカッコよさがありつつも、彼らから滲み出る危うさやもの悲しさをも感じられます。何かを演じる人はこのような裏と表の区別が難しくなることがあるでしょうが、ロックアーティストは、反体制的な言動がファンから求められ受け入れられるため、ある種の中毒性を帯び、加えて衝動性が高まり抜け出すことが難しくなるのかもしれません。シドは舞台と楽屋での二面性を使い分けることができず彼のパンクロッカーとしてのアティチュードは、偽りの自己false-selfだったのかもしれません。一方、カートはアーティストとしての偽りを嫌い、表裏がなく正直にだけ生き裏の部分が持てなかったのです。よってシドはステージでのカッコよさを日常生活でも行い、カートは日常生活で行っていたカッコよさをそのままステージでも行っていたわけですが、共通していたのはスターとしての自己、素の自己にバウンダリーがなく、二面性が持てないことに苦しんだのでしょう。よってロックスターであり続けることは、ロックスターでありつつも、素の部分を維持するバウンダリーが必要になりますが、同時にスター性を維持するためにはバウンダリーを持っていることをファンには気付かれないようにせねばならない、という複雑さが求められるのかもしれません。バウンダリーを意識し二面性を持つという意味では、患者が自由に連想し語れるよう自分の価値観を隠し中立的姿勢で治療する精神分析家もある意味ロックスターと共通しているのかもしれません。

Ⅳ　ロックの歌詞

　ロックの歌詞は、恋愛や落胆、怒りなど感情がむき出しになった、ストレートでわかりやすいものがある一方で、スラングや比喩が多い、韻を踏む、言葉のリズムを重視するなど、全く意味がわからないものまであります。何かしらの意味が隠されているようだが抽象的でわかりにくい、ときに作詞家自身が意味を考えて作っていないこともあり、しばしば難解です。

　他方、一見抽象的に思える歌詞の中にも作詞家の内的世界が意図的に隠されていたり、無意識から産み出される連想が象徴的に置き換えられている場合があるでしょう。聞き手はメロディーやヴォーカルの歌い方、声色などで曲のイメージ

を膨らませつつ，歌詞を独自に解釈することで"曲を聴く"ことが完成するのか
もしれません。ロックに限りませんが音楽を始め芸術は鑑賞する者の解釈に委ね
られているのでしょう。ここではロックの歌詞を解釈してみます。

1．ゼファーソング（The Zephyr Song）

　これはレッド・ホッド・チリ・ペッパーズ Red Hot Chili Peppers が 2002 年に
発表したアルバム『バイ・ザ・ウェイ By The Way』に入っている曲です。ギタリ
ストのジョン・フルシャンテ John Frusciante がストラトキャスター Stratocaster
（フェンダー社により開発されたエレクトリックギター）で奏でるアルペジオが美
しい曲で，ミュージックビデオはダンスする女性，メンバーのシルエット，鳩が
万華鏡のように対称的に映し出され，幻想的な雰囲気に作られています。

　　　君の手に書いていいか
　　　噛みつける足が欲しいだけ
　　　凧を飛ばすにはもってこいの夜だよ
　　　ライトを照らしたいか

　　※君のために飾っているから見てごらん
　　　今日は降りて行きたくないんだ

　　　占い師とあったのか
　　　プロペラなしで飛び立つ
　　　上にあげればステラと一緒にいられる
　　　やっと彼女を嗅ぐことが出来る

　　　盛り上がってきたけど
　　　君のために激しくしないよ
　　　一片とって回してくれ

　※※僕のそよ風で飛んで行こう
　　　今まで以上に感じるよ
　　　最高の天気だから
　　　一緒に居場所を探そう

　　　僕の風で飛ぼう
　　　反逆者と解放者
　　　スケーターになる方法を見つける

　　彼女を浮上させるように速度を上げろ
　　超フレンドリーな飛行家だ

　　※繰り返し

　　※※繰り返し

　　僕が集中する水の中
　　世の中は僕を置いていけばいいさ
　　僕のそよ風で飛んで行こう
　　一緒に居場所を探そう

　　※※繰り返し

　　僕が集中する水の中
　　世の中は僕を置いていけばいいさ
　　僕のそよ風で飛んで行こう
　　僕たちは永遠に生きるんだ，永遠に

　　この曲のゼファーとは春や初夏にそよ風を運ぶ西風という意味ですが，もともとはギリシャ神話にある風の神々の中のゼピュロス Zephyros が語源となっています。ゼピュロスは後に春の花の女神フローラ Flōra になるクローリス Chlōris を，兄弟と奪い合った末に勝ち取りました。この曲はフローラのような女性との恋の歌のようです。互いに愛し合い風に乗って宙を舞うというような幻想的な表現が使われますが，この歌詞の中には「プロペラなしで飛び立つ」「降りてきたくない」などの表現があります。これは，恋に落ちて舞い上がっているように聞こえますが，セックスを表現しているように思われます。そして，「一片取って回してくれ」という歌詞は大麻やドラッグを連想させますし，「彼女を浮上させるように速度を上げろ」などの表現は前述のようにセックスのようでもあり，ドラッグを互いに使って高揚しているかのようでもあります。
　　ヴォーカリストのアンソニー・キーディス Anthony Kiedis の少年時代，父親はドラッグの売人をしており，その影響で彼自身も長年ドラッグを使用しながらバンド活動をしていたため，高校時代からの親友でバンドのベーシストでもあるフリー Flea との関係が悪化した時期もあるようです。歌詞の最後の水の中に留まり世界から置いていかれる様子は，ドラッグ中毒で友人たちとの関係が壊れて孤独になり，社会生活もままならなくなる不安を抱きながらも，ドラッグを続けて恋

人と楽しく過ごし現実を否認している当時の様子を切なく歌っているように思わ
れます。

┃ 2．クリープ（Creep）

　この曲はイギリスのロックバンド，レディオヘッド Radiohead の 1992 年に発
表されたアルバム『パブロハニー Pablo Honey』に収録され先行シングルにもな
った曲です。ヴォーカルのトム・ヨーク Thom Yorke の繊細な歌声と，それにシ
ンクロするようなトレモロ（音程を周期的に変動させる奏法）のかかったギター
の循環コードが心地よい曲です。

> このまえきみがそばにいたとき
> ぼくはきみの目が見れなかった
> その肌をみているだけで涙がでてくる
> 羽みたいに浮かんでるね
> とっても美しい世界に
> 思うよ，この自分が特別だったらって
> きみはどうしようもなく特別なひと
> だけど，ぼくは気味悪いやつ　僕は変な野郎
> 一体ここで何してるんだ？
> ここにぼくの居場所はない
>
> 苦しくたってかまわない
> 主導権を握りたい
> 完璧な肉体がほしい
> 完璧な魂がほしい
> ぼくの姿がみえないときには
> きみに気づいてほしい
>
> きみはどうしようもなく特別なひと
> ああ，ぼくも特別だったらいいのに
>
> 彼女，またどこかへいってしまう
> いってしまう……
>
> きみを幸せにするものならなんだって
> きみが望むことならなんだって
> だってきみは信じられないくらい特別なひと
> ぼくも特別だったらいいのに……

だけど，ぼくは気味悪いやつ　ぼくは変な野郎
一体こんなところで何してるんだ？
ここに僕の居場所はない
ここに僕の居場所はない

　ヴォーカルのトムは生まれつき左瞼が麻痺して開眼できない障害があり，幼少期に何度も手術を受け，目が見えるようにはなったものの，十分に開眼できない障害が残りました。幾多にも及ぶ手術と長期間使用していた眼帯によってかなりのストレスを強いられ，十分に開眼できない眼にもコンプレックスを抱いたようです。そんなトムが学生時代に美しい女性を見かけ一目惚れをしたものの，自分の容姿にコンプレックスを持っていたためただ眺めるだけで何もできない自分自身をクリープ（変な野郎，キモいやつ）と称し，身の丈の合わない恋のせつなさを歌っています。自分の劣等感を隠すことなく繊細な歌声で正直に歌い上げる歌詞は多くの"クリープたち"の共感を呼び，バンドをスターダムに押し上げました。おそらくファンはスターになったトムの暗い過去がありながらも成功している姿に随分勇気付けられたのではないかと思われます。
　この曲はギターのエド・オブライエン Edward John O'Brien の奏でるトレモロのかかったアルペジオから始まりますが，このトレモロはトムの抱く恋愛や劣等感などの不安を音の揺らぎとして象徴的に表現しているようです。そして，サビの部分になるとその繊細なアルペジオに覆いかぶさり破壊するかのような暴力的なディストーション（エフェクターという機械で加工し歪ませたギター音）のかかった激しいギターのブラッシング（フィンガリングする側の手でミュートしながらピッキング）で割り込んできます。町山（2013）によるとギタリストのジョニー・グリーンウッド Jonathan Richard Guy Greenwood は「この歌詞のあまりの女々しさにギターで打ち壊そうと思った」と発言しているそうです。しかし，ジョニーはトムの不安や女々しさにイライラしただけでなく，トムの怒りがジョニーに投影され，非言語的な怒りがギターで表現されたのかもしれません。トムの劣等感の背景に潜む「何故自分はこんな容姿で生まれてきたのか」という弱々しさと怒りの相まったアンサンブルこそが，この曲の魅力でありカタルシスでしょう。
　この曲が発表された直後は，クリープ目当てに来るファンばかりだったので，それに腹を立てたメンバーはこの曲をクラップ（ゴミ）と嫌い，演奏しなくなりましたが，2000 年ごろから徐々にこの曲を演奏することが増えてきました。この曲しか求められず揶揄されたことの反発からその後多くの名曲を作り上げた

ことでバンド自体が自尊心を回復し，過去を受け入れてまた演奏するようになったのかもしれません。

Ⅴ　終わりに

　最後に私のロックの聴き方について考えてみます。アイデンティティを模索していた思春期の頃は，キャッチーな曲を好み，ミュージシャンの精神やビジュアルのカッコよさに憧れ，時に自分と重ね合わせつつロックを聴いていました。原稿を書き進めながら，私は年を重ねても何故今もなおロックを聴き続けているのかという疑問を抱きました。同じような疑問を抱いている方もいらっしゃるかもしれません。

　それはおそらく私の求めるものがアイデンティティやキャッチーさだけでなく，以前よりも穏やかな曲，音数が少ない曲，攻撃的アティチュードを前面に押し出さないバンドにもカッコよさを感じるよう変化したことが関係しているように思えました。それは年を重ねたくさんの曲を聴いて耳が肥えたことと，人生でさまざまな経験をしたことにより，音楽を聴く際の解釈の幅が広がり奥行きが深められたからでしょう。言わば，音楽的趣味が大人になったのかもしれません。しかし，過去に聞いていたロックに対しても，懐かしむわけでも否定するわけでもなく，今も当時と同じように新鮮な気持ちで聴いています。時間を自由に遡り今でもロックを聴いて中学生に戻ることができるのです。

　現在，ロックは傍流になったと言われ，誰もが知っているバンドや曲が少なくなっていますが，今でも多様化しながら多くのバンドやミュージシャンが良いものを作り続けています。今後も変わらず新旧のロックに興奮し，励まされ，癒されるでしょう。

文　　献

Azerrad, M. (1993) Come as You are: The Story of Nirvana. Ebury Publishing.（竹林正子訳（1994）病んだ魂―ニルヴァーナ・ヒストリー．ロッキング・オン．）
Baker, T. (2009) Thom Yorke: Radiohead and trading solo. Church Stretton: Independent Music.（丸山京子訳（2010）トム・ヨーク―すべてを見通す目，シンコーミュージック・エンターテイメント．）
福屋利信（2012）ロックンロールからロックへ―その文化変容の奇跡．近代文藝社，p.105.
北山修（2007）劇的な精神分析入門―治療室楽屋論．みすず書房．
町山智浩（2013）本当はこんな歌．アスキー・メディアワークス，pp.67-70.
南田勝也（2011）ロックミュージックの社会学．青弓社．
MTVロック検定委員会（2013）MTVロック検定―公式テキストブック．音楽出版社．
西崎憲（2019）全ロック史．人文書院．
Parker, A. (2010) Vicious: Too Fast to Live. Glitter Books.（竹林正子訳（2004）シド・ヴィシャスの全て．ロッキング・オン．）

ミニコラム聴く編

ポップ・ミュージックの極北としての「相対性理論」
——あるいは，「相対性理論」私論の予告編

細澤　仁

　結局のところ，音楽に限らず，どのような「表現」（今の私は，「芸術」という言葉よりも，現代的でもあり，いくぶん軽やかでもある，「表現」という言葉にリアリティを感じます）でも，受け手にとってパーソナルな意味合いがあるもののみがこころを喚起するのです。このことは私が言うまでもなく，当たり前のことです（たとえば，その最も美しい実例のひとつとして，ロラン・バルト Roland Barthes の『明るい部屋』を挙げることができます）。しかし，この当たり前のことがあっさりと無視され，「表現」に接する主体を記述することなく，「表現」を客体として記述するという怠惰な文章が世の中には溢れかえっています。

　ポップ・ミュージックは，言うまでもなく，「商品」です。「商品」は売れることへの欲望がその背後にあるため，システムのなかでいかにうまく機能するかという点が重要になります。そこには個人の「感情」（あえて「意志」とは言わないでおきましょう）があるにはありますが，その個人を越えてシステムの都合や思惑が入って来ます。無論のこと，ポップ・ミュージックをそもそもそのような個人を超えた（あるいはある個人を活かす形での）共同作品と捉えることも可能でしょう。そう考えてしまうと，個人というよりも，一義的に作品が存在することとなり，同じ「表現者」の「表現」でも，ある「表現」には喚起され，ある「表現」には喚起されないということが当たり前のように起こります。これは傑作と駄作という思考停止の言葉で考えられるべき問題ではありません。

　問題は，そのすべての「表現」が私のこころを喚起する「表現者」が存在するということです。私にとって，そのような「表現者」のひとつが「相対性理論」という名のプロジェクトです。私はプロジェクトと言いました。「相対性理論」を従来型のバンドや音楽集団という枠組みで捉えることはできません。「やくしまるえつこ」という謎めいた記号の周辺に離合集散する諸経験の総和が「相対性理論」なのです。『調べる相対性理論』（2019）という最新のライブアルバムの帯（？）において，松村正人は「ただしその中心にいるやくしまるえつこは素数のように剰余がない。いや剰余がないどころか剰余そのものなのにそれ自体でしかわりきれない」と書いています。この感覚は，私の体験と同じではありませんが，呼応しています。「相対性

理論」がプロジェクトであるため，「やくしまるえつこ」のソロ活動も「相対性理論」の一部と見ることができますし，たとえば2011年にリリースされた『正しい相対性理論』はさまざまな「表現者」によるリミックスアルバムですが，「相対性理論」をプロジェクトと見る立場からはオリジナルアルバムと考えてよいことになります。

　「相対性理論」は最も商業主義的であるはずのポップ・ミュージックであるにもかかわらず，現在に至るまで，いかなるレコード会社にもプロダクションにも所属していません。それは，おそらく表現としての純度を保つためでしょう。純度を保つもうひとつのあり方は，ライブのタイトル（たとえば，『位相』『幾何』『変数』等々）やライブにおける「やくしまるえつこ」の喚起的ではあるが，意味がよくわからないMCにも表れています。

　さて，私の「相対性理論」の味わい方は次のようです。入手できる範囲ですべての音源を聴き込み（1枚につき最低100回），時間と都合の許す限り，日本のどこであっても，ライブに参加するということです。「相対性理論」が1つのプロジェクトであるという特性を持つため，体験の量が増えれば増えるほど，体験の質は豊穣になります。「相対性理論」を体験すると，「相対性理論」の実態に迫りたいという欲求が湧くかもしれません。つまり，表面に表れているさまざまな記号の背後にある意味を知りたい，ないし，理解したいという気持ちが生じるかもしれません。私にとって，「相対性理論」の体験の仕方は，そのような欲望を控え，表面を味わうというものです。

　たとえば，『調べる相対性理論』の発売直前に，日比谷野音で『野音を調べる相対性理論』と題されたライブが開催されました。これはライブアルバムの全曲をそのまま実演するという企画です。私はそのライブの現場にいました。「いつか・どこかで」演奏された音源を集めたライブアルバムの発売直前に，それを忠実に再現するという試み。時間の流れというリニアなものを歪めること。しかし，そのようなある種の意味よりも，私にとって衝撃的だったのは，「やくしまるえつこ」の声が夜空に吸い込まれる際の体験でした。問題は，意味ではなく，体験の強度と純度です。言語化することによって，強度と純度の感覚は遠のいてしまいます。私はそのような言語化を拒絶する体験を美的体験と呼びたいと思います。そして，私（2017）はこの美的体験こそが精神分析的体験の本質と考えています。

文　　献

細澤仁（2017）日常臨床と精神分析. In: 祖父江典人・細澤仁編：日常臨床に活かす精神分析
　　―現場に生きる臨床家のために. 誠信書房, pp.49-65.

シューベルト

川合耕一郎

　フランツ・ペーター・シューベルト Schubert, F. P.（1797-1828）は，ウィーン郊外に生まれ，生涯のほとんどをウィーンの中で過ごした楽聖です。シューベルトは幼い頃から非凡な楽才を示しましたが，学業よりも作曲を優先し，教師の父親に従わなかったため勘当されました。音楽での成功を親から嘱望されたのではなく，自分の道を選んだ結果，帰る家を失い，極貧生活を与儀なくされたのです。そのため，友人宅を転々とする根無し草のような生活を送っていました。彼は多作な人で，31歳で夭折するまでに，1,000曲近くを作曲しています。年間に 200曲近く作曲した年もあったそうです。友人達と一緒にいる時でも湧き出すようにメロディが浮かんできたという逸話も残っていますから，さながらシューベルトにとって作曲は，自由連想のようであったかもしれません。

　学校の音楽の授業で，シューベルトの作品に触れたことのある方は多いでしょう。私も他ではありません。30 年以上も前，小学校の音楽の授業でかかったシューベルトのピアノ五重奏曲イ長調「ます」（D667）の第四楽章のメロディが耳から離れず堪らなくなりました。1 人で電車に乗ってデパートに出かけ，カセットテープを買って帰り，口ずさめるまで繰り返し聞いたこと。これが私のシューベルトとの出会いであり，音楽の美と邂逅した最早期の経験です。彼の音楽には文化や時を越えて私たちに届くような，特別な親しみやすさがあります。それは，彼の曲想の関心が，神や社会と人間の関係といった大きなものよりは，自然への畏敬や人の心や時の移ろいに向いていたということとおそらく関係があるのでしょう。

　一方，晩年に近づくにつれて，シューベルトの音楽は反復が多くなったり，形式の均衡を失うほど長くなったりと，近づき難いシューベルトが出てきます。批評家からは音楽的構築力の弱さ・冗長と批判され，演奏家の中には反復を省いて演奏したり，演奏自体を避ける人もいました。このようなシューベルトについて，作家の村上春樹氏の小説『海辺のカフカ』（新潮社）の中の登場人物は次のように語ります。「どう，退屈な音楽だろう？」，「シューベルトは訓練によって理解できる音楽なんだ。僕だって最初に聴いたときは退屈だった。君の歳ならそれは当然のことだ。でも今にきっとわかるようになる。この世界において，退屈でないものに人はすぐに飽きるし，飽きないものはだいたいにおいて退屈なものだ。そういうものなんだ。僕の人生には退屈する余裕はあっても，飽きているような余裕はない。たいていの

人はそのふたつを区別することができない」

　ここで一度，精神分析に目を向けてみます。自由連想を聴く分析家の退屈さは避けようのない本質的な事態ですし，逆に退屈さのない分析と呼べるものがあるとすれば，それはどこかリアルではなく，何かが否認されているように思えます。また，精神分析的臨床の訓練は，退屈さに持ち堪えるのを助けてくれますし，患者が退屈さの裏でコミュニケートしてきている何かへの感受性を鍛えてくれるでしょう。

　こうして考えてみると，シューベルトの音楽は，ただ向こうからやってくる良いものを享受するという態度での聴取では不十分で，一筋縄でいかないアンビバレントな情緒に巻き込まれ，持ち堪えた先に理解可能なものなのではないでしょうか。英国独立学派の精神分析家コーホン Kohon（2016）は，芸術や文学に対してこれまで精神分析がとってきた還元主義的手法を批判し，芸術的な対象との出会いによって鑑賞者に喚起される情緒的経験に焦点を当てました。そして，芸術や文学を鑑賞する際の審美的経験と精神分析的臨床での経験には共通性があり，その不可欠な要素として「不気味さ」を取りあげています。牽強付会の誹りを免れないでしょうが，コーホンの指摘する経験の共通性を音楽の領域にまで敷衍してみたい誘惑にかられます。

　アメリカの音楽学者のローレンス・クレイマー Kramer, L.（Kramer, 1998）は，ピアノ三重奏曲第二番（D929）について，フロイトの論文「不気味なもの」（Freud, 1919）を援用して分析しています。終楽章で，第二楽章で使われた葬送行進曲のメロディが複数回反復されます。親しみを覚えるスペインの民族音楽から借用されたメロディは，謎めいて「不気味な」雰囲気を纏って回帰し，それは蘇ってきた亡霊を連想させます。この底知れない不気味さは，『魔王』（D328），『死と乙女』（D531），『冬の旅』（D911），『弦楽五重奏曲』（D956），『後期ピアノソナタ』（D959）などの作品にも通底する，シューベルトの美的葛藤の痕跡なのでしょう。

文　　献

Freud, S. (1919) Das Unheimlich. (Gesammelte Werke, XII, Werke aus den Jahren 1917-1920; herausgegeben von Anna Freud, E. Bibring, W. hoffer, E. Kris, O. Isakower, Imago Publishing Co. Ltd., London, 1940; Sechste Auflage, S. Fischer, Frankfurt am Main, 1986.)（藤野寛訳（2006）不気味なもの. In：須藤訓任編：フロイト全集 17. 岩波書店, pp.1-52.）

Kohon, G. (2016) Reflections On The Aesthetic Experience. Psychoanalysis And The Uncanny. London; Routledge.

Kramer, L. (1998) Franz Schubert: Sexuality, Subjectivity, Song. Cambridge: Cambridge University Press.

村上春樹（2002）海辺のカフカ. 新潮社.

第4部

「読むこと」をめぐって

第 10 章

精神分析的に小説を読むこと
—— 『海辺のカフカ』を素材として

木部則雄

I　はじめに

　小説には起承転結があり，そこにはドラマが展開されています。読者はその主人公やそこで展開される世界を自然に理解しようとします。人はなぜ小説を読むのかといえば，自分の知らない世界に自分自身を投影し，時には主人公に同一化するなど，空想を駆使することに喜びを感じるからでしょう。そして感動や時には退屈さ，不可解さ，難解さなど多彩な読後感を抱きます。しかし，精神分析的に小説を読むということは，こうした読み方とはいささか異なります。精神分析的に理解するには，小説の世界に埋没することなく，適度な距離を維持することも必要です。私たちが実際のクライアントに会って，アセスメントを行い，その臨床実践をすることとほとんど同じです。そこでは臨床実践と理論との弁証法的な展開があり，その理論を超えた発見や情緒の揺れも経験します。こうした意味で，小説は格好の精神分析的な訓練の素材となります。

　まず，この小説（『海辺のカフカ』（村上春樹，2002））を読んでみて下さい。そして，皆さんなりに精神分析的な枠組みでの理解を試みて下さい。まず，この小説が父親殺しというエディプスをテーマとしていることは明確です。小説のタイトルから，私たちは小説家のフランツ・カフカ Kafka, F. を想起しますが，カフカはエディプスの敗者であることもよく知られています。こう考えると，この小説のカフカはエディプス，田村浩一はライオネル，佐伯さんはイオカステというエディプス構図となります。このトライアングルの中で物語が展開してるのだろうと想像することは難しくありません。次に，厄介なことにカフカの章とナカタさんの章が交互に交差しながら物語が進展します。表舞台がカフカの章，裏舞台がナカタさんの章となり，最後にこれらが統合されます。こう考えるとカフカの章は意識，ナカタさんの章は無意識とみなすことができるでしょう。するとカフ

カの無意識はナカタさん，田村浩一はジョニー・ウォーカー，佐伯さんは解離す
る15歳の少女に相当するのではないかというさらなるエディプス構図が成り立
ちます。つまり，カフカの父子関係というエディプス，そして佐伯さんとの母子
関係について考えることが，この小説の精神分析的理解の鍵になります。ここで
気になる存在はカラスです。カラスはカフカの理性的な話し相手であり，カフカ
の内部に存在しています。カラスはイマジナリーフレンドとも，解離したカフカ
の別人格ともいえるでしょう。カフカのチェコ語の意味はカラスであり，この名
前自体，相互に不可分な存在であることを示唆しているでしょう。

　さて，こうした読み方は私たちが臨床でアセスメントや見立てという行為とほ
とんど同じです。私たちはクライアントの話を聞きながら，この人がどのように
生きてきたのか，どのような葛藤があるのかと吟味しながら，その人の対象関係
について思いを馳せます。

　クライアントの話を聞くとき，あるいは子どもとの臨床での出会いなどで大切
なことは，この発言や発達はちょっと変だなと疑問を抱くことです。この小説で
ちょっと変だなと感じたのは，「甲村」さんという佐伯さんの永遠の恋人の苗字で
す。田村，ナカタ（中田）というシンプルな苗字ではありませんから，ちょっと
妙な印象でした。これは漢字遊びですが，田村の田と中田を重ね合わせれば，甲
になります。それに残った村を加えると，甲村という漢字になります。つまり，
田村カフカ＋ナカタさん＝甲村さんであろうという仮説が成り立ちます。この仮
説は，後半に登場する絵画に3人が登場すること，佐伯さんとの性交時に，カフ
カと甲村さんが交互に登場することで実証されます。もう一つ気になったのは，
高松の佐伯という苗字です。佐伯さんは生きているのか，死んでいるのか分から
ない人です。いささかマニアックな知識ですが，高松の佐伯氏というのは，空海
の一族であり，空海の俗名は佐伯眞魚です。真言密教では即身仏がよく知られて
おり，生きながら死んで仏になるというのは，佐伯さんの存在によく似ているよ
うに思います。こうしたアイディアは，精神分析的な臨床で，閃きのようにセラ
ピストの脳裏に浮かぶことがあります。

　精神分析的な臨床で重要なツールは解釈です。解釈はクライアントの語りやプ
レイという提示された素材に基づく仮説です。これが実証されるかどうかは，ク
ライアントの反応で判断します。小説の場合は実際の記述が素材であり，同時に
実証する証拠でもあります。

　こうした枠組みの上に，この小説は基本的にセラピーであるかのように展開し
ます。この顛末として，カフカは世界で一番タフな15歳の少年として成長しま
す。これは精神分析的にはエディプス・コンプレックスをワークし，経験したこ

を意味しているように読み取れます。こうして『海辺のカフカ』を精神分析の
理論という俎板の上に載せましたので，詳細な事象について考えていきます。

II　『海辺のカフカ』のエディプス・コンプレックス

1. 家出（思春期のエディプス状況の再演）

　カフカは 15 歳の誕生日，父である田村氏の呪いから逃れるために家出をしま
す。これはギリシャ悲劇のアポロンの予言によって家出をするエディプスと同じ
です。その呪いは，〈それは装置として君の中に埋めこまれている〉（上巻，p.17）
とカラスが発言するように，運命を決定する予言であり，根本的に遺伝子に組み
入れられていて不可避のものです。このことは，フロイトがエディプス・コンプレ
ックスをすべての人の普遍的な空想として提示したことに合致しています。この
時のカフカの心境は〈そこでひとりで生きのびていかなくてはならないのだ〉（上
巻，p.15）というものでした。それは本来の自立と異なり，帰る場所の存在しな
い苛酷な自立への旅立ちでもありました。当初，母親に関する記述はまったくあ
りませんが，カフカの心中には，おそらくスプリッティングされた 2 人の母親が
存在していたのでしょう。愛される価値がないと感じるカフカには，現実的には
自分を捨てて家出した残忍な母親は否認され，絶対的に自分を受け入れ，溺愛し
全てを満たしてくれる理想的な母親のみが誇大化されていたのかもしれません。
これは，『母をたずねて三千里』や，多くの被虐待児に認められる心性でもありま
す。

　では，カフカはどのような少年だったのでしょうか。カフカが 4 歳の時に母親
は家出をしました。その後の生育歴の詳細は明らかではありませんが，15 歳の
カフカは決して穏やかな中学生ではなく，時に暴力的な行動もする情緒の欠落し
た少年でした。日常生活の中心は，運動，読書，勉強をすることのみであり，対
人関係を頑なに拒否していました。運動に関して，〈中学に入ってからの 2 年間，
僕はその日のために，集中して身体を鍛えた。…（中略）…時間があればひとり
でグランドを走り，プールで泳ぎ，区立の体育館にかよって機械を使って筋肉を
鍛えた〉（上巻，p.13）と書かれています。また，読書に関して，〈休み時間にな
るといつも学校の図書館に行って，むさぼるように本を読んだ〉（上巻，p.14）と
あり，活発な知性化が行われていたことが窺われます。運動と読書は，15 歳の誕
生日に決行する予定の家出のために行っていたものでしたが，この行動は，母親
という対象を喪失したその埋め合わせで行ったものであり，辛く孤独な幼年期か
ら少年期を生き抜くための防衛的な行動であったようです。カフカは自らの心的

状況に関して，〈僕は自分のまわりに高い壁をめぐらせ，誰一人その中に入れず，自分をその外には出さないようにつとめていた〉（上巻，p.14），そして〈「頭が かっとすると，まるでヒューズが飛んじゃったみたいになる。誰かが僕の頭の中 のスイッチを押して，考えるより先に身体が動いていってしまう。そこにいるの は，僕だけど，僕じゃない」〉（上巻，p.147）と語っています。

　エスター・ビック Bick, E. は，最早期の母子関係に支障があると，健全な心的 機能の基盤になる皮膚の形成が損なわれて心的発達に多大な影響を及ぼすとして います。皮膚の適切な機能は，崩れ落ちそうな自我を包み込み，外界からの刺激 を選択的に透過させたり拒否したりすることで，いわば細胞膜の「選択透過性」 のようなものです。適切な皮膚の形成に失敗すると，「第二の皮膚」といわれる 筋肉で代用した皮膚が形成されてしまいます。そこには外界と情緒的に交流する ための心的空間がなく，外界からの刺激を全て遮断するか，時には外界の刺激に 対して衝動が高まると，吃音や暴力などの爆発的行動で対応してしまうなど柔軟 性を欠いてしまいます。カフカの一連の心的状況や行動は，ビックの「第二の皮 膚」という概念にぴったりと当てはまるようです。

　カフカは下巻に登場する森の中で，自分が愛される価値のない人間だというこ とを必死に訴えます。これは４歳時に母親から見捨てられた対象喪失に依拠する ものでしょう。幼児期の重要な養育者の喪失から，自分のせいでこうなったとい う自責感や罪悪感を抱くことがよくあり，被虐待児の心性としても認められます。 しかしこれらは万能感の裏返しであり，惨事は自分の力によって起きたのだと感 じる，理不尽なものです。カフカは，悲惨な母子関係を「第二の皮膚」によって 対処しますが，その心的世界は罪悪感に苛まれたものでした。これは決して健康 なパーソナリティではなく，年齢を度外視すればパーソナリティ障害と考えるこ とも可能でしょう。

　もうひとつ，カラスは母親の家出の時に誕生したものです。カラスはカフカと 対話し，親友のような存在ですが，これはイマジナリー・コンパニオンと言われ るもので，幼児のこころの中に存在することがあります。カフカは，対象喪失に 際してカラスを作り出し，自分のパーソナリティの一部を分離し，客観視するこ とで，この窮地を乗り切ろうとしたのでした。

▌ 2．田村浩一氏の死（ライオネルの呪いと鬱病）

　父親の呪いは，自分を捨てていった妻とその浮気相手である甲村氏の分身，あ るいは甲村氏そのものである実子のカフカに向けられます。同時に，この呪いは 自分自身にも向けられます。田村浩一氏の無意識の表象であるジョニー・ウォー

カーは，ナカタさんに〈私自身が心から死を求めているということだ。私が殺し
てくれと君に頼んでいるんだ〉（上巻，p.247）と希死念慮を必死に訴えています。
田村氏は犬死のように自殺をするわけにはいかなかったのでしょう。それは息子
カフカへの憎悪のために，カフカに殺人の罪を犯させる必要があったからです。
猫探しの名人のナカタさんは，残忍に猫の魂を収集するジョニー・ウォーカーの
意図のままに殺害する宿命を負いました。

　田村氏自身は直接的に小説に登場していません。これは戯曲『オイディプス王』
にも父親のライオスが実際に登場していないことと同じですが，田村氏は〈お前
はいつかその手で父親を殺し，いつか母親と交わることになる〉〈僕には 6 歳年上
の姉もいるけれど，その姉ともいつか交わることになるだろうと父は言った〉（上
巻，p.348）と再三カフカに語っています。

　田村氏は最愛の佐伯さんを失い，また，カフカ＝甲村氏との男の戦いに敗れエ
ディプスの敗者となってしまいました。田村氏の呪いの源泉は，佐伯さんへの愛
情が大きく反転した憎悪であることに疑いはなく，さらにカフカに近親相姦とい
うタブーを犯させようという呪縛から考えれば，カフカに対しても憎悪が向けら
れています。これは，病的な母子関係のカフカと佐伯さんというカップルに嫉妬
するエディプスの敗者である父親という田村氏の心的布置です。田村氏は佐伯さ
んの家出（＝対象喪失）後に鬱病になり，この鬱病の基盤にある行き場を失った
攻撃性は，佐伯さんやカフカだけでなく，希死念慮として自分自身にも向かいま
した。そして，カフカの無意識的分身であるナカタさんに殺害されるという形で，
自殺を完遂させました。

　そして田村氏の『迷宮』シリーズは，雷に撃たれた時に垣間見た入り口の岩の
中の世界，すなわちカフカのさまよった森を具象化したものです。この世界を知
っていたことが，佐伯さんが田村氏と甲村氏とを同一人物とみなす理由にもなっ
たのでしょう。

▌3．15 歳の佐伯さんとの出会い（イオカステの苦悩と精神病的鬱病）

　父の死後，カフカが甲村氏の部屋に住むようになると，15 歳の佐伯さんの幽霊
が現れるようになりました。佐伯さんは解離状態であり，現在の自分自身である
という意識はありません。カフカは恋をしたことを自覚し，絵に描かれている甲
村氏に嫉妬の念を抱くようになりました。これは感情を知ることのできないカフ
カにとって，愛情と嫉妬という重要な感情を知る経験になりました。カフカは初
めて，解離状態の佐伯さん＝母親に愛情を注ぎ，甲村さん＝父親に嫉妬を抱くと
いう構図が完成しました。しかし，佐伯さんが自分の母親かもしれないという仮

説は，カフカにとって混乱の極みでした。また佐伯さんもその混乱した精神病理性から 15 歳のカフカと若い時の甲村氏とを同一化することは必然でした。

　佐伯さんはカフカの母親と仮定される人ですが，20 歳の時に最愛の恋人である甲村氏を喪失するという体験によって，精神病的な鬱病になったと考えられます。佐伯さんの生活歴は次のことが判明しています。佐伯さんは高松の旧家で生まれ，同じ年の将来を約束した恋人である甲村家の長男がいました。2 人の関係は理想的かつ完璧なものであり，互いに不可分なものでしたが，甲村氏は東京の大学に進学し，二人は離ればなれになってしまいました。高松から東京の甲村氏への恋慕を綴ったものが，「海辺のカフカ」という空前のヒット曲になりましたが，曲のヒットの最中，甲村氏は学生運動の指導者と間違われて，対立セクトに殺害されてしまいました。その後，佐伯さんは高松から忽然と消え去り，母親の葬儀のために帰郷するまでに謎の 20 年間を過ごしました。帰郷した際，甲村氏の弟である甲村家の当主と話し合った結果，甲村図書館の責任者となりました。そして，自分の過去を語ることは一切なく，5 年間を高松の地で暮らしていたという設定です。謎の 20 年間の一時期，彫刻家 田村浩一氏と結婚しカフカを出産しましたが，カフカが 4 歳の時に家出をしたと仮定されています。

　佐伯さんは，地方の裕福な家庭の一人娘としてなに不自由なく養育され，甲村氏の死までおそらく幸福な少女時代であったに違いありません。甲村氏の死後，佐伯さんは行方をくらましますが，これは鬱病の遁走的な行動です。この行為によって甲村氏の死は否認され，甲村氏を見つけるための旅に出かけたと考えることもできます。その後，佐伯さんは空白の 20 年についての記録を，高松で機械的に日記を記載するという作業を行いながら運命の時を待ちました。

　佐伯さんは甲村氏に対する適切な「喪の仕事」を行うことはできませんでした。フロイト Freud, S. は『喪とメランコリー』(1917) で健常な悲哀と病的なメランコリーの過程を比較し，対象喪失が自己喪失を伴うために対象と分離ができない時には，新しい対象を求めるという適切な悲哀過程は展開しないことを論じています。佐伯さんは甲村氏と不可分であると感じ，甲村氏の死は佐伯さんの死に等しかったために，健常な喪の仕事を展開することができませんでした。佐伯さんは，〈私にとっての人生は終わりました〉（下巻, p.291）と述べているように，甲村氏が亡くなることで自分の人生にも終わりを告げたのでした。その後の人生は，甲村氏の亡霊，というより甲村氏の死は否認されているために甲村氏その人自身を見つけるしかない状態でした。さらに，病的な投影同一化によって，いるはずのない甲村氏を探し，今までと変わりなく幻想の甲村氏と一緒に生きようとしていました。佐伯さんが求めたものは，甲村氏の代理ではなく，甲村さんそのもの

であり，精神病的な置き換えに相応するでしょう。過去の恋人と似た新しい別の恋人であれば象徴的な体験ですが，まったく同一人物であると感じているとしたら，「象徴等価」ということです。

　佐伯さんは甲村氏の面影を求めてさまよった結果，雷に打たれて瀕死状態に陥り，リンボ界に足を踏み入れたことのある田村浩一氏に出会いました。ここは佐伯さんが甲村氏と一体化した恍惚の世界でもありました。無意識的願望は投影同一化という精神病的手段によって，田村氏は甲村氏に変換されました。佐伯さんにとって，カフカの父親は田村氏ではなく，甲村氏と信じたに違いありません。この無意識的確信は明らかに現実と異なり，大きな混乱を引き起こしました。佐伯さんの混乱は，赤ん坊に専心するという母性機能を発揮することを阻害し，赤ん坊のカフカの不安は決して包容されなかったでしょう。

　佐伯さんにとって，カフカは甲村氏との子どもであり，さらにカフカが成長するにつれて，ますます甲村氏と同一化し，同一人物視されていきます。カフカと佐伯さんとの関係は単なる母子関係ではなく，おそらく恋愛関係も展開して，田村氏の激しい嫉妬を招くことになりました。そして，佐伯さんはカフカと甲村氏との混乱に大きな恐怖を感じました。カラスはカフカに対して〈いいかい，君の母親の中にもやはり激しい恐怖と怒りがあったんだ〉（下巻，p.305）と語っていて，これが佐伯さんの家出の真相と思われます。また，怒りは先立った甲村氏への怒りに起因し，甲村氏と同一人物視されているカフカにも向かったのでしょう。

▌4．佐伯さんとの性交（幼児性欲の現実化：早期エディプス状況）

　現実の佐伯さんは〈彼女は眠っている。僕にはそれがわかる。たしかに目は開いている。でも佐伯さんは眠っているのだ〉（下巻，p.90）という状態で，カフカとの性交に及んでしまいます。彼女が母親であるという仮説を確信するカフカは，〈そこにはとても大きな行きちがいがあることを教えなくちゃならない〉（下巻，p.91）ともがきますが，〈そして君自身，時間の歪みの中に呑み込まれていく〉（下巻，p.91）とあるように，禁断の木の実を食してしまいます。15歳の佐伯さんへの恋心は健康なものですが，母親として佐伯さんに抱く性欲はタブーです。幼児性欲には，いかに母親に性欲を感じても実行できないという現実的な壁があることが重要です。

　さらに，正気の佐伯さんは『海辺のカフカ』の絵を前に昔の思い出を語ります。〈二つのコード〉（下巻，p.116）のように，カフカと甲村氏は混乱され，それに呼応して恋人と母親も混乱しています。エディプス・コンプレックスには〈二つのコード〉が展開します。一つのコードは，生まれた時から赤ん坊に授乳し懸命

に養育する母親です。その後，幼児は女性としての母親に幼児性欲を感じるよう
になることがもう一つのコードです。幼稚園児に「誰と結婚するの？」と尋ねれ
ば，「ママとだよ！」と答える男児は沢山います。この絡み合った〈二つのコー
ド〉を整理するという難作業にカフカは遭遇したということになりました。

　この難作業には協力者が必要でした。ナカタさんは，星野青年の背骨を矯正し
た時に，〈骨がずれているのがわかりました。何かがずれておりますと，ナカタに
こう，もとに戻したくなります。長いあいだ家具を作っておりましたので，その
せいもありまして，目の前に曲がっているものがありますと，なんでもまっすぐ
にしたくなります〉（下巻，pp.15-16）と語っています。ジョニー・ウォーカー
は，〈ものごとはすべからく順番というものがある。順番をきちんと正確に守ると
いうのは，つまり敬意の発露なんだ。魂を相手にするということはそういうこと
だからね〉（上巻，p.232）とナカタさんに語っています。カーネルサンダースは，
自らの役割を〈ものごとがもともとの役割を果たすように管理することだ。私の
役目は世界と世界とのあいだの相関関係の管理だ。ものごとの順番をきちんと揃
えることだ〉（下巻，p.971）と星野青年に語っています。これらの三者は，すべ
てまっすぐに順番を矯正することを重視した発言です。本小説における「曲がっ
たもの」「順番」「役割」とは，何を意味しているのでしょうか。それは順番も役
割も狂った母子関係－エディプス関係を，健常な母子関係にエディプス・コンプ
レックスが続くという健常な順番と役割に導くことを示しているのではないかと
思います。

▎5．戻ることのできる場所（安全基地としての母親の希求）

　カフカは性交に溺れるわけでなく，自分の仮説への強い好奇心から自分を振り
かえるという作業を開始します。そして，カラスが自分自身の一部であることを
感じます。カフカは〈僕が求めているのは…（中略）…そういうものごとを静か
に耐えてくための強さです〉（下巻，p.155）と語り，失われた時間を埋める作業
として，〈戻ることのできる場所〉（下巻，p.160）が必要であることを知ります。
戻る場所とは，信頼できる母親という対象が内在化された心の一部を示している
のでしょう。カフカは性欲以上に〈戻ることができる場所〉としての母親の大切
さを認識しますが，佐伯さん自身には，母親として戻る場所を提供する意思は見
出せませんでした。

　ナカタさんは甲村図書館にたどり着き，佐伯さんと出会います。2人は当然出
会うべき存在として，お互いを認識します。入り口の石を開けたことの意味を，
佐伯さんは〈いろいろなものをあるべきかたちに戻すためですね〉（下巻，p.287）

と語ります。佐伯さんは，生きていること自体が何かを損なうことであると感じ，自分の生きている意味を否定的にしか捉えることしかできませんでした。思い出だけを記載したノートをナカタさんに預けて，佐伯さんは静かに命を閉じました。

　入り口の石を開けた世界，つまり森の中の世界は，佐伯さんと甲村氏の完璧な関係を損なわないための閉じられた世界でした。この世界に入り込むことができたのは，二人の兵士や大島さんの兄のようなわずかな人，田村氏，ナカタさんたちでした。佐伯さんは未来を信じることができずに〈私にとっての人生は 20 歳のときに終わりました〉（下巻，p.191）と過去の思い出に陶酔して，生涯を閉じました。ギリシャ悲劇のイオカステは罪悪感のために自害しましたが，この時点で佐伯さんの意識には罪悪感は存在していないようです。

┃ 6．森の中の体験（抑うつポジションへの入口）

　大島さんは〈君はこれからひとりで山の中に入って，君自身のことをするんだ。君にとっても，ちょうどそういう時期にきている〉（下巻，p.190）と語り，森の中の体験は精神分析の過程のように進展します。森の中に深く入るにしたがって，カフカは〈疑問。どうして僕を愛してくれなかったんだろう。僕には母に愛される資格がなかったのだろうか？　その問いかけは長い年月にわたって，僕の心をはげしく焼き，僕の魂をむしばみつづけてきた。母親に愛されなかったのは，僕自身に深い問題があったからではないのか。僕は生まれつき汚れのようなものを身につけた人間じゃないのか？　僕は人々に目をそむけられるために生まれてきた人間ではないのだろうか？〉（下巻，pp.303-304），と幼児期からの疑問をカラスに尋ねます。カラスは〈彼女は君のことをとても深く愛していた。君はまずそれを信じなくてはならない。それが出発点になる〉（下巻，p.304），さらに〈君にはまだそれを回復することができるんだってね〉（下巻，p.304）と修復の可能性を示唆します。そして過去は取り返しがつかずどんなに手を尽くしても元通りにならないことなのではなく，〈君がやらなければならないのはそんな彼女の心を理解し，受け入れることなんだ。彼女がその時に感じていた圧倒的な恐怖と怒りを理解し，自分のこととして受け入れるんだ。言いかえれば，君は彼女をゆるさなくちゃいけない……それが唯一の救いになる。それ以外に救いはないんだ〉（下巻，p.305）と語ります。カフカは佐伯さんの恐怖と怒り，愛しているのに捨てなければならない意味を自問し，途方に暮れます。クライン Klein, M. は「抑うつポジション」の心的布置の説明として，自分の攻撃性で傷ついた対象に適度な罪悪感をもち，修復可能であることを確信できるかどうかが重要であると記しています。カフカの疑問とカラスからの返答は，まさに抑うつポジションの命題に相

当しています。

　カフカは，より深い無意識を探求するために森の深部に入りこみ，15歳の佐伯さんに出会います。15歳の佐伯さんは佐伯さんの無意識であり，料理，掃除や洗濯など，カフカの身辺の世話を母親のようにこなします。そして〈もし必要があれば，私はそこにいる〉（下巻，p.305）と繰り返します。この15歳の少女から受けた世話こそ，本来母親から受けるべきものでした。カフカはここで初めて，母親からの世話を受けたと感じることができました。この時点で，カフカは母親という安全基地を手に入れかけていることになります。

▌7．カラスとジョニー・ウォーカーの対決（エディプス・コンプレックス）

　第46章と第47章の間に挟まれた章立てになっていない「カラスと呼ばれる少年」は重要な部分です。シルクハットの男はカラスに，〈君は私をこの先にいかせたくないんだろう？　そうだよな？　それくらいは私にもわかるんだ〉続けて〈で，結論から言うならばだね。君には私の進行をとめることができない〉（下巻，p.364）と語ります。シルクハットの男は，まさしくジョニー・ウォーカーです。その男は，〈君はなんといってもただの未成熟な，寸足らずの幻想にすぎないわけだからね。どのような強固な偏見をもっても，君には私を抹殺することはできない〉（下巻，p.364）と挑発します。カラスはその男に総攻撃を加えて，両目を抉り，舌を裂きますが，その男は不死身でした。これは父親に挑む息子という世界です。ここで初めて，母子関係の確立後の順番に従ったエディプス・コンプレックスの展開が認められたことになります。

▌8．森の生活の展開（抑うつポジションと安全基地の確立）

　15歳の佐伯さんとの会話は，〈私が私でありながらすきまなくあなたの一部になるのは，とても自然なことだし，一度慣れてしまえばとても簡単なことなの〉（下巻，p.374）と，母親という援助する内的対象の確立を示唆しています。

　次の日には，佐伯さん自身が訪問し，記憶をなくした佐伯さんは，カフカに〈もとの生活〉（下巻，p.378）に戻ることを強く勧めます。佐伯さんは〈私は遠い昔，捨ててはならないものを捨てたの〉（下巻，p.381）と自らの行為に対する罪悪感を語り，カフカにゆるしを請います。そして，〈お母さん，と君は言う。僕はあなたをゆるします。そして君の心の中で，凍っていたなにかが音を立てる〉（下巻，p.382）と怨みが音を立てて崩れます。ここには，「抑うつポジション」の大きな心的進展が認められます。理想化された母親と残酷な母親というスプリッティングは統合されます。カフカの成長は，抑うつポジションへの心的布置の進展と総

与することができるでしょう。

Ⅲ　まとめ

　小説は精神分析的なマテリアルとして最適であることを，ここで示したつもり
ですが，如何だったでしょうか。精神分析的な思考は日常の思考と異なるもので
す。『海辺のカフカ』だけでなく，小説を読むと面白いとか，訳が分からないな
どの読後感を抱きます。この読後感だけでは，精神分析的ではありません。例え
ば，これは逆転移として自分の感情だけで，患者を理解するようなものです。ク
ライアントの話を聞くと，訳が分からないと感じることばかりです。しかし，私
たちはこの訳の分からなさを,訳が分かるように理解力を駆使します。この際に,
これを整理するためのツールが，精神分析的理論です。私たちは常に精神分析的
体験と理論の弁証法的展開を行わなければなりません。小説は私たちに平等にマ
テリアルを提示しているために，精神分析的議論を行うには格好の素材となりま
す。

文　　献

村上春樹（2002）海辺のカフカ（上巻，下巻）. 新潮社.

・エディプス・コンプレックス
Freud, S. (1909) Analysis of a Fobia in a Five-Year-Old Boy ("Little Hans"). G. W, 7, pp.243-377.; S.
　E, 9, pp.177-204.（総田純次訳（2008）ある 5 歳児男児の恐怖症の分析「ハンス」. In：総
　田純次編：フロイト全集 10. 岩波書店，pp.1-174.）
Freud, S. (1917) Mourning and melancholia. S. E., 14, pp.237-260.（伊藤正博訳（2010）喪と
　メランコリー. In：新宮一成・本間直樹編：フロイト全集 14. 岩波書店，pp.273-293.）
Freud, S. (1923) The Infantile Genital Organaization: An Interpolation into the Theory of
　Sexuality. G. W., 13, 293-298; S. E., 19, 139-145.（本間直樹訳（2007）幼児期の性器的
　編成（性理論に関する追加）.In：新宮一成・本間直樹編：フロイト全集 18. 岩波書店，
　pp.233-298.）
Freud, S. (1924) The Dissolution of the Oedipus Complex. G. W., 13, pp.395-402; S. E., 19,
　pp.171-189.（太寿堂真訳（2007）エディプス・コンプレックスの没落. In：新宮一成・
　本間直樹編：フロイト全集 18. 岩波書店，pp.301-309.）

・イマジナリィ・コンパニオンと解離
友弘朱音・佐野秀樹（2009）Imaginary Companion の定義に関する考察. 東京学芸大学紀要総
　合教育科学系，60; 203-208.

・幼児性欲
Freud, S. (1898) Sexuality in the Aetoology of the Neuroses. G. W., 1, pp.491-516; S. E., 3,

pp.259-285.（新宮一成訳（2010）神経症の病因論における性. In：新宮一成編：フロ
ト全集３. 岩波書店, pp.267-314.）

Freud, S. (1905) Three Essays on the Theory of Sexuality. G. W., 5, pp.29-145; S. E.,
pp.123-243.（渡邉俊之訳（2009）性理論のための三篇. In：渡邉俊之編：フロイト全集6
岩波書店, pp.163-310.）

Freud, S. (1918) From the History of an Infantile Neurosis ("The Wolf-Man"). G. W., 12
pp.29-157; S. E., 17, pp.1-122.（須藤訓任訳（2010）ある幼児期神経症の病歴より「狼男
In：村田純一編：フロイト全集14. 岩波書店, pp.1-130.）

・皮膚の機能　Bick, E.

Bick, E. (1968) The experience of the skin in early object relations. Int. J. Psycho-Anal, 49
484-486; republished（1987）in Martha Harris and Esther Bick, The Collected Papers o
Martha Harris and Esther Bick. Perth: Clunie, 114-118.（木部則雄訳（2011）早期対象関
係における皮膚の体験. In：木部則雄監訳：母子関係の精神力動―精神分析・発達心理学
から子育て支援へ. 岩崎学術出版, pp.83-87.）

・対象喪失　喪の過程

Freud, S. (1917) Mourning and melancholia. G, W., 10, pp.402-410; S. E., 14, pp.237-260.（伊
藤正博訳（2010）喪とメランコリー. In：新宮一成・本間直樹編：フロイト全集14. 岩
波書店, pp.273-293.）

Freud, S. (1926) Inhibitions, Symptoms and Anxiety. G. W., 14, 113-205; S. E., 20, 75-174.（大
宮勘一郎・加藤敏訳（2010）制止、症状、不安. In：加藤敏編：フロイト全集19. 岩波書店
pp.9-101.）

Klein, M. (1935) A contribution to the osychogenesis of manic-depressive states. In: The
Writings of Melanie Klein, vol. 1, pp.262-289.（安岡誉訳（1983）躁うつ状態の心因論に
関する寄与. In：西園昌久・牛島定信編訳：愛、罪そして償い（メラニー・クライン著作
集３）. 誠信書房, pp.21-54.）

Klein, M. (1940) Mourning and its relation to manic-depressive state. WMK1, pp.344-369.（森
山研介訳（1983）喪とその躁鬱状態との関係. In：西園昌久・牛島定信編訳：愛，罪そし
て償い（メラニー・クライン著作集３）. 誠信書房, pp.123-155.）

・現実と空想

Freud, S. (1907) Delusions and Dreams in Jensen's "Gradiva".（西脇宏訳（2007）W. イェンゼ
ン著「グラディーヴァ」における妄想と夢. In：道簱泰三編：フロイト全集９. 岩波書店
pp.1-107.）

Isaacs, S. (1948) The Nature and function of phantasy. In: Klein, M., Heimann, P., Isaacs, S., &
Riviere, J. (Eds.) (1952) Developments in Psycho-Analysis. Hogarth, pp.67-221.; originally
read in 1943 in the Controversial Discussions of the British Psycho-Analytical Society
1943-44; published Int. F. Psycho-Anal. 29; 73-97.（一木仁美訳（2003）空想の性質と機能.
対象関係論の基礎. 新曜社.）

第11章

カズオ・イシグロ

木村宏之

I　はじめに

　フロイトは，人間が幼少期に体験した神経症的な対人関係を想起するかわりに，行為として反復することについて述べています（Freud, 1914）。小説家も，幼少期の体験に向き合うように作品を創造することによって反復しているのでしょう。このことについて，批評家の小林秀雄は，書かれたものの内側には必ず作者の人間があるという信念のもと，『作家の顔』（小林, 1950）において，小説家の作品に浮かび上がった作家の相貌を浮彫りにしました。本章では，前半に小説家になるまでのカズオの生い立ちについて振り返ります。そして，後半にカズオが創造した一連の小説に，幼少期からの生い立ちがさまざまなかたちで含み込まれていることについて考えます。

II　生い立ち

1. 渡英まで

　カズオを深く理解するために，石黒家を祖父の時代までさかのぼってみましょう。カズオの祖父 昌明は，滋賀県出身で，伊藤忠商事に入社し上海支店長にまでなります。ところが，社内の労働争議に巻き込まれて退社せざるを得なくなりました。この時，窮地にあった昌明に伊藤忠兵衛は手をさしのべ，豊田佐吉に昌明を受け入れるようにお願いし，上海にある豊田紡織（現在の TOYOTA に連なる企業）に移籍しました。恩義を感じた昌明は努力を重ね，豊田紡織の経営陣として働きます（その後，第二次世界大戦の敗戦により，豊田紡織は中国に没収）。昌明は，日本男児を地でいくとても厳格な人物だったと言います。父 鎮雄は，1920年に上海で生まれ，終戦直前，石黒一家は長崎に帰国しました。祖父の仕事ぶり

もあって石黒家は裕福な暮らしを送ることができたようです。帰国後も伊藤忠兵衛や豊田家との個人的なつながりは強かったと言われます。その後，父 鎮雄は東京大学で博士号を取得して海洋学者になり，東京の気象台に勤務します。厳格な祖父 昌明とは対照的に，ピアノとチェロを演奏する音楽を愛する洒脱な人でした。1948年からは，長崎気象台に転勤しています。母 静子は鎮雄より7歳年下で，18歳の時に長崎で被爆しています。爆風で怪我をして爆心地の手伝いができなかったため，深刻な二次被害を受けることはありませんでした。被爆したことについて，母 静子はカズオが長崎を舞台にした小説を書くまで話しませんでした。ピアノを弾く控えめで優しい母親だったようです。1954年，このような鎮雄と静子の間に，カズオは，長崎県長崎市新中川町に3人同胞末子の長男として生まれました。生家は起伏の激しい坂道の途中にあって，レンガ造りの堀に囲まれた3階建て武家屋敷でした。

　当時の自治会長だった末次初己氏（88）は石黒家について「イシグロさんはお金持ちで"よかとこの人"です。この辺りはいわゆる高級住宅街ですが，その中でも石黒家は，重厚な木造のお屋敷でね。大きな日本庭園もありました。お祖父さんは恰幅のいい人でしたよ」（週刊新潮編集部，2017）と語っています。幼少期のカズオは，3階建ての中2階でいつも遊んでいました。昌明は孫のカズオを大変かわいがっていて，カズオは，父 鎮雄と母 静子の奏でる音楽とともに囲まれて幸せな暮らしを送っていました。カズオは，とても控えめな子供で，幼稚園でも優しくおとなしい子だったようです。当時の幼稚園教諭の田中皓子さんは「カズオちゃんは物静かで，よく絵本を読む子。本当に手のかからない，おとなしい子でした。他の子たちは，お相撲や土遊びをして制服が泥まみれになったりしていたのに，カズオちゃんの制服はいつもキレイだったわ。今考えてみれば，お友達が遊んでいるのを見て，いろんな思いを巡らせて，自分の世界に入っていたのでしょう。決して寂しそうには見えなかったですよ」（週刊新潮編集部，2017）と述べています。この話からも幼児が描く万能感に安心して浸っていたカズオの心的世界が推測できます。しかしながら，その一方で，幸せな石黒一家が住む長崎市，つまりカズオをとりまく現実の世界は，間違っても幸せとは言えない悲劇的な状況でした。原爆投下により多くの人や街が破壊されてしまい，その後遺症から必死に立ち直ろうとしていました。原爆投下からちょうど10年目の1955年から，長崎市は，5ヵ年計画で原爆資料館，体育館，水族館，図書館などを長崎国際文化センターと総称して，次々と建設しています。それらの施設とカズオの家は，車で15分程度であり，破壊された街の復興を体感していたに違いありません（その後，1959年に全て完成）。しかし，カズオはこの頃について「私の

いさい頃の記憶は，事件とか特別なことが残っているんじゃなくて，普通の日常
生活の一コマが断片的にパッパッと蘇ってくるんです」（別冊宝島編集部，2017，
p.21）と述べる一方で，ノーベル賞受賞を祝う長崎県からの手紙の返信に「私は
まだに『長崎』という言葉を聴くと特別な感情がわき上がる」（著者訳）とも述べ
ています。この頃のカズオの体験は，断片的な記憶であり，心の深淵から揺さぶ
られるような情緒でもあるような，十分に咀嚼できていない未分化な記憶，つま
り，トラウマの記憶のようです。

　このような中，父 鎮雄は，海洋学者として高潮や津波に関する論文が評価さ
れ，ユネスコの支援で単身渡英します。そして祖父 昌明は，カズオの父親代わり
になり，カズオをとてもかわいがりました。1960 年，英国国立海洋研究所（the
National Institute of Oceanography，現在の the National Oceanography Centre）
より海洋学者として正式な招聘があり，ほどなくカズオは祖父 昌明と離れて渡英
しています。幼少期のカズオは，日本男児を地でいく厳格な祖父 昌明と洒脱で柔
軟な価値感を持ちロンドンへ先に移住した父 鎮雄という 2 人の父親と，原爆で傷
ついた控えめで優しい母 静子に囲まれて育ちました。このような 2 つの価値観を
生きる父性と傷ついた母性というテーマは，カズオの創作活動の中で繰り返し語
られるテーマになります。

2．渡英から小説家になるまで

　父 鎮雄が 1 年契約で渡英したため，石黒一家は，帰国を前提にしていました。
家の中では日本語で生活し，母 静子は日本料理をふるまっていました。祖父 昌
明は，カズオが日本を忘れないために『小学 1 年生』や『オバケのQ太郎』をイ
ギリスに送り続けています。家の中はまだ日本だったといって良いでしょう。見
方によっては，イギリスに住んでいる現実を否認しているとも言えます。カズオ
は，地元の学校生活について「すんなりとイギリス社会に受け入れられた」（別冊
宝島編集部，2017，p.24.）と言いますが，実際にはいじめも経験して苦労しな
がらイギリスに適応していったようです。カズオと 30 年来の親交がある在英の
映像プロデューサー・吉崎ミチヨ氏はインタビューで「当時は，非白人へのイジ
メが少なからずありました。学生時代を知るクラスメイトの友人は『イシグロは
pretentious（気取った）というあだ名がつけられていた』と教えてくれました」
（週刊新潮編集部，2017）と語っています。推測に過ぎませんが，このあだ名は，
いずれは帰国するつもりでイギリス人と交わろうとしないカズオの態度に対して
つけられたのかもしれません。ところが，渡英して約 10 年後に祖父 昌明が亡く
なります。時期を同じくして，父 鎮雄はイギリスの永住を決め，日本には戻らな

いと家族に告げています。いずれ日本に帰ると思っていたカズオにとって昌明の
死は，祖父の喪失のみならずカズオ自身の内部にある日本の喪失でもあったでし
ょう。ちょうど思春期を迎えていたカズオは，ボブ・ディラン Bob Dylan に傾倒
し，ヒッピー音楽に没入します。文学には関心を示さず，17 歳から，アメリカや
カナダ，ヨーロッパ諸国をヒッチハイクによる旅を繰り返しました。特にユーゴ
スラビアの牧歌的で親切な国民性に惹かれ，何度か訪れています。後になって，
この時期のことをカズオは「最も日本の影響を受けなかった時代」（別冊宝島編集
部，2017，p.29）と振り返っていますが，日本と離れようとした時期だったとも
言えます。これら一連の旅は，カズオのイギリス人としてのアイデンティティを
確立するために必要だったのでしょう。

　ノーベル文学賞受賞講演の冒頭，カズオは以下のように自分を語り始めます。
「私は 24 歳でした。顔形は日本人だったでしょうが，当時のイギリスで見かける
日本人とは違っていたはずです。両肩まで伸びた髪に，端の垂れ下がった山賊ス
タイルの口髭。…（中略）…私に話しかけてくる人がいれば，オランダのトータ
ルフットボールのこと，ボブ・ディランの最新アルバムのこと，ロンドンでホー
ムレスの人々とすごしてきたばかりの 1 年のことなどを話題にできたでしょう。
しかし，その人がもし日本に言及し，かの国の文化のことを尋ねてきたら，私は
きっと，それは 5 歳のとき離れた国で，以後は休暇の旅行でさえ行ったことがな
く，何も知らない，と答えたはずです。そう答える態度には，かすかな苛立ちさ
え見てとれたかもしれません」（別冊宝島編集部，2017，p.29）。この風貌と苛立
ちに，当時，カズオが抱えていた日本に対する葛藤が垣間見られます。

　思春期・青年期のカズオは音楽に没頭し，彼の内界を昇華しようとしました。
19 歳でウォーキング・カウンティ・グラマー・スクールを卒業後，さまざまな職
業を経験しながら，ミュージシャンとして生きることを夢見ます。20 歳でケント
大学英文学科に入学。英文学と哲学を専攻し，ヴィクトリア朝時代の小説やプラ
トン Plato などについて学びました。卒業後は在学中から興味を持っていたソー
シャルワーカーとして移民やホームレスの定住や就労を支援し，そこで，後に妻
になるローナ・マクドゥーガル Lorna MacDougall と出会っています。カズオは
「（ソーシャルワーカーとしての経験は）当時の大学生が実社会を学ぶ方法だった」
（別冊宝島編集部，2017，p.26）と述べていますが，カズオが援助していたホー
ムレスや移民に，イギリスに日本からやってきたホームのない自分自身を投影し
ていたのでしょう。その後，26 歳でイーストアングリア大学大学院創作科に進学
することを決めました。この決定は，十分な準備のもとに決められたわけではな
いようです。その証拠に，大学院入学の願書とともに送った作品は，小説ではな

く, BBC（British Broadcasting Corporation）に送って没になったラジオドラマの
脚本でした。

　引っ越したカズオは, 慌ただしいロンドンの生活とはうってかわって, 何もな
い田舎の小さな屋根裏部屋の一室に居を構え, 創作活動をスタートさせました。
恋人だったローナ以外の人間関係を絶って孤独と静けさへひきこもります。一方
で, この選択は, 音楽家への道を断念することも意味していました。この方向転
換の時期に書いた短編小説について, カズオは「それらは良いできとは言えませ
ん（They were not so good.）」(Ishiguro, 2018, pp.12-13.) と言います。確かに,
これらの小説の内容は「40 歳になったら殺し合う約束をした相手を一人で待ち続
ける彫刻家」や「虐待や DV, ポルノと未熟な性の果てに自分で飼っている猫を毒
殺する少年」というテーマが漠然と浮かび上がり, 彼の小説の世界に通底する暴
力と性と孤独というテーマが見て取れます。音楽に没頭しミュージシャンを目指
していたカズオは, 音楽を断念し多くの人間関係を絶って田舎の小さな屋根裏部
屋にひきこもりました。その後, カズオは薄れゆく日本の記憶を書き残しておこ
うとして, 長崎について短編小説（*A Strange and Sometimes Sadness*（奇妙な折々
の悲しみ））を書き上げました。この短編小説に対する同僚の高評価に自信を深め
たカズオは, 1979 年から 1980 年にかけて, さらに世の中との関係を絶って屋
根裏部屋にひきこもり『遠い山なみの光』を書いています。その後の創作活動を
経て, そして 2001 年に体験したブレークスルー（表面的な関わりよりも人間の
心の深淵の重要性に気付いた体験）を経て, つながりある世界を描き出そうとし
ています。その道のりは, 2017 年のノーベル文学賞受賞理由になった「世界と
の結びつきという錯覚の下に口をあける奈落を描き出してみせた（uncovered the
abyss beneath our illusory sense of connection with the world）」(Ishiguro, 2018,
p.3) につながっていきます。

Ⅲ　作品群

▌1. 日本とイギリスの狭間──『遠い山なみの光』『浮世の画家』『日の名残り』

　最初の二作品は, カズオが意識的に日本について書き残しておきたいと考えて
創作した作品と言います。そして, この遠い記憶の中に断片的なカズオのトラウ
マがちりばめられているようです。長編第一作目『遠い山なみの光』は, 日本人
の夫 二郎と離婚して英国人男性と再婚し, 幼い一人娘 景子を連れてロンドンに
渡った主人公 悦子の回想が中心です。希望を持って渡英したものの, 大人になっ
た景子は自殺してしまい, 悦子に大きな罪責感がのしかかります。そんな頃, 悦

子は，長崎で知り合った佐知子とその娘 万里子について想起します。佐知子は恋人のアメリカ人男性と渡米することを夢見る一方で，精神的に不安定になった万里子は子殺しをする女性の幻覚をみます。希望と破綻が表象されている佐知子と万里子という母娘に，回想する悦子は景子との関係を投影します。渡米する前夜，佐知子は万里子がかわいがっていた猫を悦子の前で殺してしまいますが，これは，景子を自殺させてしまった悦子の無念が表現されているのでしょう。この作品の前半で描かれている悦子や佐知子は，海外に行くという女性の欲望（夢）が先行し，母親として子どもを愛する気持ちが置いてきぼりのようです。

　さて，この物語の前半は，長崎に関するカズオの短編小説（A Strange and Sometimes Sadness（奇妙な折々の悲しみ），1980）に基づいているのですが，ちょうどその短編小説が発表された後，つまり前半部分の内容を読んだ母 静子は，それまで語らなかった被爆体験について初めてカズオに告白しています。小説の中では，子どもを愛することよりも自らの欲望を優先させて海外に行くという母親像が描かれていたことを知った母 静子が，被爆の事実をカズオに語ったことにより，カズオの描く母親像のその後に影響を及ぼしたことは，想像に難くありません。探し求めていた母親像が，実は被害者だったことは，後の作品『わたしたちが孤児だったころ』に登場しています。続く物語の後半には，離婚した二郎の父親 緒方さんが登場します。彼は戦前の教育者だったのですが，戦後のアメリカ民主主義になじめず，さらに戦前の仲間を密告したと教え子の松田に糾弾されるなど，価値観の変化に翻弄されています。この物語には，全体に湿った陰鬱な雰囲気が漂いますが，カズオの記憶に残っている日本は，被爆後の長崎の混乱と復興が形を変えて含まれているようにみえます。

　長編第二作目『浮世の画家』にも戦前から戦後にかけて価値感の変化に戸惑う画家 小野益次が登場します。小野は，戦時中に日本精神を鼓舞する作風で大きな影響力を持ち，多くの弟子に囲まれていましたが，終戦後は，戦時中の活動を批判され隠居生活を送っていました。小野は，過去の偉大な活動を自負していたのですが，次女 紀子の見合いの席で，小野の戦中活動によって紀子の見合いが失敗してはいけないと考え，過去の活動について反省してその潔さを自画自賛します。ところが，物語の後半で，次女 紀子からは，反省を見せるほどの画家ではないと諭されます。小野は，過去の栄光と現在の自分とのギャップに失望しつつも，等身大の自分を受け入れていきます。第二次世界大戦の敗戦によって，戦前の日本の伝統的価値感からアメリカ民主主義にパラダイムシフトが生じ，それに翻弄され孤立を深める『遠い山なみの光』の緒方さん，『浮世の画家』の小野益次が描かれます。彼らのモデルは戦争に翻弄された祖父 昌明のようです。

　さて，『遠い山なみの光』はウィニフレッド・ホルトビー賞を，また『浮世の画家』はウィットブレッド賞（ブッカー賞にもノミネート）を授賞するなど，カズオはイギリスで高い評価を受けました。しかし，その評価についてカズオは「ほとんどの批評家は日本文学に親しんだことがないにもかかわらず，私の独特のスタイルを評するのに，他の評語がみあたらないらしく，日本的とか日本的静謐さとか言っているのです。…（中略）…結局，イギリス人は，日本文化は神秘的で日本人の精神は理解しがたいものであるという考え方が好きなのだと思います」「私に関して英国の批評家がいつも言い立てるのは作品の中の〈ジャパニーズネス〉ばかりです」（別冊宝島編集部，2017，p.42）と不満をぶちまけます。これほど感情的になるのは，カズオが抱える日本とイギリスの葛藤が直接刺激された証拠に他なりません。イギリス人から日本人としてみられたことは，イギリスになじもうとしてきたカズオにとって，到底受け入れがたいことだったのでしょう。

　長編第三作目『日の名残り』が 1920 〜 30 年代と 1956 年のイギリスを舞台としたことは，カズオ自身にとって日本から距離をとる意識的なチャレンジだったようです。しかし，無意識的には，パラダイムシフトに翻弄される主人公は，執事スティーブンスに引き継がれていきます。スティーブンスは，英国紳士ダーリントン卿に品格のある執事として仕えていて，自らの職業的なあり方を貫き，雇用主へのゆるぎない忠誠心を持っていました。お互いに惹かれ合っていた女中頭ミス・ケントンへの淡い恋愛感情や，敗戦後のドイツ国民のためナチスに傾倒するダーリントン卿への疑念も心の奥底に抑制し，品格ある執事としての姿勢を守り続けました。スティーブンスは，ダーリントン卿が亡くなった後に新しい雇用主のアメリカ人実業家ファラディ氏に仕えます。イギリスからアメリカへの価値感のシフトがうまくいかず，アメリカンジョークを練習しますがうまくいきません。新しい雇用主に馴染めないスティーブンスは，ファラディ氏に勧められて小旅行に出かけます。旅行の終盤，人手不足で上手く回っていない職場に活気を取り戻すため，結婚したミス・ケントンに一緒に働こうと誘いましたが，断られてしまいます。ミス・ケントンと別れを告げた後，夕暮れの桟橋にたたずみ海を眺めながら，スティーブンスは，品格ある執事として振る舞えなくなっている自分を嘆きながら，そしてダーリントン卿を追慕しながら「いくら努力しても無駄なのです。ふりしぼろうにも，私にはもう力が残っておりません。私にはダーリントン卿がすべてでした」と涙を流します。ここは，アメリカという新しい価値感になじめないスティーブンスが自分自身に直面する名場面です。丸谷才一は『日の名残り』の書評に「桟橋のあかり」と題名をつけ，カズオが描き出した英国の悲劇を孕んだユーモアの物語にディケンズを見つけて賞賛しています。この作品

でブッカー賞をとったカズオは，イギリス人が指摘したジャパニーズネスを払
し，名実ともに一流のイギリス人作家になりました。

　前述したように，この初期の作品群に登場する緒方さん，小野益次，スティー
ブンスには，祖父 昌明の影響が見てとれます。祖父 昌明が恩義を感じて身を
げた豊田紡織は，第二次世界大戦の敗戦と共に中国に没収されますが，幼少期
カズオは，昌明が残していた上海時代の写真をよく見ていたようです。戦前と
後という２つの価値感に翻弄された昌明ですが，カズオ一家が渡英して 10 年
どして静かに亡くなります。緒方さんも小野益次もスティーブンスも，移りゆく
世の中を嘆きながら，どこか，未来に希望を感じさせる人物として描き出されて
います。昌明もそのような人物だったのでしょう。

2．混沌という分岐点──『充たされざる者』

　長編第四作目『充たされざる者』は，これまでの創作活動を一度，ばらばらに
破壊した印象を受けます。意識的な行為なのか無意識的な結果なのかはわかりま
せんが，この破壊プロセスに，カズオはおよそ 1,000 ページにおよぶキャリア最
長の前衛的といって良い小説を書いています。舞台は，日本でもイギリスでもな
く，ヨーロッパの某都市になります。世界的に有名なピアニストのライダーは，
その町で開催される演奏会「木曜の夕べ」に招待されます。ホテルに到着すると，
初対面ポーターとエレベーターに乗りますが，どうやらそのポーターの娘ゾフィ
ーと孫ボリスは，自分の妻と息子であることがわかってきます。それ以降，でき
るだけ行動を共にしようとします。例えば，孫ボリスの好きなサッカーゲームを
いっしょにするところなど，とてもほほえましく感じます。しかし，ライダーに
は次から次へと，そして脈略なく街の人々が問題を抱えて集まってきます。断っ
てしまえば良いと思えるような不合理な依頼についても，ライダーはしぶしぶ相
談にのり，できるだけのことをしようとします。両親を喜ばせるために弾くピア
ノの演奏を聴いてアドバイスが欲しい成年，亡くなった老犬を弔う曲を弾いて欲
しい老人など，その依頼はせわしなく続きます。そのせわしなさのおかげで，ラ
イダーはボリスに十分かまってあげられません。一方で，ライダー自身は，両親
が演奏に来てくれるかをすごく気にしています。ライダーをめぐってさまざまな
ことが起きるものの，それぞれのエピソードにつながりはあまりないことが多く，
行き当たりばったりで，物語は断片的になっています。

　筆者は，カズオの創作活動の中で，この『充たされざる者』はターニングポイ
ントになった作品と考えています。つまり，それまでの作品は，日本かイギリス
かというある種の意識的な葛藤に縛られていた印象があるのですが，この作品で

は，自分の心に漂う物語を自由に表現しています。確かに，ライダーとボリスに
祖父 昌明と孫カズオが投影されているようですが，物語全体が構成されておらず
（少なくとも筆者にはそう思える），思いつくままの展開になっています。そうい
う展開の中に，どこかカズオ自身が葛藤から解放されて，自由に，自己の内面を書
きつづったようにみえます。前作『日の名残り』がブッカー賞を授賞し，名実共
にイギリスで認められたことが影響しているのでしょう。葛藤や防衛から解放さ
れ無意識の一部を自由に表現することができ始めたこと，これこそが，カズオが
目指している，人間の普遍的な世界へ手が届く作品を創作することではないかと
思います。本作品は 1995 年に発表されています。6 年後の 2001 年，カズオは，
妻ローナと『特急二十世紀』というテンポの良いコメディ映画をぼんやりと見て
いました。しばらくして役者達の表面的な演技に退屈してしまい，人間のより深
いつながりが必要なのではないかと直感的に気付きます。カズオはこの 2001 年
の出来事を自身のブレークスルーと捉えています。カズオの意識的にはそうかも
しれませんが，無意識的には，1995 年にこの作品を書き上げた頃から徐々にブ
レークが生じ始めたように思います。

3．普遍への展開——『わたしたちが孤児だったころ』『わたしを離さないで』『忘れられた巨人』

　長編第五作の『わたしたちが孤児だったころ』は，自分がどのような両親から
生まれ，そして何者であるかを探索する普遍的なテーマを扱いながらも，その中
にカズオの人生が色濃く含み込まれています。主人公である探偵の英国人クリス
トファー・バンクスは，幼少期を上海で過ごし，親友のアキラと信頼関係で結ば
れていました。クリストファーは，父親が蒸発し，続いて母親も蒸発しています。
その後，イギリスの大学を卒業して探偵になった彼は，ある事件の調査中に手に
入れた写真を手がかりに，長年の疑問であった両親の失踪について調べ始めます。
クリストファーは，両親がアヘン事件に関わって拉致され，現在も拘束されてい
ると信じ，事件の真相を究明していきました。その後，調査の末，日本軍との戦
争地帯に迷い込みましたが，そこでアキラによく似た重症の日本兵を見かけてす
れ違います。その後，巨悪に連れ去られた両親を救出しようとしますが，結局の
ところ，明らかになった真実は，母親に愛想を尽かした父親は愛人と家を出て，
クリストファーの学費が必要な母親は，中国人の愛人として奉仕していたことで
した。その 20 年後，クリストファーは香港の修道院でやっと母親に会うことが
できましたが，一緒に連れて帰らないことを静かに決意しました。

　この作品を執筆するに当たり，カズオは祖父 昌明が持っていた上海時代の写真

を参考にしたようですし，上海時代の親友アキラの名前は，昌明から一文字とった可能性が少なくないです。また，アキラは，物語の後半で重症を負った日本軍兵としても登場しており，昌明が連想されます。あるいは，アキラは日本にそのまま居残った場合のカズオの運命を表していたのかもしれません。母親は中国人の愛人として性的搾取にあった被害者として描き出されていますが，こうした被害者としての母親像は，母静子が被爆したことを告げられたことがずっとカズオの心に残っていたように思います。クリストファーが探し出した真実の両親は，受け入れ難いものでした。しかし，そこに本当の父親と母親を受け入れ，そのカップルから子どもが断念しながら離れていくという普遍的な成長プロセスが見てとれます。母との別れのシーンは何とも言えない思いにさせられます。

　長編第六作の『わたしを離さないで』は，どれだけ人間の科学技術が発達しても，人生は有限で死という運命から逃れることができないという普遍的テーマが扱われます。物語は，世間から隔絶されたヘールシャムという理想的な寄宿舎生活が描かれ，ルースとトミーという「生徒」について「介護人」になったキャシーの回想を中心に展開していきます。次第に，その寄宿舎は，臓器移植提供者になるための子供達を育てる施設で，生徒達は，何回かの提供を経て30年ほどの人生を終えることがゆっくりと明らかになります。物語の後半で，ヘールシャムの出身の生徒だけは，男女が真実の愛を証明すれば猶予期間が与えられるという噂を聞き，カップルになったルースとトミーは期待を膨らませます。結局，ヘールシャムのエミリ校長からそんな噂は空想に過ぎないと告げられ，提供者となり人生を終えるという現実に直面します。キャシーと車に乗って帰る途中，トミーは車を降り，泥まみれになって大声を出して怒り狂い，キャシーは車から飛び出してトミーを抱きしめます。そして2人は静かに真実を受け止め，トミーは提供者としての使命を全うします。

　カズオは，幼少期，祖父母と両親と姉たちと裕福で幸せな暮らしを送っていました。5歳で渡英することになりましたが，ずっと日本に居続けられない自らの運命を受け入れる過程を提供者として描いたのかもしれません。移植医療について，自らの臓器を提供することによって他者を救済し，自らを犠牲にする運命を受け入れる過程として描いています。渡英することについて，カズオの心境は，どういったものだったのでしょうか。自分が身を捧げることで祖父母とばらばらになる石黒一家の修復を試みたかったようにもみえます。つまり，物語の終盤に提供者であるトミーが怒り狂った場面は，カズオが渡英する時に心の深淵で経験したことかもしれません。

　長編第七作の『忘れられた巨人』では，舞台は5～6世紀のグレートブリテン

島になります。かつてブリトン人とサクソン人とに繰り広げられた大量虐殺の歴史を記憶から消すため，人々には霧が覆い被さっています。老夫婦の夫アクセルと妻ベアトリスは，居なくなってしまった息子を探すため，旅に出ています。旅の途中で夫婦は，サクソン人戦士であり，幼少期にブリトン人に育てられたウィスタンに出会います。ウィスタンは，霧が隠していた大量虐殺による憎悪を明らかにし，その結果，対立するブリトン人とサクソン人の両方がウィスタン自身の心の中にあることに葛藤しながら心の中でその2つを抱えます。この物語の終盤に，アクセルとベアトリスの夫婦に覆われていた霧も晴れます。しかし，それはアクセルとベアトリスにとって幸せなことではありませんでした。明らかになった事実は，2人は息子を巡って不仲になっていて，アクセルは不貞を働いたという事実でした。最後に老夫婦のアクセルとベアトリスは，別々の船に乗って死を予感させるような「島」に向かっていきます。このことは，長年，愛を熟成させてきた夫婦であっても，最後は，避けられない死に1人で向かうことが象徴されているように思います。カズオが本作を書いた動機の一つにユーゴスラビア紛争があるようです。前述したように，カズオは，親切な国民性にとても惹かれ，何度もユーゴスラビアを訪れますが，その後のユーゴスラビア紛争によって変わり果てた牧歌的な国のありさまにとても心を痛めたようです。もちろんユーゴスラビア紛争は，とても心が痛む出来事なのですが，ユーゴスラビア紛争に心を痛めたカズオの心のさらなる深淵には，記憶が曖昧な幼少期に，被爆地長崎で経験したトラウマの影響を感じざるを得ません。

Ⅳ　おわりに

　筆者がカズオの小説に出会ったのは2007年です。おぼろげな記憶ですが，なんとなく手持ちぶさたになって本屋で立ち読みをしていた時だったと思います。ふと目に入った小説家の名前は知っていたのですが，カタカナ表記が気になり，手に取りました。そして『浮世の画家』と『日の名残り』を買って家に帰り，読みだしたらすぐにカズオの世界観に夢中になりました。それから13年がたちますが，短編小説も含めほぼ全ての作品，批評，インタビューなどを読み終えました。今でも新作が出るとすぐに作品を購入する作家のうちの1人です。当初は，そのカタカナ表記に象徴されるカズオの二重性に惹かれたと意識していましたが，今回の文章を書いてみて，改めてカズオの深淵に触れることができました。喜ばしいことにノーベル文学賞作家になりましたが，近かった人がなんだか遠い存在になった感じがして，少し寂しさも覚えます。今回，カズオと彼の作品群について

考えを巡らせましたが，誤解を恐れずに言えば，カズオの創作活動は，被爆や家
族の離別などによって幼少期にばらばらになってしまったカズオ自身を修復する
試みだったのかもしれないと思っています。最後になりますが，本稿は，厳密な
資料に基づく学術書ではありません。精神分析的臨床のような，一期一会の，あ
る対象との個人的記憶に基づく経験にすぎません。しかし，カズオの作品との内
的対話を通じて二足のわらじという筆者自身のパーソナルな困難を理解でき，少
しの成長に気付けたことを嬉しく思っています。

注）本稿を書き上げる際に，『カズオ・イシグロの視線―記憶・創造・郷愁』（荘中孝之・三村尚央・
　　森川慎也編，2018，作品社）『カズオ・イシグロ読本―その深淵を暴く』（別冊宝島編集部編，
　　2017，宝島社）は，とても参考になりました。

文　献

別冊宝島編集部編（2017）カズオ・イシグロ読本―その深淵を暴く．宝島社．

Freud, S. (1914) Remembering, Repeating and Working-through. S. E. XII.（小此木啓吾訳（1970）
　　想起，反復，徹底操作．In：井上恒郎・小此木啓吾ら訳：フロイト著作集 第6巻．人文書院，
　　pp.49-58.）

Ishiguro, K.（土屋政雄訳）（2018）特急二十世紀の夜と、いくつかの小さなブレークスルー―ノー
　　ベル文学賞受賞記念講演．早川書房．

小林秀雄（1950）作家の顔．In：小林秀雄：第一次小林秀雄全集 第三巻．創元社，pp.9-14.

荘中孝之・三村尚央・森川慎也編（2018）カズオ・イシグロの視線―記憶・創造・郷愁．作品社．

週刊新潮編集部（2017）ノーベル賞「カズオ・イシグロ」渡英57年でも日本の名残り．週刊
　　新潮 2017年10月19日号．

ミニコラム読む編

森見登美彦『太陽の塔』と精神分析

坂東和晃

　精神分析と出会った時，僕は大学院生で，ある町の保健センターでボランティアをしていました。そこでは，さまざまな専門職スタッフがいて，親子で遊びながら関係性を育むためのプログラムが運営されていました。そのセンターの臨床心理士の話す言葉が，精神分析でした。その言葉はプログラム中でのよくわからない事態をわかるような形にしてくれましたし，なによりその場の子どもと大人の関係性を生き生きと描き出してくれました。

　それから，精神分析家が書いた本を読むようになりました。どれを読んでもとても手ごたえがありました。僕にとって精神分析は振り返りの言葉です。体験を形作り，受け取ることができるようにするための言葉です。

　日本の精神分析家のひとりである藤山（2003）は，著作の中で「精神分析とは一つの営みであり，体験しないとわからない」と述べています。その前提に立つのであれば僕は精神分析をわかっていません。精神分析という営みから生まれ落ちた言葉を使って，自分の体験を後からこねくり回しているだけで，精神分析そのものとは違う何かをしていることでしょう。それでも自分の体験と言葉が結びついたときの，あの腑に落ちるような落ち着く感覚を僕は知っています。自分の体験をなるべくうそ偽りなく言葉にしようと試みることは，精神分析という営みの中の真ん中部分に位置しているように思います。案外，自由連想ということは，そういうことなのかもしれません。

　自由連想とは，精神分析には欠かせないお約束です。カウチに寝そべった患者は，心に浮かぶすべてのことを，包み隠さず話すよう求められます。たとえ，それがどれほど突飛であろうと，卑猥であろうと，おぞましくとも，照れ臭くとも，口にするようにと約束します。もちろんそれはとても難しいことなので，無意識的に回避や言い換えが起きてしまいます。それを分析家に指摘されながら，分析が進展していくことになります。

　森見登美彦の小説『太陽の塔』は，作者が自分の体験を言葉にしようとした自由連想の過程であるかのようです。『太陽の塔』は森見登美彦のデビュー作であり，ひねくれた大学5年生の「私」が元恋人の水尾さんをめぐる恋敵との不毛な争いや，男友達との妄想に明け暮れる，日常の京都と地続きのファンタジーです。そこには心躍る冒険や異世界でのラブストーリーは全くなく，さえない男子学生の現実味あ

ふれるドタバタ劇が描かれています。そのドタバタぶりは、「私」が水尾さんに振ら
れた痛みが発端となっています。

　大切なものとの別れは、心にとっての一大事であり、それをどのように苦しみ、
悲しみ、癒されていくのかというテーマは、精神分析の中ではモーニングワークと
呼ばれています。『太陽の塔』での「私」はただ悲しむだけでなく、その幻影を追い
かけて七転八倒するのですが、その転がりっぷりこそが「私」のモーニングワーク
を描いているといえそうです。

　そして、妄想と空想と夢が入り混じって描かれるところが、この作品をファンタ
ジーとして位置付けています。「私」が叡山電車に乗って元恋人の夢の中へと入りこ
んでいく場面が、リアリティを持った白昼夢のように描かれ、その描写はとても美
しいのですが、やや唐突でもあり、話の流れがちぐはぐした感じになります。その
ちぐはぐさは、まるで自由連想のようです。心の内の世界を描き出そうとすると、
それはどうしてもちぐはぐで突飛な形をとることになるようです。

　森見自身はこの作品をどのように捉えているのでしょうか。雑誌の特集の中で、
森見による自作の解説を目にする機会がありました（森見, 2019）。それによると、
「太陽の塔」は森見が大学院生になったばかりの時に書き上げて応募した作品であ
り、「こんな小説は二度と書けない」と思うほどに、自分の殻を打ち破った高揚感が
あったといいます。それは、自分の体験とつながる言葉を紡いだ高揚感ではなかっ
たでしょうか。そして、別れの痛みを言葉にする作業をやり遂げた高揚感ではなか
ったでしょうか。その痛みの中を生きてきたことを描く時、言葉はつながり、そこ
に物語が生まれます。精神分析によって生み出された言葉は、よくわからないが確
かにあるものを捕まえて、イメージの断片をつなげ、形にすることを助けてくれる
のでしょう。

文　　献

藤山直樹（2003）精神分析という営み―生きた空間をもとめて．岩崎学術出版．
森見登美彦（2006）太陽の塔．新潮文庫．（2003年に刊行）
森見登美彦（2019）全著作解説エッセイ．In：河出書房新社編集部：文藝別冊 総特集森見登
　　美彦―作家は机上で冒険する！．河出書房新社, pp.143-171.

推理小説

上田勝久

推理小説がずっと好きでした。

特に好きなのが，これまでの世界が一変するような大どんでん返しが待ち受けて
いるものです。綾辻行人さんの『十角館の殺人』（講談社文庫）や『迷路館の殺人』
（講談社文庫）や『時計館の殺人』（講談社文庫），我孫子武丸さんの『殺戮にいた
る病』（講談社文庫），歌野晶午さんの『葉桜の季節に君を思うということ』（文春文
庫），倉知淳さんの『星降り山荘の殺人』（講談社文庫）などがそれにあたります。
これらの作品がもたらしてくれた驚きを二度と味わえないと思うと一抹の寂しさを
覚えるぐらい，これらの小説との出会いは私にとって貴重な体験となっています。

上述した本はいずれも「叙述もの」と呼ばれています。「叙述もの」とは，特に偽
りの情報を記しているわけでもないのに，読者が何らかの事柄を誤認するように仕
向けられた記述スタイルの作品を指します。小説ならではの手法です。小説を読む
とき，私たちは文字で書かれたものを視覚情報やイメージに変形して読み進めてい
きますが，その変形のありようは読者各人に委ねられています。ゆえに，その小説
が表すものと読者の受けとりには微妙な齟齬が生まれます。その齟齬を活用したも
のが「叙述トリック」であり，読者はこれまで当然視していた事柄が覆される感覚
を味わいます。いかに自分の認識や理解があてにならないものなのかを思い知らさ
れます。

事実を知ってから再読すると，至るところに伏線が敷かれていたことに気づきま
す。その「再読する私」は，もはや以前の「それを知らずにいた私」ではありませ
ん。「私」は決定的な変化を被っています。そのなかで自分がいかに騙されていたの
かを，いや，正確にいえば記述自体は偽情報を記しているわけではないのですから，
自分がいかに事実を誤認していたのかを，自らを欺いていたのかを，痛感すること
になります。

通常，騙すとか欺くといった体験は不快なものです。しかし，推理小説において
は事実を知ったときに心地よい風がこころを吹き抜けます。なぜなら，その事実が
美しいからです。これまで当然視していた世界が実は多くの綻びをもっており，そ
のことに何となく違和感を抱きつつも，それを感じないままにやりすごしていた世
界が，その事実を知ることで拡張され，そうでありながらバラバラになってしまう
ことなく事がぴたりと収まるべきところに収まっていく。そのときの深い得心が美

的体験を喚起するのだと思います。この得心と美によって，私たちは自分を騙すす
機となったその小説も，騙し／騙されてきた自分自身にも忌々しさを覚えることな
く，むしろ愛しさを感じたりします。あるいは騙し／騙されていた自分にはもう戻
れないことに一抹の寂しさを覚えたりもします。

　ここでいう「綻び」や「違和感」を「症状」に，「感じないままにやりすごしてい
た」を「防衛」に，「事実を知った」を「洞察」に置きかえると，そのまま心理療法
プロセスにつながる話になりそうです。このように考えたとき，心理療法には変容
が期待されていますが，変化した後の自分だけでなく，変化する前の自分にも愛し
さを感じられるような洞察が起こればよいなと思ったりもします。

　ところで，推理小説と心理療法が似ているとすれば，心理療法における「名探偵」
の所在が気になるところです。たとえばフロイトの症例論文を読むと，彼こそが名
探偵であり，作家の位置に立っているような印象を受けます。

　でも，私自身はセラピストはあくまで読者であり，ワトソンだと感じます。私たち
は騙し，騙されながら，そのことに気づかぬままにこの営みを続けます。そのなか
で事態は煮詰まり，いつしか事実を知る機会が訪れます。私の経験では，この「知
る」という事態が去来したときに，その内実を教えてくれたのは大抵患者でした。と
はいえ，患者が名探偵かというと，そうでもないような気がしています。患者自身
もその重要な事実をそれとして自覚しながら教えているわけでなく，意識的にはい
つものように「頭に浮かんだこと」を話しているにすぎないように思えるからです。
すると「名探偵」は患者の「前意識」にいるということなのかもしれません。では，
最初から患者の前意識は知っていたのでしょうか？　それもまた違うような気がし
ます。この「名探偵」は長いプロセスのなかで醸成され，そのなかで患者の前意識
に宿ってきたもののように思えるからです。「名探偵」は私たちの関係性のなかに，
そのプロセスのなかに浮遊しているのかもしれません。

　推理小説も心理療法も「驚き」に満ちています。大人になった私たちはもはや「驚
き」という情緒にそれほど遭遇しなくなってしまいました。でも，子ども時分はそ
うではなかったはずです。世界は驚きと発見の喜びに満ちていました。その意味で
洞察には事態を認識する「大人の自己部分」だけでなく，「子どもの自己部分」も多
分に関与しているのかもしれません。この二種の文化には，私たちのなかの子ども
心を遊ばせてくれる作用があるのかもしれません。

ミニコラム読む編

ドストエフスキーと精神分析

祖父江典人

　ドストエフスキー Dostoyevsky, F. M. の作品には，聖と俗，善と悪などの極端なキャラクターが登場します。精神分析の用語を使うなら，彼らは皆スプリッティングを基底にしたパーソナリティ構造の持ち主たちです。ドストエフスキーは，それら極端なキャラクターによって，人間の本性を問い詰めようとしているようです。

　ですが，ドストエフスキーの小説を知的，観念的と括るのでは，本質を外してしまうことでしょう。なぜなら，彼の作品は，きわめて泥臭くもあるからです。登場する人物たちは，『罪と罰』（新潮文庫）のラスコーリニコフに代表されるように，"性悪な金貸し老婆を殺すことが，多くの人を救うことになるのなら，殺人は正義である"という究極の問いを掲げ，延々と煩悶し続けます。遂には，その思想の下殺人を決行するのですが，今度は罪悪感に圧し潰されそうになり，再び延々と煩悶し続けます。その煩悶の形は，いかにも泥臭く，私たちをもその渦中に誘い込みます。

　このようにドストエフスキーの作品の登場人物たちは，哲学的なテーマを乾いた観念によって思考するのではなくて，血肉踊る次元で生臭くも煩悶するのです。

　こうした肉体性を色濃く帯びた思考を何と言ったらよいのでしょうか？　そこにはロシアの陰鬱にして広大な大地，スラブ系民族の土着性から湧出するエネルギーを抜きにしては語れないところでしょう。とにかくドストエフスキーの作品には，スケールのデカいテーマが"肉体の思考"によって綿々と紡ぎあげられているのです。

　ちなみに南米の精神分析家グリンバーグ Greenberg, J. R. は，精神分析の思考を"情動の思考"と呼びました。すなわち，精神分析で知る自己や他者に対する理解とは，単なる知的理解ではなく，時には身を削るほどの苦痛を伴った洞察だからです。その意味で，"肉体の思考"と"情動の思考"は，その思考の水準において，一脈相通ずるところがあるのかもしれません。

　さて，『罪と罰』のラスコーリニコフに話を戻しましょう。彼は，ニヒリスティックな選民思想によって老婆を殺すのですが，彼のこころの根底にあるのは，世の中の醜さや不平等さへの憤りです。そこには極めてピュアな青年の心持ちがあります。そのピュアさゆえに，彼は選民思想の正当性を主張するのですが，同時に拭いきれない罪悪感の咎に苦しめられます。彼のパーソナリティのスプリッティング構造は，善と悪の思想が背中合わせの関係にあるにも関わらず，そのピュアさゆえにそれに気づかずに，真っ二つに切り裂かれているのです。すなわち，ラスコーリニコフは，

世の中の欺瞞や矛盾に都合よく妥協できなかった青年なのです。

　ラスコーリニコフは善と悪の心性をスプリットしながらも，まだしもこころの内に留めていますが，ドストエフスキーの作品の中には，善と悪，聖と俗が二極化した別々の人物像として表されることも少なくありません。

　「善」の方では，聖なる娼婦ソーニャ，純真なあまりに悲惨な最期を遂げるリザヴェータ，疑うことを知らぬ白痴の青年ムイシュキン，無垢な青年アリョーシャなどです。

　「悪」の方では，金にものを言わせて女をものにするロゴージン，幼女をかどわかし破滅させる美貌の貴公子スタヴローギン，卑屈で邪悪なスメルジャコフなどです。なかでも，スタヴローギンは，『悪霊』（新潮文庫）の主人公であり，悪の権化と言っても過言ではありません。無慈悲さとニヒリズムを体現しています。

　ここにおいて，善と悪，聖と俗のキャラクターは見事な対比をなしています。ですが，私たち読む者にとっては，そうした二極のキャラクターがまったくベツモノには思えないところがあります。なぜなら，その先進思想によって崇め立てられたスタヴローギンも邪悪なスメルジャコフも，悪を生き切ることかなわず，最後には自害を遂げているからです。すなわち，彼らは "悪" をピュアに生き切ろうとしたものの，そのピュアさゆえに自己矛盾を来たし，破滅に追いやられているのです。

　ドストエフスキーは，善と悪，聖と俗の純粋型が，同じ顔の別々の横顔であることを示そうとしているのかもしれません。したがって，私たちが聖にしろ悪にしろ，ピュアなものに心惹かれるのも一面の真実でしょう。ドストエフスキーの小説は，それを見事に描き切っています。

　一方，精神分析の世界に目を移せば，境界例，解離性パーソナリティ障害，虐待などに見られるスプリッティングや解離などの病理現象にも，時に私たちセラピストは病理の持つピュアさの面影をそこに見出すこともあるでしょう。

　精神分析家ビオン Bion, W. R. は言います。精神病者の目からしたら，ブラームスを弾くバイオリニストは，公衆の面前でマスターベーションそのものをしているのだ。だが，その思考のどこが正気の思考よりも劣っていると言えるのか，と。

　ビオンは，精神病への安易な肩入れをしているわけではありません。晩年，精神病の中に誕生前の思考の名残を見出そうとしたように，病理の中に可能性の胚芽を見出そうとしているのです。

　ピュアさと病理，善と悪は裏腹です。悪の権化スタヴローギンは，無垢な青年ムイシュキンのもうひとつの横顔でもあるのです。私たちが病理を病理としてしか見る目を持たないとしたら，私たちのセラピストとしての眼差しは，すでに体制化し，新たな可能性を見出す感性が摩耗しているのかもしれません。

ミニコラム読む編

マ　ン　ガ

北川清一郎

　マンガの歴史は古く，日本では平安時代にまで遡ることができます。諸説ありますが，江戸時代の浮世絵師である山東京伝の四時交加に「漫画」という文字が使用されているのが語源ではないかといわれています。日本のマンガは海外では manga と日本語そのままで表記されることもあり，独自の文化となっています。

　さて，マンガは絵という視覚情報を主とし，その絵の展開が動的に描写されます。そして，音という聴覚情報については，発話はフキダシで，その他は擬音や行間で描かれます。絵と音がコマという枠組みのなかで連続的に示されることにより，物語が生成されます。また，マンガに特徴的なこととして現示性と線条性があります（呉智英，1986）。現示性とはその全てを一望して把握することであり，線条性とは流れの中で把握することです。さらに絵と文字を同時に把握し，次の流れのコマを見つけ，読み進めねばなりません。こうした複数の情報を同時並行的に把握し，物語として理解していくためには複眼の視点（祖父江，2011）が必要になります。こうしたマンガ独特の構造を用いることで物理的には見えない心情や雰囲気，精神世界を描写することができます。

　この観点を用いて，羽海野チカの『3月のライオン』（白泉社）を取り上げ，主人公である桐山零の心の痛みを見ていきます。

　彼には3つの心の痛みがあります。まず家族を事故で亡くしたことです。まだ小3の子どもにとって家族を全員失う体験はとても残酷なことといえるでしょう。そして，次は養子先でのことです。養父には2人の実子がいましたが，将棋という領域において彼は実子以上の寵愛を養父から受けました。そのことによって養子先の家庭が崩壊していき，彼は強い罪悪感を持つようになりました。これも彼には心の痛みとなりました。最後の痛みとしては，彼は将棋で養父に勝ってしまったことです。このことは彼にとっては親殺しの意味を持っています。しかし，そこには父を乗り越えた喜びはなく，罪悪感を抱くだけでした。

　さて，マンガの構造から彼の心の痛みを理解していきます。日常のたわいもないやりとりにおいては，コマ割りははっきりしており，読み進める順も明確な配置となっています。また，フキダシの中のセリフによって会話が成り立ち，それを元に物語が進みます。そのため比較的理解しやすい構造となっています。しかし，日常の些細なことをきっかけに過去の心の痛みがフラッシュバックのように突如として

立ち現れます。その時にはコマ割りが不明瞭となり，フキダシが消失し，枠外は黒塗りになり，急激に読者の不安を掻き立てるような絵柄やモノローグとなっています。言い換えるならマンガの構造が壊れ，混沌としたものとなっています。世界が崩壊し，非日常的で，不穏な雰囲気に飲み込まれてしまうようです。こうしたマンガの構造によって桐山零の心の痛みを映し出していると言えるでしょう。心の痛みは彼の心を支配し，心の輪郭を規定しました。彼は人との関係には深入りせず心を閉ざし，心的にひきこもりました。心の痛みをカプセル化したということもできるでしょう。彼の絶望的な姿をみると読み手も痛みを感じてしまいます。

　しかし，彼が 17 歳の時，川本家の三姉妹と出会うこととなり，彼の人生を一変させることになりました。彼が原家族の中で体験するはずだったことを形を変えて体験できたのかもしれません。彼女らとの出会いと交流の中でカプセル化されていた痛みを徐々に乗り越えていきました。出会いや交流が人生に決定的な転換点をもたらしうることは分析的な臨床でも比較的よく経験することです。こうしたことは「出会いのモーメント」といえるでしょう（Stern et al., 1998）。彼は交流のなかで変化し，人との触れ合いに喜びや心地よさを感じるようになっていきました。

　そして，非常に面白いのはこうした変化の瞬間も，心の痛みを表していたマンガの構造と同じであることです。コマ割りやセリフが消失していますが，そこにはなぜか不気味さはなく，温かさや優しさを感じるような描写となっています。外傷を受けた患者は外傷をなぞるように反復することがあります。これは反復することによって，過去とは違う結末に到達したいという希望であると理解することができます。すなわち，桐山零の心の痛みと変化の瞬間は同じマンガの構造をもちいた反復ではありますが，その反復には希望が含まれていると理解できるかもしれません。このような彼の姿やたどった軌跡は美しく，感動すら覚えます。

　本コラムではマンガ特有の構造に触れ，さらに一作品の登場人物の心のあり方を紐解き，分析的に理解する試みを行いました。マンガの面白さが少しでも伝わればと願います。

文　　献

呉智英（1986）現代マンガの全体像. 双葉社.

祖父江典人（2011）ビオンに学ぶ分析臨床―「心的苦痛」と「複眼の視点」. 精神分析研究，55(4); 338-344.

Stern, D. N., et al. (1998) The process of therapeutic change involving implicit knowledge: Some implication of developmental observations for adult psychotherapy. Infant Mental Health Journal, 19; 300-308.

羽海野チカ（2008 〜）３月のライオン. 白泉社.

第 5 部

「動くこと」をめぐって

第12章
フロイトと自転車をめぐる小旅行

平野直己

I 旅のはじまり──フロイトによる自転車の無関心について

『精神分析入門講義』（1917/2012）第12講のなかで，夢というものは，夢を見た当人の連想を頼りにしないことには，その理解に到ることは難しいと主張するフロイト Freud, S. は，その具体例として，ミュンヘンに住む医学生が1910年7月13日の朝方に見たという夢を取り上げています。

> 「私はチュービンゲンで街路を自転車に乗って下っていた。その時，茶色いダックスフントが，狂ったように私の後ろから走ってきて，私のかかとに噛みついた。少ししてから私は自転車を降りて，階段に腰を下ろして，しっかり噛みついているこの獣をポカポカ殴って引き離そうとしていた。（噛まれたこととその場面全体に関しては，不愉快な感情がなかった。）向かいに，二，三人の年配の夫人たちが座っていた。彼女らは私を見てにやにやしているように見えた。そして私は目覚め，今までもよくあったように，目覚めへの移行の瞬間に夢の全体がはっきりしてきた」（フロイト，1917，岩波書店版，p.226）

この医学生によると，街で見かけた女の子に恋心を抱いていて，その女の子がお供に連れている犬がダックスフントなのだといいます。しかも彼は犬同士の取っ組み合いの喧嘩の仲裁をするのがうまいと自認していて，その手際よさといったら見ている人たちが驚くほどなのだそうです。フロイトはこのような感じで，夢の断片と関連しそうな医学生の報告を紹介していきます。そして，この医学生の顕在夢のなかに，恋心を抱いているというダックスフント連れの女の子が登場しない点について，医学生の報告を読んでもこのことは解明できないと言いつつも，ニヤニヤと笑う年配の夫人たちがその女の子の代わりになっているかもしれないことを，特に根拠を示すことなく，仄かしました。

　この夢の解説の最後の段になって，街路を下って行く医学生が運転する自転車
についてフロイトはようやく言及します。

　　　「彼は夢の中で自転車に乗っていました。これは，想起される状況の直接的な繰り
　　返しです。犬を連れたその女の子に会えたのは，いつも彼が自転車に乗っている時
　　だったのです」（前掲書，p.227）

　あっさりとしたものです。そして彼は，大事な身内を亡くした際の独特な夢の
紹介に移っていくのでした。
　この夢に出てくる医学生による自転車の運転は，果たして"想起される状況の
直接的な繰り返し"に過ぎないのでしょうか。むしろ，この自転車の夢の中心に
描かれているのは，医学生と女の子とダックスフント，3者の「関係」ではない
でしょうか。その証拠に，医学生もこのように言っています。

　　　「私は最近ある女の子に恋をしているのです。といっても街で見かけてそうなって
　　いるだけで，触れ合いの点といっても何もないのです。でも，私はいま大変な動物
　　好きでありまして，その女の子にもそういうところがあり，それが自分にとって嬉
　　しいところもあり，ダックスフントというのは，私にとって一番都合のいい触れ合
　　いの点ということになるのかもしれません」（前掲書，p.227）

　夢のなかに出てこない女の子が自転車として登場しているとしたらどうでしょ
う。医学生は，彼女である自転車に跨り，坂を下っていきます。一体化している
二人を彼女のダックスフントが怒り狂って邪魔をしてくるのです。医学生は，自
分の足をくわえている彼女の飼い犬をポカポカと殴って喧嘩の仲裁をしようとし
ますが，足を嚙まれていたって嫌な気がするわけがないのは当然のことです。な
ぜなら，このダックスフントは，自分と彼女を結びつける「一番都合のいい触れ
合いの点」なのですから。この飼い犬が取り持つ，男女の睦まじいやりとりを，
おばさんたちがニヤニヤと眺めているのです。「若いっていいわねえ」なんて言う
声が聞こえてきそうです。
　この私の解釈の是非はさておいて，フロイトは明らかに自転車を無視とまでは
言わなくても，軽く扱っていることは確かでしょう。自転車乗りの臨床心理士で
ある私にとって，その扱いがどうも解せないのです。
　フロイトは，自転車がもたらす感覚世界を，実際の利用者として，あるいは観
察者としてでも，体験したり空想したりすることはなかったのでしょうか？

Ⅱ　ちょっと寄り道——自転車という発明

　長距離をひたすら走るロングライド，登り坂を一気に駆け上がるヒルクライム，舗装のない山道を走るトレイルライド，のんびりと自転車散歩のポタリング……一口にサイクリングと言っても，その楽しみ方はさまざまです。

　私は，ヒルクライムのように自分の身体能力を高めて，タイムや順位に挑戦することにも，道無き道やガタガタ道を泥だらけになって走り抜くことにも，ほとんど興味がありません。私のサイクリングの目的はもっぱら「旅」なのです。

　大体のルートと目的地くらいは決めておいて，ロードバイクのペダルを踏み出します。これから先は 1 日 70 キロから 100 キロの長い旅路になります。登り坂からの挑発にはできる限り乗っからないようにします。挑発を受けて立とうじゃないかと，歯を食いしばって坂を登っても，また次の登り坂が待っているだけです。目的地に着くまでの体力を失ってしまうくらいならば，潔く自転車を降りて，押し歩くのも勇気ある選択です。しかし，うまそうな蕎麦屋やカフェの誘惑には，簡単に乗ってしまいますし，素晴らしい景色にも，すぐに足を留め，その日の予定は変更となります。そして，宿泊の予定があれば，暗くならないうちに宿を探し，温泉とビールで翌日に備えます。また，日帰りの旅ならば，我が家に戻って早々にビールを飲み始めます。そんな軟弱なロングライド＆ポタリングの旅が私のサイクリングなのです。

　北海道の外周は 5 年をかけてほぼひと回りし，このところは輪行バックに愛車を入れて道外の旅に出ることも増えました。CNN の「2017 年の世界の 10 大自転車道」，そして *ARCHITECTURAL DIGEST* 誌の「2019 年の最も美しい景観を持つ 11 のサイクリングルート」に唯一日本から選ばれているしまなみ海道を走る「しまなみサイクリング」にもチャリ仲間と参加しています。自分の脇を軽快に追い抜いていくサイクリストたちに手を振りながら健闘を祈り，本州と四国を結ぶ連絡橋からの絶景をながめ，ゴールの後の食事を夢見ながら走るのです。

　ここで寄り道ついでに，自転車の発明がどんなに私たちの体験世界を広げるポテンシャリティを持っているのかということを，自転車の歴史とともに簡単に説明しておくことにしましょう。

　自転車という発明の何よりの驚きは，二つの車輪を縦に並べたという画期的な乗り物であるという点です。人類最初の自転車は，ドイツのマンハイムの森林官カール・フライヘルト・フォン・ドライス Drais, K. が 1813 年に作成した「ドライジーネ」とされています。紀元前 5000 年にまで容易に遡ることができる車輪

と人類の付き合いの歴史のなかで，二つの車輪を縦に並べて，それに跨がる乗り物の着想に到達するまでに，私たちはおよそ7000年も待たなければならなかったのです。

　人間のバランス制御がなければ，自立できずに倒れてしまう状況での運転操作がもたらす緊張感と，それだからこそ生まれるマシンとの一体感は，二輪車の醍醐味であり，移動とはまた別の体験世界に私たちを連れていってくれるのです。

　第2の特徴は，足を地面から離して乗るという点です。最初の自転車，ドライジーネは操縦用の舵取り棒で前輪を動かし，地面を足で蹴ることで前に進むものでした。両足が地面から離れることになったのは，1839年にスコットランドのマクミラン Macmillan, K. が足踏みミシンの要領で踏み込む駆動方式による自転車を開発したところにはじまります。人は自転車の誕生からわずか四半世紀で，地面から足を離して滑空するかのように走る乗り物となったのです。

　そして，最後の自転車の特徴は，ひとりの人が，自分自身の身体能力を用いて，ペダルを踏み続けることで高速での移動を可能にするパーソナルな乗り物であるという点です。

　個人の身体的な力を自転車の駆動へと効率よく結びつけるペダルとクランクによる世界最初の量産車はミショー型（1862年）からだとされています。前輪を駆動輪とするミショー型は，乗り心地の悪さからボーンシェイカー bone-shaker と呼ばれました。フランスからイギリスに渡ったボーンシェイカーは，その後，サドルのバネやブレーキの改良がなされて，1880年代までに世界に輸出され，広がっていきました。日本に自転車が入ってきたのも慶応年間（1865〜1868年）で，このボーンシェイカーでした。

　1870年ごろからは，駆動輪である前輪を大きくして，従輪である後輪を小さくしたオーディナリ型と呼ばれる自転車が登場します。クランクが前輪に直接つながっているため，足を踏み込み1回転することで距離を稼ぐためには，前輪はどんどん大きくならざるをえません。前輪は乗り手の足がペダルに届くギリギリの大きさまで巨大化し，後輪はますます小さくなっていきました。一方で，内部を中空にした軽量なスチール製のフレーム，ワイヤースポーク，ソリッドゴムタイヤの導入など，部品は木材からスチールやゴムを用いたものに変化していきます。また，ボールベアリングが使用され，スピードギアが開発されるに至って，自転車の走行は次第に軽快なものになっていきました。

　1885年には，イギリスのジョン・スターレー Starley, J. は，乗車位置を下げて転倒の危険性を減らして，安定した走行性能を確保する方向に改良されたセーフティ型の自転車を開発しました。以降，チェーンを介した後輪駆動，前後同じサ

ズのホイールなど，今日とほぼ同じスタイルの自転車が定着していくことにな
ります。1888 年にはダンロップが空気を入れるタイヤの特許を取得し，乗り心
地がよく楽にスピードを出せるこの方式のタイヤがあっという間に，ほとんど全
ての自転車の標準装備となったのです。

Ⅲ　中継地点──19 世紀末のヨーロッパと自転車

　自転車は 19 世紀末のヨーロッパでの重要な発明であり，19 世紀末のヨーロッ
パは自転車にとって「黄金時代」でもあったと言われています。では，その時代，
自転車がもたらした新たな感覚はどのように受け止められていたのでしょうか。
坂本（2003）は，エミール・ゾラ Zola, É.（1840-1902），モーリス・ルブラン
Leblanc, M.（1864-1941），そして J・H・ロニー兄 J.-H. Rosny aîné（1856-1940）
の 3 人のフランス人作家の作品を題材に，そこでのサイクリングの詩的描写と，
中流階級の女性の自転車利用が引き起こした社会的な圧力からの解放と圧力への
同調をめぐるイデオロギーとの緊張関係に関する検討を行なっています。彼らは，
国籍は違えどもフロイトとほぼ同年代の作家たちです。
　自転車の新しさは，時代的に先行する馬車や鉄道（蒸気機関車）とは異なり，
「近代の『人工』的な発明でありながら，同時に人間の身体能力という『自然』の
再発見と再活用を促す点で，両義的な移動技術」というところにあると坂本は主
張します。この身体と技術との融合現象への抵抗感を乗り越えたところで，自転
車の乗り手は「馬や機械への隷属からも抜け出したような感覚」（ロニー兄）を手
に入れたのです。
　また，自転車の走行は，しばしば飛翔，とりわけ滑空のイメージで語られます。
坂本は，飛行機の実用化が 20 世紀の初頭であることから，このサイクリングの
飛翔・滑空感覚は人の想像力の働きであると言い切ります。さらに，自転車に乗
る前傾姿勢は，自然の中を駆け抜ける四足獣の世界を喚起させ，その速度の歓喜
と合わさって，私たちが忘れていたうちなる原初的な動物性，野生のエネルギー
を再発見させたと評価しています。
　つまり，その当時の小説のなかで，サイクリングは，自転車という機械との一
体感によって，「解放」「陶酔」「平衡」などの感覚を私たちに与えるだけでなく，
私たちの外側にある自然との交感とともに私たちの内なる自然との交感をも生み
出す存在として描かれているのです。
　この論文の後半で坂本は，文学で描かれるサイクリングは，こうした自転車と
いう道具がもたらす独特な体験世界だけではなく，その当時のイデオロギーとの

緊張関係の象徴としての役割も果たしていることに目を向けます。女性に対する社会からの同調を求める圧力と，この圧力からの解放の間の葛藤が，自転車利用を舞台に展開されていることを取り上げました。坂本は言います。

　「乗り手の身体と直接的に関わるこの新しい乗り物は，女性の優美さを損なうのではないか，家庭を放棄させ，姦通をうながし，母性をそこなうのではないかという漠たる不安を引き起こした。小説家たちは当然，こうした同時代の不安や幻想と無縁に女性サイクリストを描くことはできなかった」（坂本，2003，p.86）

　当時の女性の自転車利用に関する社会の圧力からの「解放」と社会の圧力への「同調」の間の緊張関係について，オーステルハウス Oosterhuis（2016）は自転車が女性の移動の自由を大幅に拡大したし，女性を締め付ける服装が緩和されて，健康が改善されたという「解放する役割」を指摘する者がいるけれども，当時の中流階級のサイクリストの中で女性は少数派のままであり，彼女たちは女性解放運動や自分自身のためというよりも，男性社会との付き合いの中で自転車に乗っていたと説明します。つまり，実際は「自転車に乗る女性は，男性の視線から逃れることができなかった」というのです。公共の場での身体活動は，その当時の女性にとって依然として敏感な懸念であり，女性に適した服装に合わせた自転車が開発され，「優雅さと品位の一般的な基準を満たす」ライディング・スタイルが開発されていきました。「女性サイクリストが過激なフェミニズムと男らしさに関連づけられていたことは，主に公共のイメージの問題であり，メディアや自転車に乗っている女性の反対者によって広められたもの」だったとオーステルハウスは分析しています。

Ⅳ　目的地へ──19 世紀末ウィーンでのサイクリングの受容

　自転車ブームは，イギリスとフランスから始まり，少し遅れてオーストリアにも到来しました。19 世紀末の自転車という乗り物の受容の程度は，ヨーロッパの国によって異なっていたようです（Oosterhuis, 2016）。
　ウィーンにおけるサイクリングの流行は，1880 年ごろからと考えられます。Wiener Bicycle Club（1881），Wiener Tricycle Club（1882），Wiener Cyclisten Club（1883），Die Wanderer（1883）などのサイクリング・クラブが生まれ，1894 年には最初の自転車ダービーが 15,000 人もの観客の前で行われたとされ

ています。

　当初サイクリングはあくまでもレジャー活動であり，プラーターと呼ばれる公園や田舎道などの路外でのみ許可されていました。また，自転車に乗るには運転免許試験に合格することが必要で，ナンバープレートをつけて路上での走行をしていたそうです。

　1896 年当時，ウィーンには 12,000 人を越えるサイクリストがいたと記録されています。ウィーンの人口は，1880 年から 1900 年の 20 年間で 72 万人から 167 万人へと急増していました。人口と対比するならば，サイクリングはほんの一握りの市民の趣味にすぎず，普及といっても限られた趣味人たちであったと想像することができます。

写真 1　アーサー・シュニッツラー

　興味深いことに，その「限られた趣味人」の中に，アーサー・シュニッツラー Schnitzler, A.（1862-1931，写真 1）がいました。シュニッツラーは，フロイトから精神的なドッペルゲンガーであると称された，劇作家，そして医師です。彼はテオドール・ヘルツル Herzl, T.（1860-1904），フーゴ・フォン・ホフマンシュタール von Hofmannsthal, H.（1874-1929），リチャード・ビール－ホフマン Beer-Hofmann, R.（1866-1945），ヘルマン・バール Bahr, H.（1863-1934），ヤコブ・ヴァッサーマン Wassermann, J.（1873-1934），フェリックス・ザルテン Salten, F.（1869-1945）など錚々たる「若きウィーン」のメンバーたちに自転車を勧め，彼らと自転車旅行をしたことが記録されています。

　彼らの生誕年を見ると，いずれもフロイトよりも 5 歳から 10 歳下の者ばかりです。この年代の人たちは，大人になってから自転車に乗る訓練をしたことを忘れてはなりません。成人期に自転車の運転を習得し，自分の生活の中にサイクリングを受容することの難しさは，現代のデジタル機器の操作習得と受容を想像してみると理解しやすいでしょう。生まれた時にはすでにインターネットが身近にあり IT 機器が普及した環境に育った世代はデジタル・ネイティブと呼ばれています。また，人生の途中でこうした環境を取り入れることになった世代はデジタル・イミグラントと呼ばれます。自転車イミグラントの世代の苦労はいかなるものであったでしょう。

　夏目漱石（1867-1916）は，そんな自転車イミグラントとしての苦労を『自転

写真 2　アンナ・フロイト

写真 3　カール・G・ユング

車日記』（1903）に綴っています。彼は 1900 年にロンドンに国費留学しました
が，異国の地で神経衰弱を悪化させてしまい 1902 年 12 月に帰国することにな
りますが，その帰国直前に下宿先の婆さんに「自転車に御乗んなさい」と言われ
たところからこの話ははじまります。漱石は知人の紹介の自転車屋で中古の自転
車を入手して，早速練習をはじめますが，何度も転倒してしまいます。その後も
坂を下る自転車の勢いを止めることができず，歩道に乗り上げてしまったり，自
分が転倒するだけでなく，他の人までも転倒させてしまいます。そしてついには，
馬車と馬車との間をすり抜けようとして，他の自転車にぶつかりそうになり転倒
した挙げ句，馬にも蹴られてしまい散々な目に遭ったと，憎々しげに記録を残し
ています。

　もしフロイトが自転車に乗りこなそうとしたならば，このような“ワーキング
スルー”をどう体験し，文章にしたことでしょう。

　それでは，精神分析のサークルのなかでは，サイクリングはどの程度普及してい
たのでしょうか。これについては，なかなか資料が見つけることができませんで
した。実際に写真で確認できたのは，娘のアンナ・フロイト Freud, A.（1895-1982,
写真 2）とカール・G・ユング Jung, C. G.（1875-1961，写真 3）でした。

　アンナは自転車ネイティブの世代に入るので驚きはありませんが，ユングは自
転車イミグラントの世代であると考えられます。

　ユングは，1910 年 8 月 11 日のフロイトへの手紙で，妻の出産予定の 1 カ月後
の 10 月 1 日から 2 週間，イタリアへの自転車旅行をする予定であると書いてい

す（マクガイアーら，1974）。同年の 9 月 21 日にワイマールで開催された第 3
国際精神分析学会の集合写真は有名です。最前列中央ですっと背筋を伸ばして
るユングの妻エンマは出産を終えた直後とは想像できません。彼女の右肩の後
に身をかがめて立つユング，そしてユングの右隣には右頬を向けているフロイ
がいます。この写真撮影の後，10 日ほどして，彼は自転車に乗り，チューリッ
からイタリアに向かったのです。

　そして，ユングは，この自転車旅行でチューリッヒに帰る途中，マジョーレ湖
岸にあるアローナに宿泊し，そこで重要な夢を見て即刻列車で帰国をしました。
の出来事が，『リビドーの変容と象徴』（後の『変容の象徴』）を執筆するきっか
になり，フロイトとの関係は一気に別離へと進んでいくことになります（ヴェ
ーア，1989）。

V　旅のおわり

　以上，フロイトと自転車をめぐる短い旅はおわりました。フロイトは自転車に
乗り遅れてしまった。これが結論です。

　あと 20 年，いや 10 年でも早く自転車が発明されたなら，フロイトは自転車イ
ミグラントとして，漱石のように転倒を繰り返しながらもなんとか自転車を乗り
こなし，イタリアへの旅行も自転車に乗って敢行していたかもしれません。もし
かしたら，身体をカウチに寝かせて内なる自然との対話を制限する自由連想から
だけでなく，自転車のペダルを漕ぎ続ける単純な身体運動を通じての，自己の内
外の自然との出会い，心と身体の対話についても多くの示唆が得られたのではな
いかと思うと，ちょっと残念な気持ちすら起こってきます。

　「人生は自転車のようだ。バランスを保ち続けるには，動き続けなければならな
い」とは，アルバート・アインシュタイン（1879-1955）が残した言葉です。ア
イシュタインは自転車に乗りながら相対性理論を構想したと言われています。フ
ロイトもサイクリングに乗りながら，どんな夢を描いたことでしょう。

　この原稿の執筆にあたり，Nick Midgley 先生から多くの示唆をいただきました。
ここに感謝の意を記します。

文　　献

Andrić, D. (1990) The 200 years of the bicycle.（古市昭代訳（1992）自転車の歴史― 200 年
　の歩み 誕生から未来車へ．ベースボールマガジン社．）

ARGUS Steirmark Als Theodor Herzl auf seinem Opel durchs Ausseerland blitzte Cylomanie im

Fin de Siecle im "Jung Wien". http://graz.radln.net/cms/beitrag/11254412/105566718/

フロイト・S（1917/2012）精神分析入門講義（フロイト全集 15）．岩波書店．

Jung, C. G. (1912) Wandlungen und Symbole der Libido: Beitraege zur Entwicklungsgeschichte des Denkens. Munchen, Deutscher Taschenbuch Verlag.（ユング, C. G.（1952/1985）変容の象徴―精神分裂病の前駆症状．筑摩書房．）

マクガイアー・W，ザウアーレンダー・W編（1974/2006）フロイト＝ユンク往復書簡（下）講談社学術文庫．

夏目漱石（1903/1917）自転車日記（定本・漱石全集第 12 巻）．岩波書店．

Oosterhuis, H. (2016) Cycling, modernity and national cultures. Social History, 41(3); 233-248. DOI:10.1080/03071022.2016.1180897

坂本浩也（2003）自転車をめぐるフィクション― 19 世紀末フランスにおける速度の詩学と性差のイデオロギー．ヨーロッパ研究, 3; 81-98.

ヴェーア・G（1989/1996）C. G. ユング―記録でたどる人と思想．青土社．

第13章
バレーボール

浜内彩乃

I　はじめに

　バレーボールは，アメリカ合衆国で体育教師として働いていたウィリアム・G・モーガン Morgan, W. G. が，誰にでも気楽に楽しめるスポーツとして，1895年2月9日に考案されました。現在日本では，バレーボールは生涯スポーツと言われており，子どもから年配の方まで幅広い層の方々が競技をされています。モーガンは当初，ミントネット Mintonette と名付けましたが，のちに名称をバレー・ボール（ボレー・ボール，volley ball）に改めました。1952年にはバレーボール（volleyball）と1語で表すようになりました。モーガンが定めたルールは非常にシンプルで，試合に集まった人たちを2チームに分けて，ボールを打ち合い，ボールを落とした方が負けというものでした。

　1896年にスプリングフィールドで開催された YMCA 体育指導者会議で公開されて以降，アメリカ全土に広まり，1900年代に入るとカナダやキューバなど近隣諸国にも紹介されるようになりました。日本にバレーボールが紹介されたのは1920年頃です。1927年に日本バレーボール協会が設立され，「スポーツに飢えていた戦後の日本の国民に対して金のかからない，安直かつ手軽な，しかも沢山の人が同時に楽しめるスポーツ」として普及されました。そして1964年の東京五輪からバレーボールが正式種目に加わりました。この大会で日本は5試合で落としたセットは1セットのみという圧倒的な力で強豪ソ連を破り，金メダルを獲得しました。これにより，日本では空前のバレーボール・ブームが巻き起こり，『サインはV』や『アタック No.1』といった人気アニメも制作されました。

　公益財団法人日本バレーボール協会によると，バレーボールの最大の特徴は，球技の中で唯一ボールを落としてはいけない競技であることです。また2つのチームがネットによって分けられ，コートにボールを落とすことなく3回以内で相

手コートに返球し合います。この３回ということも大きな特徴です。同じ人が２
回続けてボールに触れることはできません。ですので，２〜３人でボールをつな
ぎ，返球することになります。同じコート内でボールを落とさずにボールをつな
ぐということも，テニスや卓球などのネットをはさんだ球技には見られないこと
です。

　今回，このバレーボールを精神分析的な視点で文化芸術論として書くことにな
ります。そこで文化とは何かと広辞苑で調べてみると「人間の精神的生活にかか
わるもの」という記載がありました。私は精神的生活を「"生"をみつけることが
できるもの」と解釈しました。そして，私の精神的生活にかかわるものは何かと
考えると，今回のテーマにいただいた精神分析とバレーボールがまさにそれだと
いえます。この２つには共通点が多くあります。私は精神分析は非常に体育会系
だと感じています。精神分析の週４〜５日，毎日通うというのを数年間続けると
いうところは体育会系以外の何ものでもないでしょう。中学，高校で部活に入っ
た場合，ほぼ毎日休みなく，６年間，同じ競技を続けるわけです。また，指導者
を師と仰ぎ，師の教えのもと，自分のプレイスタイルを見つけていく，というと
ころも似ています。スポーツは身体を使い，精神分析は心を使うというところは
異なりますが，自分と向き合い，自分の人生の一部になっていく感覚は同じです。
松木は，「自分というものの生き方を自分で見つけたり，作っていったりする」こ
とが精神分析であると語っています（藤山ら，2013）。また精神分析がパーソナ
ルなものであるとも続けています。私は精神分析という文化があり，そこに患者
や分析家個人のストーリーが組み合わさることで，パーソナルなものが生成され
ると考えます。そこで本章ではバレーボールの文化を紹介しながら，私個人のス
トーリーについて触れ，バレーボールの文化と個人のストーリーが組み合わさる
ことで生成されるものについて考察していきます。

Ⅱ　バレーボールとの出会いと姉妹葛藤

　私のバレーボールとの出会いは記憶にありません。私の母親は高校教師で女子
バレーボール部の顧問をしており，私は物ごころがついた頃には体育館にいまし
た。日曜日など保育園が休みの時，母親は部活の練習に私と姉を連れていきまし
た。そうした日常が小学校を卒業するまで続いたため，私の幼少期の記憶のほと
んどは体育館で，遊び道具はバレーボールでした。

　ただ，私は母親からバレーボールを教わった記憶があまりありません。私が
アドバイスを求めた時や，練習相手がいなかった時に多少応えてくれたように思い

ますが，母親とバレーボールを共にしたという経験はごくわずかです。そのため，幼少の頃からボールに触ったり，バレーボールに触れたりはしていましたが，競技としてやり始めたのは地元のスポーツ少年団に入団できた小学 3 年生からです。この時，1 学年上の姉と一緒に入団しました。入団した後，マイボールを買ってもらい，嬉しくて朝から晩まで触っていました。

　バレーボールを始めて 1 年もすると私は壁にぶちあたりました。その壁は，「姉」という存在でした。姉は運動神経抜群で，学校でもリレーの選手や駅伝の選手などに選ばれることが当たり前でした。一方，私の運動神経は冴えませんでした。案の定，姉は 6 年生がレギュラーを占める中，5 年生で 1 人だけレギュラーを勝ち取りました。その後，姉が 6 年生になり，同学年だけでは人数が足りなかったため，1 学年下の私たちの代から選手が選ばれることになりましたが，私は選ばれませんでした。それはプレイ技術による選抜ではなく，私と姉が非常に仲の悪い姉妹だったため，同じコート内に立たせられないという監督の判断でした。「絶対に喧嘩はしない」と監督に懇願したような記憶があります。その結果かどうかは定かではありませんが，私はセッターというポジションを与えられ，姉と一緒にコートに立つことになりました。

　バレーボールの一番基本の返球の仕方は，相手コートから飛んできたボールを後衛のレシーバーがレシーブし，セッターがトスをあげ，前衛のスパイカーがスパイクを決めるというものです。ですので，セッターは多くのラリーの中で，2 人目にボールに触れ，どのスパイカーにトスをあげるかを決める，いわば司令塔のようなポジションです。そして，セッターは直接相手コートに攻撃を仕掛けることがほとんどなければ，レシーバーのように回転したり飛び込んだりといった派手なプレイもほとんどないため，非常に地味なポジションです。そのセッターに私は任命されました。私自身はポジションがどこになるかよりも，レギュラーとしてコートに立てたことが嬉しかったため，抵抗はありませんでした。しかし，私はチームの中で一番背が高かったため，この采配は異例のことでした。背が高いプレイヤーは，当然，高身長が活きる攻撃をメインとするスパイカーになることが一般的です。それが，一番身長が低くても良いポジション（当時はレシーブ専門のリベロというポジションはありませんでした）に，チームで一番背の高い私が任命されたのです。そして姉がエーススパイカーでした。監督からは，姉にわざと乱暴なトスをあげたり，姉にトスを上げないようであれば，レギュラーを外すと言われたことを覚えています。それでも私はバレーボールが好きで，レギュラーであることが楽しかったため，コート内では姉と喧嘩をすることもなく続けていました。ただ幸いなことに，私はセッターのポジションが性に合っていた

ようで，その後もずっと好んでずっとセッターのままプレイをすることになりま
す。

　そして，姉は小学校を卒業し，中学校に入学しました。姉はバレーボールはさ
ほど好きではなかったようで，中学校ではテニス部に入ると宣言していました。
ですので，私は小学5年の1年間だけ姉とプレイをすればいいのだと思っていま
した。ところが，姉はその宣言を撤回し，バレーボール部に入部しました。地元
の公立中学校に進学していたため，私も1年後には同じ中学校に入学し，そこの
バレーボール部に入部するつもりでいました。ところが大嫌いな姉がそこに先に
入部したのです。また，私は先に述べたように母親の高校の部活をずっと見てき
ていましたから，部活の後輩が先輩に対し，敬語を使い，どんな時にも先輩を立
て，先輩より先に動かなければいけないという体育会系の運動部のイメージしか
ありませんでした。小学校時代の少年団ではそうしたこともなく，学年が違って
も友達感覚で接していましたので，同じチームにいても，同じコートにいても耐
えられたのだと思います。それが，同じ部活となればそうはいきません。大嫌い
な姉に対して，そのような「先輩」としての扱いをしなければならないと思うと，
非常に耐えがたく，姉が入部を決めたと報告した日，私は大泣きして怒り，「中学
ではバレーボールはしない！」と言い放ちました。

　しかし，実際には中学入学後，悩みに悩みぬいたすえ，私はバレーボール部に
入部し，姉と2年間同じチームでプレイをしました。姉が先に入部したことは，
その後もずっと恨みとして抱え続けました。この頃から，私はバレーボールに対
して，好きという感情と嫌いという感情との両方が入り混じり始めました。中学
では，姉と比較されることが多かったことも影響しています。「姉が嫌い」という
思いが，いつの間にか「姉の得意なバレーボールが嫌い」に変換されていました。
そして中学卒業時には，再び「バレーボールは辞める」と宣言し，姉とは異なる
高校に進学をしました。1年先に進学していた姉は，やはりバレーボール部に入
部し，1年生の頃からレギュラーで活躍していました。中学進学時の恨みも継続
していたのでしょう。姉と同じ部活には入りたくないと心に決めていました。し
かし，同級生たちからの熱心な誘いもあり，私の心は揺れ，迷いながらも再びバ
レーボール部に入部しました。

　バレーボールは，私たち姉妹にとって母親を象徴するものでした。バレーボー
ルを通して，私たちは母親に同一化したり，母親の愛情を得ているような感覚を
もったりしていました。なぜ姉とそこまで仲が悪かったのかと振り返ると，幼少
の頃に母親が運転する車の助手席を姉と奪い合い，私が負けて後部座席に行くこ
とになったことが思い出されます。姉妹喧嘩は，母親を巡る争いであり，私はい

つも姉に勝てずにいました。姉が「バレーボールは好きじゃない」「バレーボール部に入るつもりはない」と言ったことで，バレーボールが大好きだった私は，母親の愛情を独り占めできると思っていました。ところが姉はバレーボールを続け，私よりも良い成績を修めたため，「私のほうが好きなのに」とより恨む気持が強まったのだと思います。一方で，バレーボールをあまり好きではないにも関わらず（言葉でそういっていただけで，実際は違ったのかもしれませんが），カッコよくプレイする姉を誇りに思っていたところもありました。それは，やはり私にとってバレーボールは母親の象徴だったため，バレーボールが上手い姉は尊敬すべき対象となったのです。また，姉は私にとって小さな母親でもありました。姉は仕事に熱心で不在がちであった母親の代わりを務めていました。カーン（Cahn, 1962）は，愛と敵意という両価性の感情こそが，同胞関係の起源に特有なものだと述べています。少年団時代，私が上げたトスで姉がスパイクを打ちこみ，得点を決める，という一連の流れが心地よく，口喧嘩をしながらも，姉が望むポイントがどこかを聞き，試行錯誤していました。私がセッターを好んだのは，エースである姉の力を最大限に引き出すことができるポジションだったからかもしれません。しかしこの両価性の感情は，高校生になりより一層高まることになります。

Ⅲ　母親との対決

　家族内の葛藤がより顕著に現れたのが，高校時代です。私が高校に進学したことで，母親，姉，私は3人とも高校のバレーボール部に所属することになりました。バレーボールは生涯スポーツといわれ，小学生から高齢者まで楽しめる競技です。また，6人制や9人制，ソフトバレーボールや，ビーチバレーボールなど競技内容は多岐に渡りますが，幼少の頃から母親の部活に連れられていた私にとってのバレーボールは，6人制で高校の部活で行うものでした。私の憧れであり，目指していた世界でした。

　しかし，憧れていた高校での部活は，想像していたよりもずっと苦しいものでした。それは部活の練習そのものよりも，自分自身の劣等感や姉妹葛藤の高まりによる苦しさでした。私が高校進学した時点で，姉はチームのエースとして活躍しており，大会ではMVPとして表彰されていましたし，母親の勤務していた高校は，この当時，全盛期で，地区大会進出を果たしていました。そして，それぞれ家から通える範囲の高校だったことから，3校とも同じ大会地区であり，合同練習や練習試合，合宿などを共に行っていました。その時の部活の成績順は，母親の勤務校，姉の高校，私の高校という順であり，母親も姉も地域ではそこそこ

有名人でした。そのため他の高校の部員や監督からも「あれが娘か」「あれが妹か」と好奇の視線が注がれました。たまたま部員数が少なかったことや，中学からの経験者が少なかったことなどから，私は1年生でレギュラー出場していましたが，プレイの技術が特段高かったわけでもなく，母親の娘であることや姉の妹であることにがっかりされているように感じ，私は1年生の主要な試合が終わった後に退部届を出しました。しかし，監督からはマネージャーとして在籍することを勧められ，やはりバレーボールが好きだったことや憧れの高校バレーから離れがたかったことから，受諾しました。そして半年後，私の後任でセッターをしていた部員が退部し，周囲からの説得もあり，再びプレイヤーに戻りました。

　そして，私が一生忘れられない試合があります。それは母親の勤務校との公式戦で直接対決をしたことです。シード権をかけた非常に重要な試合でした。実力差は明らかで，誰もが母親の勤務校が圧勝すると思っていたでしょう。しかし大方の予想に反して試合は接戦になりました。試合の中盤，得点が拮抗する中，私がサーブを打つ順番になりました。そこで，私が連続のサービスエースを決め，一気に点差をつけ，あと少しで勝てる，という点数になりました。私たちのチームの中に「勝利」という言葉が浮かんだ瞬間，相手チームの監督（母親）がタイムアウトをとりました。私は自身の監督から「絶対にサーブをミスしないように」とだけ指示を受けました。しかし私はタイムアウト後，サーブをネットにかけるというミスをしました。そこから，驚くほど一気に試合の空気が変わり，点差を詰められ，逆転負けをしました。試合後，母親から「あそこでミスをするようでは勝てない」と勝ち誇った顔で言われました。

　十河ら（2009）が「ミスは直接相手に得点を与えることとなり，ミスが相手より多いと負ける傾向がある」と述べているように，バレーボールは，いかにミスをしないかという競技です。バスケットボールやサッカーなどでは，いかにシュートを放つことができるかが勝敗を決めますが，バレーボールではスパイクの本数よりも，いかに守備を固めミスをしないかが重要になります。そして，このミスをしないために技術の向上や基礎体力をつけることなどが必要となりますが，何よりも重要と思われるのが，精神力です。全日本男子で活躍していた中垣内選手も「薄紙一枚一枚を重ねるように技を積み上げても，強い精神力がなければ試合で一ミリずつのズレとなって現れてしまうんです」と語るほどです。そして，この精神力に大きく影響しているのが監督の存在です。高校の部活において監督は絶対的存在であり，圧倒的な父性です。高校のバレーボール部に入部した際，監督は部員たちに「勝つためのチームにしたいのか，楽しむためのチームにしたいのか」と問いました。勝つためのチームにするためには，監督の指示に従い，厳

しい練習を行う必要があります。この厳しい練習というのは，決して理論を無視した根性論だったり，体罰だったりするわけではありません。しかし，自由にやりたいことだけをやっていては勝てるチームにはならず，基礎トレーニングをこなし，監督の戦略に基づいたチーム作りを行い，サインを決め，攻守の型を作っていく必要があります。そして，チームが強くなるためには，この父性に対する絶対的な信頼が必要となります。どれだけ苦しくても，時に反発をしたくとも，「この監督に従ってやっていけば勝てる」という信頼が各プレイヤーにあるからこそ，チームが団結し，強い精神力が育ち，勝利へとつながるのです。

　さて，先ほどの母親のチームとの対戦に話を戻します。私は自分のチームの監督を信頼していました。監督は，私を特別扱いすることも馬鹿にすることもなく，いちプレイヤーとしてバレーボールを教えてくれました。この監督だったからこそ，私はバレーボールを続けられたのだと思います。しかし，私は最も重要な場面で，監督からの「サーブをミスするな」というとてもシンプルな指示に従うことができませんでした。サーブは，一番最初の攻撃であり，唯一，誰からも邪魔されることなく，自分のタイミングで，自分の方法でプレイできるものです。つまり，サーブミスというのは誰の影響でもなく，私個人のミスだとうことです。なぜ私はあの場面でミスをしたのか。連続のサービスエースを決めた時，私は「母親に勝てるかもしれない」という高揚感と同時に，「勝ってもいいのだろうか」という罪悪感が湧いていました。母親がその大会で勝ちあがるためにどれほどの労力を費やしてきたのか，チームに対してどれほどの思い入れがあるのかを，私が一番近くで見ており，私が母親のチームの一番のファンだったからです。姉のチームですら勝っていない母親のチームに，私のチームが勝とうとしている。そのようなことがあってもいいのだろうか。そう感じていました。そうした中のタイムアウトでした。

　宮坂（2007）は「バレーボールゲームでのコーチングとして，タイムアウトやメンバーチェンジなどを行い，ゲームの"流れ"を変えるようにすることが重要である」と述べていますが，母親のタイムアウトは，正に監督のお手本通りのタイミングでした。そして宮坂が「ミスというのは勝敗の分かれ目にもつながり，悪い循環の状態にはいる」とも述べるように，私のチームの監督も，ここで私がサーブミスをすれば，母親の思惑通りになることに気づいていたからこその指示だったのでしょう。そして，母親は自身のチームに対し，何も指示を出していなかったことも覚えています。連続失点をした際のタイムアウトの場合，母親は叱咤激励し，プレイヤーの士気を高めるような働きかけをすることが常でしたが，その時は何も言葉を発さず，プレイヤーたちは母親の態度に戸惑いながら，自分た

ちで声をかけあっていました。とても重要な局面で，私は自分の監督やチームメンバーよりも，相手コートにいる母親を気にしていたのです。この時点で，私は監督に絶対的な信頼を向けられていませんでした。監督よりも母親が気になっていたのです。母親は今，何を思っているのか，私をどう評価しているのか。本来であれば，次のサーブのことしか考えてはいけない局面で，私の頭の中は母親のことで多くを占めていました。そして，母親の思惑通りミスをしました。試合に負けた時，私は悔しいという気持ちと同時に，母親のチームが勝ちあがったことの喜びを感じていました。「やっぱり母親のチームは強い」と。母親のチームは私の理想であり，いつまでも手の届くことのない世界でなければならなかったのです。

Ⅳ　バレーボールと精神分析

　このような体験をし，私は高校卒業後，再びバレーボールを辞めることを心に決めていました。しかし，2度あることは3度あると言ったもので，私は大学入学後に再びバレーボールチームに所属します。それは大学の部活ではなく，社会人の方々で結成されたチームでした。偶然が重なり，たまたまチームに入らないかと声をかけてもらえたのですが，そのチームは，各地のバレーボール強豪校出身者や代表選抜者の集まりであり，全国大会出場経験者も在籍しており，社会人チームの大会では常に上位に名を連ね，全国大会に出場したこともありました。そのチームの中では，私は練習相手にもならないほどの実力差があり，練習の足手まといにならないようにすることで精一杯でした。運動に関する劣等感が強かった私がこのチームに居れば，さらに劣等感が増すはずなのですが，そうした気持ちは湧きませんでした。これほどの実力者と共に練習ができ，バレーボールを教えてもらい，試合に勝ち進んでいく喜びを身近で共有することができることに感動し，小学生以来，純粋にバレーボールを楽しめるようになっていました。それは，高校時代に私が求めていたプレイヤーに，私がなることはできないと断念できたことが最も大きな要因でしょう。社会人のチームに入って感じたことは，多かれ少なかれみなさん学生時代に何かしら断念した経験があるのだろうということです。勝つためにストイックに練習する姿勢はあるものの，監督という絶対的父性は存在せず，それぞれのプレイスタイルを認め合いながら，伸び伸びとプレイされていました。

　また姉は大学進学後，バレーボールを辞め，別の競技を始めていました。そして社会人チームの試合は大学リーグとは異なるため，母や姉を知っているプレイ

ーに出会うこともありませんでした。私がバレーボールを始めて以来，初めて
も姉も存在しないフィールドでバレーボールをプレイすることができました。
の後，私は臨床心理士資格取得のために大学院に進学し，ケースを担当し始め，
レーボールの練習と大学院との両立の困難さを感じるようになりました。これ
までバレーボールに費やしていた時間やお金を，精神分析を学ぶことに費やして
くことになっていったのです。練習を休むことが増え，キャプテンに電話し，
辞めることを伝えました。この時以来，バレーボールに触れていません。
　もともと，バレーボールは子どもから年配の方まで誰にでも気楽に楽しめるス
ポーツとして開発されました。つまり，競技というよりは遊びとして考案された
のです。またこの遊びとしての意味合いを強くしているのが，バレーボールのも
っとも大きな特徴である，チーム内で3回ボールに触れてから相手コートへ返球
するというルールです。この3回は，相手チームから邪魔されることも攻撃され
ることもありません。また，ボールを落としてはいけないという同じ目的に向か
い，ボールが浮かんでいる"今"という瞬間にチームメンバー全員が意識を向け
るのです。田中（2014）が「遊びの場は"この先どうなるか分からない"予測不
能な場になる。すると"この先が分からない"ために，遊ぶことの時間性が"今"
に限定され…（中略）…すると，遊ぶことはまったく新しいものとの生き生きと
した出会いの体験とな」ることについて述べているように，味方同士でボールを
つなぐという時間は，チームメンバーだけで，どこに飛んでいくかわからないボ
ールの"今"に集中するという遊びとなります。本来，バレーボールはこのよう
な生き生きとした出会いを体験するプレイフルな競技だと考えられます。そして
森（1991）が，遊びの中で行動への責任をとることなしに，また現実の対象関係
に責任なく思うままにふるまうことによって全能感，優越感，ナルシシズムを味
わうと述べるように，遊びには乳児期の万能的世界への退行的側面もあります。
　バレーボールは，ボールを落とさない方が勝つ競技ですので，万能感が満たさ
れると勝利できる競技であるともいえます。ボールを落とさないためには，チー
ム内でボールをやりとりする際に，レシーバーはセッターにボールが向かうよう
にコントロールし，セッターはスパイカーが腕を振り下ろすところにボールが向
かうようにコントロールしなければなりません。レシーバーは相手チームからの
鋭い攻撃に対し，コート内を縦横無尽に駆け，どの方向を向いていたとしても，
ボールがセッターに向かうようにコントロールしますし，セッターがボールを触
る時には，スパイカーは助走を切っており，自分が飛んだところにボールがくる
と信じて踏み切ります。この自分がいるところにボールがくるはずだという万能
感が満たされれば満たされるほどミスは生じず，ボールを落とすことがなくなり，

勝利につながるのです。つまり，チーム内でボールをつなぐことに集中すること
で，遊びに没頭し，それによって退行状態となり，万能的世界が展開し，勝利へ
とつながるということです。そして，ボールをつなぐためにプレイヤーは日々練
習し，万能感が満たされることを目指します。

　このように，バレーボールは遊びの要素が含まれているからこそ，退行を促進し
やすく，チーム内で万能的世界を築くことができるのです。私の場合，姉の存在
により母親と早い時期に分離させられました。また母親の代わりとなった姉（本
来であれば移行対象となる存在）には，母親的側面を求める一方で，母親を奪っ
た存在であるという非常に葛藤的な存在となりました。そのため，何度も辞めた
いと思ったにもかかわらず，チームメンバーとのつながりを強固にし，万能的世
界を味わえるバレーボールという競技に没頭したのだと思います。しかし，思春
期の発達過程にある場合，チームメンバーだけではその万能的世界を築くことが
できません。そのため監督という万能感を錯覚させてくれる環境が必要となりま
す。チームを統率する監督は，その教えを日々の練習のなかでチームのプレイヤ
ーに染みこませます。そして，監督の教えを染みこませたプレイヤーは，チーム
メンバーそれぞれが監督と同じ考えをしていると思い全員が一体となっていると
感じるのです。西平（1993）は，エリクソンを引用しながら現実（事実的現実）
による制約があってこそ遊びが機能することを述べていますが，毎日同じ運動着
を着て，同じ掛け声を出し，同じ練習を繰り返すという一体感や制約によって，
より退行状態になりやすい環境が整い，万能感を生み出していくと考えます。そ
して，この万能感を体験した状態で，私は母親と直接対決することになり，母親
に気をとられたことで万能的世界は崩れ，母親には敵わないと万能感を保持し続
けることができなくなりました。ここに姉という存在は介在せず，また私のサー
ブというチームメンバーの関わりも介在しない中での体験だったことから，真に
母親との分離を体験することができたのだと思います。

V　おわりに

　私はバレーボールという媒体を通して，母親を求め，何度も姉との間に葛藤を
感じ，姉への愛憎を膨らませ，母親と直接対峙しました。その結果，母親という
理想を手に入れることを断念し，自由にバレーボールを楽しむことができるよう
になりました。またこの自由にバレーボールを楽しむことができるようになった
ことは，細澤（藤山ら，2013）が精神分析を受けることによって「内的には自分
として生きていける」感覚を得たことと通ずるものがあるように思います。私が

親を断念するためには，バレーボールという媒体が必要不可欠でした。このよ
うに自身の人生が交わり，"生"を生み出すものが文化だといえるでしょう。そし
て，私の人生が交わり"生"を生み出すものはバレーボールでしたが，それぞれ
の個人史によって，この"生"を生み出す媒介が異なるのだと考えます。

　最後に，私にとって，バレーボールは母親とのストーリーでした。そして，バ
レーボールの後に没頭することになった精神分析は父親とのストーリーとなりま
す。自分という生き方を見つけていくうえで，バレーボールと精神分析は欠かせ
ないものだといえるでしょう。

文　献

Cahn, p. (1962) La relation fraternelle chez l'enfant. Presses universitaires de France.（岸田秀訳
　（1969）子どもの兄弟関係．明治図書出版．）
泰山直樹・松木邦裕・細澤仁（2013）精神分析を語る．みすず書房．
十河直太・坂井充（2009）本学男子バレーボール部におけるゲーム中のミスと勝敗の関連．九
　州共立大学スポーツ学部研究紀要，3; 41-46.
宮坂俊樹（2007）高校生とミス．Coaching & Playing Valleyball 5/6 号，48; 15-20.
森さちこ（1991）遊戯療法の技法をめぐる一考察―治療構造論的視点に基づいて．慶応義塾大
　学大学院社会学研究科紀要：社会学心理学教育学，32; 53-60.
西平直（1993）エリクソンの人間学．東京大学出版会．
田中秀紀（2014）遊ぶことの論理―D. W. Winnicott の "Playing and aReality" の読解．広島国
　際大学心理臨床センター紀要，113; 29-38.
米沢利広・俵尚申（2010）バレーボールゲームの「流れ」に関する研究―連続失点と勝敗の関
　係から．福岡大学スポーツ科学研究，41(1); 1-7.

ミニコラム動く編

"わたし"とゴルフと精神分析

松平有加

　深緑の大自然の中，緑の絨毯の上で何とも言えない緊張感と解放感という二律背反の感覚が双生する。今まで体験したことのない感じ。新しいものにふれた気持ちの高ぶりは思い出すと今でも心が奮えます。

　「審判は自分」という唯一無二の特徴を持つスポーツ，それはゴルフです。ゴルフは「故意にルールを違反する者はいない」という前提で成り立っているという，珍しい性善説的な価値観があります。バーディを取り，スコアを取り戻すことができる所もまた珍しく，常にチャンスにあふれたスポーツです。それゆえに他の誰でもない，「自分」との，「自分の欲」との戦いであるとも言えます。

　「ゴルフはメンタルだ」とゴルフ道を学び，『心・技・体』が"わたし"の中でお互いに作用しあいながらも，ひとつであるという感覚を経験しました。「第三の眼で！」と目を閉じてゴルフボールを打つという我流の修行に満足をしていたゴルフのプレーヤー時代を経て，後に精神分析を学びはじめました。

　私にとって心理学・精神分析に興味を持った経緯はゴルフが源であり，現在も精神分析の奥深さに彷徨いながらスポーツ心理学にのめり込んでいる最中です。

　私とゴルフの付き合いはいよいよ 20 年を超えました。ゴルフは，ボールを打っている時間（プレーをしている時間）より，何もしていない時間（プレーをしていない時間≒歩いたり止まっている時間）が圧倒的に長く，それは意識の時間と無意識の時間の関係性によく似ているように思います。

　そんなふわふわな感覚の時間が私は好きです。それは，地形や風向きから物理学的な計算式を脳内で弾いていたと思うと，いつの間にか頬に伝わる風を感じ，届くさわやかな緑の香りを嗅ぎ，高い空の青さに浸り，鳥の声や葉っぱの擦れあう音に心地よさを感じ，あしうらでサクサクと音を立てて寝て起きる芝の感覚に心を弾ませ，"わたし"と自然とが戯れたり融合していたりする時間です。過去や未来ではなく，今この瞬間にぞんぶんに埋もれ，あるがままの状況（ゴルフのルールブックの冒頭には，コースはあるがままに，そして球はあるがままにプレー "Play the ball as you find and play the ball as it lies." という一文がある）と相談して未来の方向性を自分で決める（その瞬間に感じたものたちを１つに統合させ，戦略を決定する）時間に浸る，そういうところが好きなのだと思います。

　話しは変わりますが，臨床の師匠に「ちょっかん型だ」と言われたことをよく覚えています。視覚，聴覚，触覚，味覚，嗅覚という五感以外の感知能力，いわゆる第六感の類のものであると思い，それをうれしそうに受け取ったことも覚えています。

　その時には「直感」と「直観」という２つの言葉があり，似て非なるものであるという事，その言葉たちの本当の違いも知らず，どちらの事を指して言われたのかも未だに知らないままです。ただそれから「ちょっかん」という言葉を少し意識するようになりました。

　スポーツも「ちょっかん」は大事であると言われており，成功のカギを握っている事もあると自分の経験の中でも感じています。

　そういった経緯もあり，今回言葉の意味を調べ，私なりに考えてみることにしました。

　「直感（inspiration）：直接的に対象をとらえること。直観（intuition）：元来みることを意味する。推論的思考によらない直接的な知識獲得。人間の認識能力に直接与えられた論理的検証の不可能な一次的且つ自立的認識」（ブリタニカ国際大百科事典より引用）。

　使われている漢字から考察すると「直感」の"感"は感じるという感覚全般のことを指すイメージに対し，「直観」の"観"は観ること，すなわち「視覚」と関連しているようなイメージを持っています。

　まだまだ混乱していますが，感性，センスと関連があるような，びびっと伝わってくるものを受け取るのが「直感」，その周りの潜在意識，顕在意識，経験値や貯めた情報の全体を俯瞰するような視点から瞬時に読み解くのが「直観」のようだと理解してきました。

　「直観」は経験値が積まれると，出来事出来事に対して論理的に認識する能力も備わり，その感覚が研ぎ澄まされ，直観的に把握することの精度が高まるという方式が浮かび上がってきました。

　ゴルフをしているときのふわふわとした時間は，まさにこのような感覚のはざまにいるようだと思います。理由なき自分の感性や閃きと，今までの経験値を目の前のあるがままの状況と融合させて，未来への答えを導き出している，そのとき導き出した答えがうまくいくかいかないのかを，その一瞬一瞬の大切な場面で『心・技・体』を１つに，成功のイメージを信じてチャレンジする，まるで小さな人生を歩いているようなスポーツだなと，改めて感じさせてもらう機会となりました。

　"わたし"とゴルフと精神分析。日々からの学びを通して，謎と発見の冒険はまだまだ続きそうです。

ミニコラム動く編

荒川修作と建築——身体性をめぐって

筒井亮太

　男は語った。「考えてもみろ。あのレオナルドがどんなに素晴らしい絵を描いたって，指一本入れられないだろ。だからフィクションだな。そうすると信じるか信じないかという信仰の問題になる」（得丸，2011）。

　こう言われてしまったら，本書で取り上げられている多くの芸術分野が信仰の問題となる。これはこれで美学の本質であるように思うのだが，身も蓋もない。歯に衣着せぬ物言いで知られるこの男の名は，荒川修作（1936-2010）。建築家，芸術家，美術家……と形容できるだろうが，端的に言えば，「シナナイタメニ」生き続けた男である。

　荒川は，初期には前衛的な「図形絵画」を制作していたが，次第に身体性や環境性を軸に据えた建築の分野に進出，「養老天命反転地」や「三鷹天命反転住宅」を建造した。その破天荒な独創性から，2000年代には世界中の一線級の学者たちから注目を浴び，荒川を取り上げたカンファレンスが開催された。いまも彼をめぐって多くの論議や研究が行なわれ続けるのを見るに，まぎれもなく荒川修作は死なずに生き続けているようだ。

　荒川の手掛けた建築の内部に参入すると，私たちが日頃からいかにフィクションを生きているのかに気づかされる。奇抜で過激な原色配置。五感との相互作用を欲望するかのような空間設計。Reversible Destiny. 身体性から乖離して私たちがアートを実践し鑑賞することなどできるのだろうか，と自問させられる。

　本稿では，荒川の提示した建築と身体性を精神分析の視点から考えてみたい。創始者ジークムント・フロイト Sigmund Freud が「自我はまず身体自我である」と述べているが，意外に精神分析と身体性を結びつけた論考はそこまで多くはない。また，建築との関連に関してもクリストファー・ボラス Christopher Bollas が触れているということしか私は寡聞にして知らないが，ボラスについての言及は紙幅の関係上しないでおく。

　私たちは生まれ落ちたその瞬間から寄る辺なき無力な存在であり，誰かの抱える環境を必要とする。この「依存の事実」（Winnicott, D. W.）は，「生理的早産」（Portman, A. ）としても知られている。生命体である限り，その有機体は運動を行使する。驚くべき速さで伝導する神経伝達から，間隙なくリズムを刻む循環器系を中心とする身体内部の動き，そして不規則に揺れる身体部位の蠢きまで，私たちは

かずには生きていけない。

　しかし，動き続けるだけでは自身の身体の境界はもちろんのこと，〈自分 me〉と自分ではないもの not-me〉の区分に一線を引くことができない。そこには反発や作用をもたらす外部性が必要なのだ。これを可能とするのは乳児を抱える母親の〜や胸元といった他者の肉体 m/other's body だけではない。ぼんやりと知覚する眼〜しを遮る壁，母親が消えていく隣室の扉，転がり落ちることを阻止する柵といっ〜物理環境も含まれる。そして，〈身体 body〉と〈身体ではないもの not-body〉を〜かつ境界線にこそ自己が宿るともいえる。その意味では，自己は身体から外部へ〜り，再帰的に身体に住み着くともいえるだろう。

　さて，こうした機序と荒川建築との関連性はどうであろうか。先に触れたように，〜の手がけた建築物に足を踏み入れると，そのダイナミックな構造に翻弄されてし〜う。当初は戸惑いに圧倒されてしまうだろうが，その環境が発する遊びへの招待〜誘われて身体が自然と自発的に躍動していく。その瞬間，〈自分〉というものは身〜にイニシアティヴを譲渡しているかのようである。私たちが日頃からどれほど西〜的近代自我に支配されているのか，日常生活を委ねている一般建築がどれほどスタティックな構造を有しているのかを体感させられる。荒川建築は原初的な身体自我の世界を発展させる場なのである。ゆえにフィクションではない。紛れもないリアルなのである。

　冒頭に引用した荒川の言葉を紐解けば，主客問題にも肉薄していることがわかる。絵画にせよ彫刻にせよ文学にせよ，それらは鑑賞されることを欲望している。しかし荒川建築にあってはこの第四の壁は打ち破られる。その構築物の内部で彷徨する私たちは，その建築の一部となる。荒川芸術の真骨頂がここにあり，リアリティが訪れるとば口なのである。

　精神分析臨床も常にリアルなものへと接近していく企てである。私たち臨床家は，面接室という環境を設え，治療設定というものを拵えて，クライエントをそこに招く。その実践の置かれる組織や構造がいかなるものでも必然的にプライベートなものが醸し出されていく。けれども，クライエントのこころの構造物が面接空間に充満し存分に展開していくと必然的に私たちには息苦しさや圧迫感が訪れてくる。まごうことなき肉感や身体感覚である。私たちはそのダイナミックなものにクライエントとともに翻弄されていくのだ。そしてその他者性を帯びた身体性の現出にこそ，逆説的ながら「シナナイタメニ」リアルであり続ける叡知を嗅ぎ取る徴があるのではないだろうか。

文　　献
得丸公明（2011）荒川修作の意味のメカニズムを解読する（2）―荒川修作インタヴュー「建築で人間の意識を生み出す」．電子情報通信学会技術研究報告：信学技報，111(87); 7-14.

ミニコラム動く編

クラシックギターと心理臨床の接点——聴くこと

中村公樹

　私は現在，病院で臨床心理士として働いていますが，このたび心理臨床と，私が
かねてより愛好しているクラシックギターについて書くように，というお題を頂き
ました。これらについて考えることは私個人にとっては大事なテーマですが，いざ
書こうとすると難しく，はたと考え込んでしまいました。

　私のクラシックギターとの付き合いは中学生の頃から始まり，現在までライフワ
ークのように続いています。一方心理臨床はそれより新しく30代後半から現在まで
といったところですが，心理臨床を学び実践していくこととクラシックギターの習
得が，私の中でどこかつながっている部分があるように感じることがあります。「心
理臨床と遊びを一緒にするのか」とお叱りを受けそうですが，あえてその辺りの感
覚を少し言語化してみたいと思います。なお，クラシックギターをご存じない方も
多くいらっしゃると思いますので，クラシックギターをとりあえず「楽器」と読み
替えていただいても差し支えありません。

　クラシックギターを弾く時には，自分で音を出すこと，自分の音をよく聴くこと，
弾きながら自分の体の感覚（特に指，腕，姿勢，呼吸など）にも時々注意を払うこ
とが同時に行われています。日々の練習は，そういう視覚，聴覚，動作，身体感覚
を使いながらの思考活動（たとえば，自分はこの曲をどんな音でどう弾きたいのか，
どうしたら綺麗になるか，少しでも楽に弾くにはどうしたらいいか，など）を試行
錯誤しながら行うことに他ならず，運動に喩えればテニスの壁打ちのような孤独な
作業です。その辺りは他の芸事やスポーツもある程度似ているかもしれませんが，
クラシックギターの場合はやはり「聴く」ということ（あと「効果的に体を使うこ
と」）にウェイトがあるのが特徴といえるでしょう。

　個人的な話になりますが，私が20代の頃に師事していたギターの師匠は，とり
わけ「音」を大切にし，音そのものをもって語りかけてくる師匠でした。言葉での
教え方も素晴らしいのですが，「こういう音を出せ」と師匠が自ら弾いて示す時，弟
子達はその音に魅了され，たった1つの音でも，音が発せられ減衰するまでのほん
の短い時間が大切な宝物のような体験でした。音の記憶が体の芯に残るような，そ
んな音だったように思います。師匠はある時「俺は（生徒の音も含めて）一度聴い
た音は忘れない。ちょうどプロ野球のキャッチャーが一度受けたピッチャーの球を
忘れないのと同じように」と言ったことがありますが，その言葉通り，音を常に深

聴いておられました。技術的に巧みで上手く弾けていても音に弾き手の意志が込もっていない演奏には厳しく注文をつけ，逆に技術的には拙くても音に弾き手の意志（別の見方では，その人らしさ）が感じられる演奏は評価しました。そういう師の姿勢を見，他の弟子達の音も聞きながら，私も少しずつですが音を深く聴く姿勢を学んでいたように思います。

　人の話を聞くことは，当たり前ですが音楽を聴くのとは訳が違います。殊に心理臨床の現場で出逢うクライエントは尋常ではない苦しみを抱えており，日常の聞き方では通用しない厳しさがあります。心理臨床では，クライエントの心の理解に向けて，クライエントが発する言葉や語りの内容だけでなく非言語のコミュニケーションも含めたクライエントの表現を，いかにしっかりと聞き深く感じ取れるかが問われますが，そういった聞き方や態度を身につけるために，現場に出た後も臨床の指導者の元で（直接的にあるいはグループの場合は間接的にも）指導を受ける，長年にわたる地道な訓練が必要です。私も訓練途上の身ですが，指導者の臨床に対する姿勢を見ながら，共に学ぶ仲間のやりかたも見聞きしながら，少しずつ臨床の技術や態度を学んでいく過程には，音楽を学ぶ過程とどこか似たところを感じます。

　しかし人の話を聞くことは，私にとって音楽を聴くよりはるかに難易度が高く，特に駆け出しの頃は，相手の語りを言葉のレベルで正しく把握することに汲々とし，内容を聞くことに四苦八苦していました。そんな時あるスーパーヴィジョンで指導者に，「音楽を聴くように，クライエントの語りを聴いてみたら」という助言を貰いました。振り返ってみると，音楽に集中している時の自分は，あたかも自分の一部分が音楽の中に投げ込まれているような聞き方をしているのを思い出しました。それでいいんだ，と自分の肩の力が少し抜けたのを覚えています。

　心理臨床とクラシックギターは，私の中ではともに，「深く聴くこと」という点でどこか通じており，ともに体を使った技芸であるという点でも共通したものを感じます。そのどちらも，技術を磨いていく道に終わりはないという感覚があります。

ミニコラム動く編

一　人　旅

原田宗忠

　今は一人旅をする機会はもてていないが,学生時代は沢木耕太郎の『深夜特急』に憧れて,よく一人旅をしていた。一人旅の楽しみ方は人それぞれであろうが, 私の場合の楽しみは, 自分の心の動きに自分をゆだねることやもの思いに耽ること, 未知や予想外のことと出会うことだと思う。美しい珊瑚礁や魚たちに心惹かれて日が暮れるまで素潜りをしたり, 妖怪や幽霊が出るという話のある場所にわざわざ夜中に出かけてみたり, 一人で遊園地に行って観覧車に乗ってみたり, 居酒屋で出会ったおじいさんと学生さんと朝まで居酒屋を 10 件はしごしたりした体験は, 大切な思い出となっている。

　その一方で, 臨床に携わりはじめた当時の私は, 臨床の場で心を自由に動かすことや予想外のことやわからないことに心を開くことに対して, 常に難しさを感じていた。プレイセラピーでは子どもの表現の意味がなかなかわからず, 面接ではクライエントが話す内容の意図がつかめず, わからないことや予想外のことに出会っては戸惑っていた。日々, クライエントのことを想像しては面接やプレイセラピーの中で表現されたことの意味を考え続けたり, カンファレンスで受けたコメントを何度も吟味したり, 論文や本を読んだりする中で新たな理解や考えが生まれることもあったが, 臨床の場にはさまざまな要因が関与している一方で数値のような確かな客観的指標は非常に少ないため, 生まれた理解や考えがどの程度正確でどの程度重きを置いてよいのかの判断がつかなかった。そのため, それらの理解や考えを臨床の中に活かすことはできず, 新たなことやわからないことに出会うたびに混乱をしていた。臨床の場で心を自由に動かすことや遊ぶことは全くできなかった。

　当時の私は, そのような臨床の場でできていないことを臨床の外の一人旅という場に排出していたのだと思う。振り返って考えれば, それらの排出していたものを臨床の中で体験し続ける必要があったのだと思うし, どのような考えや理解でもよいからそれらを大切にして突き詰めていけばよかったようにも思う。ただやはりあの時は, 面接の場から少し離れて一人旅という場の中にそれらの体験を排出していかなければ, 当時の私が臨床での体験をじっくり吟味して消化して理解を深めることは難しかったようにも感じている。

　一人旅は, 日々のすべきことやまわりのことなどを気にせずに, 心ゆくまで, 自

分の心の動きに身をゆだねることができる趣味だと思う。また一人旅の中では，予想外のことや未知のことに出会った際にも，自分のペースでその体験にじっくりと浸ることも，ゆっくりと消化することもできる。一人旅の中で私は自分や自分の感じ方や考えの確からしさを自分のペースで確かめることができたように思うし，旅を続ける中で，予想外のことやわからないことに出会うことを少しは楽しめるようになったように思う。また，自分の感覚や考えの確からしさの精度の感覚もある程度はつかめるようになったようにも思う。

　私が一人旅をしなくなったのは日常が忙しくなってきたためでもあるのだが，その頃から臨床の中で生じる私の体験は少し変わってきた。臨床の外に排出していたものが臨床の中に戻ってきたのだろうとは思うが，一人旅をしなくなってから，私は面接やプレイセラピーの最中に，ふと，方程式や関数やベクトル，メロディや歌詞，抽象的な図形や風景などが浮かぶことが増えた。このような意味のつかみづらい体験をするようになった当初は，非常に戸惑い，悩んだ。だが，一人旅を経て自由な心の動きに少しは身を任せられるようになってからは，それらを意味のないものとして退けることや，焦って早く言語化しようとすることや，目の前の話の内容に無理に自分の注意を向けなおすことなどはせずに，心の自由な動きに委ねてその体験を味わいながら話を聴くことはできるようになったと思う。

　浮かんでくるこれらの像やイメージは，お会いするクライエントによって異なるが，同じ方に会っている時は同じものが浮かぶことも多い。そのため，それらの像やイメージの状態や変化が，クライエント自身の状態や，クライエントと私との関係の変化などを教えてくれる助けとなってくれている。私自身は，まだそれらを臨床の中で十分に活かせている感覚は持てていないが，それらは言葉になる前の言葉であり，投影同一化の影響なども受けた逆転移の体験を含んでいると感じている。昔であればこのような不思議な体験には戸惑っていたと思うが，今はこれらの体験も臨床の中で大切にしていきたいと考えている。

文　　　献
沢木耕太郎（1986-1992）深夜特急 第 1 〜 3 便．新潮社．

ミニコラム動く編

バイク

髙木友徳

　かれこれ25年以上バイクに乗っている。初めは大学の食堂にあった「譲ります」コーナーで買ったホンダCBR250R。使い古しのヘルメット付きで四万円だった。数年して，当時はアメリカン・スタイルがブームだったが，ひねくれ者の僕は，カワサキのエリミネーター250SEを中古で買った*1。そして奇跡的に当たった宝くじと，バイトで貯めたお金で今度は正真正銘Ｖツインエンジンの XLH 883 Sportster*2 を新車で購入。一度金策のためドナドナばりにお別れしたが，その後キャブレターモデル最終型*3 の 883 を再度入手し，今に至るまで乗り続けている。

　バイクといえば，この本を手に取られる方なら，まずアレを思い浮かべるだろう。そう，口唇，肛門に続く，アレである。それはまさに "Easy Rider"*4。反逆と自由，無謀と退廃の香り。盗んだバイクで走り出す*5 からカッコいいのであって，盗んだ車で走り出したらただの泥棒である。バイクは思春期だ。二輪ゆえに不安定。暴走族が「そろそろ四つ輪にする」といえば，ヤンチャな思春期を卒業して，大人としての振る舞いをしていく決意表明だった。

　そしてバイクは強がりだ。なんてったって寒くて暑い。名古屋から京都に向かう国道一号線，鈴鹿峠を通る。冬なんか酷いと雪だ。そんな中，革パンの下にパンストを二枚履いて，二十の僕は疾った。ワンルームのユニットバスにお湯を溜めて，待ってくれている人を想って。マゾヒスティックでナルシスティックな愛がそこにはあった。

　鈴鹿，マゾ，ナルとくれば，鈴鹿8耐*6 だろう。風よ鈴鹿へ。そもそもスタートの時，走ってバイクに駆け寄るところが泣ける。F1 のような厳然たるレースではなく，運動会的なのだ。だから多くの物語を産んだ。バイクは青春の象徴だと痛感させられる。

　こんなふうに，バイクはセンチメンタルだ。だから，バイク乗りがバイク乗りを見つけると強烈な仲間意識を持つ。普段診察をしていると，意外な人がバイク乗りであることも多く，ああ，その心を持っているんだなと，心の中でニヤリとする。

　じゃあ僕と患者さんがバイクの話で盛り上がるのかといえば，案外そうはならない。個人的な印象としては，バイク乗りの患者さんは寄りかかってくることがないし，調子が良くても悪くてもあまり手がかからない。患者さんにとっては，僕はバイク乗りである前に医者だから，権威に頼ることにどこか抵抗があって，自分でな

んとかしよう，なんとかするから構わないでくれという気持ちが強いからだと思っている。だけど僕とバイク乗りの患者さんはやっぱり相性がいい。結局，通底*7しているのだ。俺たち Born to be wild *8 なんだから。

　ただ，一口にバイクと言ってもアメリカンとレプリカではだいぶ違う。アメリカン乗りは権威に対する葛藤が強い。どうだ，すごいだろうと，メッキパーツで飾り立て，黒やパールカラーでペイントするきらいが強い。結局アレだ。権威が大好きだ。一方レプリカ乗りは自由を愛する。自分だけの生息速度域*9に他者が入ることを好まない。みんなでツーリングに行っても，我慢しきれず一人ぶっ飛ばして行ってしまう。ちょっと ADHD 的かもしれない。その意味ではネイキッドは中庸だ。Moto Guzzi なんてネイキッドばかりになってしまった。1100 Sport が一番カッコ良かったと思うのだが，世のなか中庸な人が多いのである。

　しかし，僕は最近，バイクにあまり乗らなくなった。父になり，医師になり，僕の青春はもう終わってしまったのかもしれない。エディプス万歳！　今日は火を入れてみよう。

　　脚　　注
*1：普通アメリカンといえばVツインエンジン。エリミネーターは GPX というレーサーレプリカの DOHC 水冷直列二気筒エンジンを流用する，男気あふれるバイクだった。
*2：Harley-Davidson の中では一応スポーツモデル。1,200 cc をボアダウンして 883 cc にしているという渋さ。しかし日本の公道を走るにはこれが一番楽しいと信じている。
*3：今やバイクもほとんどインジェクション。これではつまらない。寒い日にエンジンがかからず，チョークを引いて四苦八苦するからいいのだ。
*4：1969 年公開のアメリカ映画（邦題「イージー・ライダー」／奥田民生は「イージュー☆ライダー」）。
*5：尾崎豊のデビューシングル「15の夜」から。
*6：夏の鈴鹿サーキットを彩る風物詩。正式名称は「鈴鹿8時間耐久ロードレース」。
*7：成田善弘先生の名著『精神療法家の仕事』から。
*8：*5 の主題歌。1968 年 Steppenwolf の大ヒット曲。邦題「ワイルドでいこう！」。やっぱバイクといえばこの曲ですよね。
*9：『疾風伝説 特攻の拓』（かぜでんせつ ぶっこみのたくと読む／1991 年から 1997 年まで少年マガジンに掲載された漫画）から。

あとがき

　本書は盟友細澤仁との２冊目の編著書です。細澤も私も，党派性や既成概念に縛られるのを良しとしない性格なので，本書のように自由な精神分析的思索を求めて，文化・芸術の方に関心が向かったのでしょう。

　自画自賛になるかもしれませんが，この目論見は，見事に当たったように感じています。私は，編集者の山内さんから送られてくる執筆陣の原稿を見るにつけ，わくわくした気分を抑えることができませんでした。なぜなら，そこには極めてパーソナルな精神分析的思索が，文化・芸術を題材にして，小躍りしていたからです。

　ビオンが言うように，精神分析理論は体制化，超自我化しやすいところがあります。精緻な理論ほど隙がなく，異論を寄せ付けません。したがって，スプリッティング，投影同一化，自由連想，解釈などの理論や技法は，私たちの前に立ちはだかり，私たちのパーソナルな顔は影を潜めます。

　もちろん，理論や技法は重要です。それら抜きに，臨床はできません。しかし，その中でパーソナルな息吹は，どのように確保されたら良いのでしょうか。臨床とて濃密な人間関係のひとつに過ぎません。そこには，臨床の血肉となるパーソナル性が既成理論や技法の圧力の下で窒息してはいけません。おそらくその答えの鍵は，今日の分析においてますます重視されている逆転移の活用の中にあるのでしょうが，このことは，また別の機会に譲りましょう。

　いずれにしろ，臨床とは一線を画した文化・芸術本の中でほど，精神分析の思索が自由に羽を伸ばせる場所はないことでしょう。精神分析が，繊細かつ鋭利な切れ味を存分に見せつけてくれるところです。

　執筆陣は，多士済々です。「文化」「観ること」「聴くこと」「読むこと」「動くこと」の５領域にわたり，その出番を心待ちにしていたかのように，きわめてパーソナルな個々の顔を見せてくれています。そこには，日ごろの臨床とは一味違い，自由に文化・芸術を論じることのできる喜びが溢れているように思われます。ですが，創造とはもとより個人の内的情況の昇華の作業でもあります。創造の歓びの向こう側に，「心的苦痛」の影を見ることもあることでしょう。

　ウィニコットが言うように，「心的苦痛」のモーニング・ワークとは終生終わることのないこころの営みです。それを文化・芸術という中間領域にて，私たち

臨床家もたゆまず営んでいくことが，臨床家としての責務のひとつかもしれませ
ん。

　なお，このような傍流の趣向に賛同をいただき，本書に陽の目を見る機会を与
えてくださった遠見書房の山内俊介さんにはとても感謝しています。

　精神分析の目を通した，これら臨床的創造の産物が，読者の皆様の琴線に触れ
ることを願ってやみません。

2020 年の幕開けに

祖父江典人

執筆者一覧

祖父江典人（そぶえ・のりひと：名古屋心理療法オフィス）＝編者
細澤　仁（ほそざわ・じん：フェルマータ・メンタルクリニック）＝編者

池田暁史（いけだ・あきふみ：文教大学／個人開業）
上田勝久（うえだ・かつひさ：兵庫教育大学人間発達教育専攻臨床心理学コース）
江崎幸生（えさき・こうせい：藤田医科大学医学部精神神経科学）
岡田康志（おかだ・やすし：市立野洲病院）
川合耕一郎（かわい・こういちろう：日本工業大学学生相談室）
岸本和子（きしもと・かずこ：医療法人西浦会 京阪病院）
北川清一郎（きたがわ・せいいちろう：心理オフィスＫ）
北山 修（きたやま・おさむ：北山精神分析室，白鷗大学）
木部則雄（きべ・のりお：こども・思春期メンタルクリニック，白百合女子大学発達心理学科）
木村宏之（きむら・ひろゆき：名古屋大学大学院医学系研究科精神医学分野）
近藤麻衣（こんどう・まい：三重大学医学部附属病院総合サポートセンター）
祖父江典人（そぶえ・のりひと：愛知教育大学）
髙木友徳（たかぎとものり：ともこころのクリニック）
館　直彦（たち・なおひこ：たちメンタルクリニック）
筒井亮太（つつい・りょうた：たちメンタルクリニック）
中村公樹（なかむら・こうき：医療法人一草会 一ノ草病院）
西岡慶樹（にしおか・よしき：医療法人義興会 可知記念病院）
浜内彩乃（はまうち・あやの：京都光華女子大学健康科学部医療福祉学科，大阪・京都こころ
　の発達研究所　葉）
原田宗忠（はらだ・むねただ：昭和のこども相談室）
坂東和晃（ばんどう・かずあき：国立病院機構 奈良医療センター）
平林桃子（ひらい・ももこ：聖十字病院）
平野直己（ひらの・なおき：北海道教育大学）
細澤　仁（ほそざわ・じん：フェルマータ・メンタルクリニック）
細澤梨澄（ほそざわ・りずむ：尾道市立大学学生相談室）
増尾徳行（ますお・のりゆき：ひょうごこころの医療センター）
松平有加（まつだいら・ゆか：桶狭間病院藤田こころケアセンター）
三脇康生（みわき・やすお：仁愛大学人間学部心理学科）

文化・芸術の精神分析

2021 年 5 月 5 日　刊行

編　者　祖父江典人・細澤　仁

発 行 人　山内俊介

発 行 所　遠見書房

〒 181-0002 東京都三鷹市牟礼 6-24-12
三鷹ナショナルコート 004
株式会社　遠見書房
TEL 0422-26-6711　FAX 050-3488-3894
tomi@tomishobo.com　http://tomishobo.com
遠見書房の書店　https://tomishobo.stores.jp

印刷・製本　太平印刷社

ISBN978-4-86616-112-9　C3011

※心と社会の学術出版　遠見書房の本※

遠見書房

思春期・青年期の精神分析的アプローチ
出会いと心理臨床

乾　吉佑著

思春期から青年期の多彩な精神症状に対する心理療法を，著者の長年の経験をもとに多くの事例とともに詳解した，精神分析の枠組みを超えた新しい精神分析論。3,400円，A5並

もっと臨床がうまくなりたい
ふつうの精神科医がシステズアプローチと解決志向ブリーフセラピーを学ぶ

宋　大光・東　豊・黒沢幸子著

児童精神科医は，面接の腕をあげようと心理療法家 東と黒沢の教えを受けることに。達人の考え方とケース検討を通して面接のコツを伝授！ 2,800円，四六並

臨床家のための実践的治療構造論

栗原和彦著

本書は，治療構造論を時代に合わせて大転換を行い，長年の臨床実践と多くの事例等をもとに詳解したものです。密室だけで終わることのなくなった公認心理師時代の新しい心理支援の方向性を見出す必読の1冊。3,200円，A5並

発達障害のある子どもの
性・人間関係の成長と支援
関係をつくる・きずく・つなぐ

（岐阜大学）川上ちひろ著

ブックレット：子どもの心と学校臨床（2）友人や恋愛にまつわる悩みや課題。多くの当事者と周辺者の面接をもとに解き明かした1冊です。1,600円，A5並

自閉女（ジヘジョ）の冒険
モンスター支援者たちとの遭遇と別れ

（自閉症当事者）森口奈緒美著

自閉症の当事者文学として衝撃を与えた『変光星』『平行線』の森口さんの自伝の最新作です。今回の『自閉女の冒険』は30歳前後から現在までの20年にわたる物語。1,800円，四六並

子どものこころの世界
あなたのための児童精神科医の臨床ノート

小倉　清著

本書は名児童精神科医の旧著『こころの世界』（1984）に大幅加筆した復刻版。一般・初学者に向け，子どもの心の問題をわかりやすく解き明かした。小倉臨床のエッセンスが満載。1,800円，四六並

プレイセラピー入門
未来へと希望をつなぐアプローチ

丹　明彦著

「子どもの心理療法に関わる人には，必ず手に取って読んで欲しい」（田中康雄先生）。プレイセラピーと子どもへの心理療法の基本と応用を描いた1冊。センスを高めるコツ満載。2,400円，四六並

母子関係からみる子どもの精神医学
関係をみることで臨床はどう変わるか

小林隆児著

発達障害を知り尽くした児童精神科医が，母親や家族の問題を浮かび上がらせ，調整し，子どもたちの生きやすい環境を創造する関係療法をわかりやすく伝える。専門家必読。2,200円，四六並

来談者のための治療的面接とは
心理臨床の「質」と公認資格を考える

増井武士著

心理面接はどうあるべきなのか？ その質を担保する「資格」「資質」はいかにあるべきか？ 新たな10年を見据える心理臨床の実践論。神田橋條治先生，激賞の1冊。1,700円，A5並

公認心理師の基礎と実践　全23巻

野島一彦・繁桝算男 監修

公認心理師養成カリキュラムを醸成したテキスト・シリーズ。本邦心理学界の最高の研究者・実践家が執筆。①公認心理師の職責〜㉓関係行政論 まで心理職に必須の知識が身に着く。全巻刊行！ 各2,000円〜2,800円，A5並

価格は税抜きです